UNDERSTANDING CHINA
ADVANCED CHINESE

理解中国 高级汉语教程

刘乐宁　朱永平　主编
史中琦　李靖华　编著

北京大学出版社
PEKING UNIVERSITY PRESS

图书在版编目（CIP）数据

理解中国：高级汉语教程 / 刘乐宁，朱永平主编 .—北京：北京大学出版社，2014.8

ISBN 978-7-301-24211-7

Ⅰ．①理… Ⅱ．①刘… ②朱… Ⅲ．①汉语－对外汉语教学－教材 Ⅳ．① H195.4

中国版本图书馆 CIP 数据核字（2014）第 090144 号

书　　　　名	理解中国：高级汉语教程
著作责任者	刘乐宁　朱永平　主编
责 任 编 辑	刘　飞
标 准 书 号	ISBN 978-7-301-24211-7/H·3517
出 版 发 行	北京大学出版社
地　　　　址	北京市海淀区成府路 205 号　100871
网　　　　址	http://www.pup.cn　新浪官方微博：@北京大学出版社
电 子 信 箱	zpup@pup.pku.edu.cn
电　　　　话	邮购部 62752015　发行部 62750672　编辑部 62752028　出版部 62754962
印 刷 者	北京大学印刷厂
经 销 者	新华书店
	889 毫米×1194 毫米　大 16 开本　20.25 印张　460 千字
	2014 年 8 月第 1 版　2016 年 9 月第 2 次印刷
定　　　　价	450.00 元（含 1 张 MP3 光盘）

未经许可，不得以任何方式复制或抄袭本书之部分或全部内容。
版权所有，侵权必究
举报电话：010-62752024　电子信箱：fd@pup.pku.edu.cn

使用说明

适用对象

如果您（或者您的学生）：

- 已经完成了初、中级汉语课程（大致相当于四个学期的大学级别的汉语课程）；
- 希望学习并积累更多实用、地道的词汇和表达方式；
- 有兴趣了解中国当下的社会热点话题；
- 打算到中国生活或者工作，希望为此做好准备。

那么，这本书应该成为您的候选之一。

结构设置

全书以一个外国学生（爱华）的视野，从多个角度走近、观察中国社会的不同侧面，对中国这个古老的国家在 21 世纪呈现出来的诸多特点进行解读和思索。虽然爱华的身份是一位在校大学生，但本书所涉及的话题并未局限于校园生活，而是将着眼点投射到更为广阔的社会生活的方方面面。爱华并未过多地参与话题的讨论，而是起到引子的作用，从旁观者的角度描述他的所见所闻，从而将更多的讨论空间留给本书的使用者。

全书共 15 篇课文，每 3 篇课文形成一个主题相对集中的单元，每篇均以话题来驱动。各单元所涵盖的话题包括：

第一单元

- 中国的城市
- 待客之道
- 车子和面子
- 建筑特色和文化
- 中国人的谦虚
- 汽车发展与环境保护
- 传统建筑和城市发展

第二单元

- 课堂学习和课外活动
- 手机短信的流行
- 打工对于学生的意义
- 有中国特色的短信文化

- 大学生的就业压力和毕业设计
- 教育方针与就业指导

第三单元
- 中国人含蓄的表达方式及其转变
- 孩子与父母的换位思考
- 网络虚拟世界
- 中国人的婚恋观
- 中国式爱情观念和爱情教育
- 网络交友
- 速食文化

第四单元
- 中国人的孝道
- 留守家庭
- 丁克家庭
- 空巢家庭和空巢老人问题
- 家庭和事业的取舍
- 社会压力与个人选择

第五单元
- 八零后和九零后
- 中国近50年的经济发展和时代变迁
- 大众娱乐关注点的变化
- 如何培养下一代
- 中国梦

不难发现，本书不仅仅涵盖了大量带有"中国特色"的话题，也讨论了具有更为普遍意义的、关系到全社会、全人类的话题，比如发展和环境的协调、社交方式在网络影响下的变迁等等。这样做是为了让学生在进一步提高语言交际能力的同时，更为深入地了解中国作为世界舞台上的重要角色正在经历着的变化，可以从跨文化的角度去体会中国的传统文化对今天有哪些深层次的影响，并且可以让学生对照本国的文化和历史得出自己的结论。

内容安排

在动笔之前，本书就已确定了"不但要以学生为中心，而且要考虑到老师的使用需求"这一原则。这也是朱永平老师提到的"一个核心四个基本点"中的"教学点"。作为工作在第一线的教师，我们深知每一位老师在备课过程中需要付出大量心血，因此，我们在教材中尽可能地提供了丰富的教学材料，力图让每一单元的内容统一、连贯，方便老师们进行选择，可以把更多的精力放在适合本班学生的课堂设计上。

本书每课均包含以下几个环节：

1. 热身

适合学生在课前完成。通过具体的任务设计迅速将学生带入本课的主题，体现的是自上而下 (Top down) 的设计理念。热身练习形式多样，包括头脑风暴、词语扩展、资料搜索、信息差表格、观点讨论等等，可以为教师提供丰富的活动设计思路。

2. 课文

是学生学习、老师讲解的主要内容。为了增加使用的便利性，我们特意将课文部分分两栏进行设计：左侧为课文正文，右侧为与课文相关的讨论问题。这种设计的优势在于：1）便于老师迅速了解课文的脉络，设计相应的课文讨论话题；2）起到"导读"作用，便于学生在预习时检验自己的理解水平；3）留白可供学生做笔记之用。

3. 词语

解释课文中出现的重点和难点词语。在列表中，汉字以繁、简两种形式出现，拓宽了教材的适用范围。除了英文的解释外，还在必要时用"[F]"标志提醒学生该词语通常出现在较为正式的文体或者场合中。这样做是因为中高级学习者面临着口语与书面语的转换问题，为他们指出词语的使用环境将对他们的学习大有裨益。

4. 语法与结构

对课文中出现的重要语法结构及表达方式进行讲解并提供相应的练习。讲解部分提供了例句的英文翻译，方便学生进行中英对比。此外还对例句中包含的结构、表达方式的使用环境和特点进行说明，不但让学生知道"是什么"，还帮助他们了解"何时用"以及"怎么用"。大多数讲解配有对应的练习题目，让学生即学即用，同时帮助老师检验学生的掌握情况。

5. 练习与活动

针对所学内容提供更为丰富的练习方式和必要的扩展材料，拓宽老师的选择余地。本书编写者在练习部分投入了相当的精力，并且根据试用者的反馈进行了多次修改，希望可以为师生提供形式多样、切实有效的训练手段。

具体来说，每一课的练习都有这样几个部分：

1）语音练习：针对中高级汉语水平的学生，我们特意在每一课设计了侧重点不同的语音训练，具体包括：重音和停顿的读法、多音节词语的读法、节拍的读法、反问句的读法、一般问句的读法、长句的断句等。我们认为，由于汉语自身的特性，语音始终都是汉语学习者的学习重点和难点。我们也希望老师们在中高级阶段不要忽视语音方面的训练。

2）词语练习：针对本课的重点词语设计词语填空等形式的练习，让学生有机会将孤立的词语带入具体的语境，更好地体会词语的使用环境。

3）语法与结构练习：通过完成句子、改写句子以及改错等形式，让学生练习本课学到的新语法和新结构。特别值得一提的是"句子改错"中出现的病句均来自真实的学生错误，且均属于有普遍性的问题。对于这个练习，我们建议老师们在课上以讨论的形式完成，让学生自己去发现错误并提出修改的建议。根据我们以往的教学经验，这样的练习可以让学生更清楚问题所在。

4）综合练习：包括段落词语填空、短文阅读、短文写作、小作文以及自选练习。不难看出，这部分的练习强调培养学生的成段表达能力，这与中高级阶段的教学目标非常一致。短文阅读中的文字均来自真实文本，意在让学生接触第一手的资料。短文写作要求学生使用给出的语言结构，属于有目的 (intentional) 的练习题目。小作文中的题目既跟课文相关，又不是课文的简单重复，可以作为完成整篇课文后的一个检验。此外还有一部分扩展性的讨论，老师可以根据本班的情况选择、取舍。

6. 我的笔记

留给学生做笔记或者总结所用。建议老师们有意识地引导学生在学完每篇课文后做一个总结，将学习中的难点以及本课的重点写出来。如果老师有额外的补充练习，也可以建议学生记录在这个部分。

编者

2014年2月于纽约

目 录

第一单元　爱华爱北京
  1　有朋自远方来 /3
  2　一路畅通 /20
  3　走进四合院 /37

第二单元　新一代的大学生
  4　走出象牙塔 /59
  5　拇指族 /77
  6　前途？钱途？ /94

第三单元　新时代　新观念
  7　爱情走进中学课堂 /115
  8　虚拟现实 /133
  9　速食年代 /152

第四单元　家庭面面观
  10　常回家看看 /173
  11　留守家庭 /190
  12　丁克一族 /208

第五单元　社会万象
  13　80后的皇帝 /229
  14　三大件 /247
  15　超女 /262

总词汇表 /276
语法索引 /307

略语表		
Abbreviation	**Terms**	**中文**
Adj.	adjective	形容词
Adv.	adverb	副词
Aux. v.	auxiliary verb	助动词
Conj.	conjunction	连词
IE	idiomatic expression	固定词组（含成语）
Int.	interjection	感叹词
MW	measure word	量词
N.	noun	名词
Num.	numeral	数词
Pref.	prefix	词头（前缀）
Prep.	preposition	介词
Pron.	pronoun	代词
PN	proper noun	专有名词（如人名、地名）
Suf.	suffix	词尾（后缀）
V.	verb	动词
Ono.	onomatopoeia	拟声词
F	formal	表示通常用于正式场合

第一单元　爱华爱北京

Edward 是一个从美国来的大学生,他的专业是东亚研究。他从小就对很多跟中国有关的东西有浓厚的兴趣,比如武术、书法、电影,哦,对了,还有中国菜,那是他最喜欢吃的。他还有一个好听的中文名字呢,叫爱华。大三这一年,爱华特意在北京的一家公司找到了一个实习的机会,因为他想更多地了解中国,还有中国人。

下面,就让我们跟爱华一起走近中国,去感受中国、理解中国。

有朋自远方来

▶ 热身 Warm-up

认识北京

下面的这些地方你认识吗？跟你的同学一起找到它们的名字吧。

 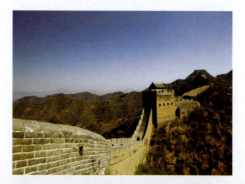 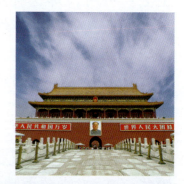

问问自己

你了解北京吗？下面是关于北京的一些介绍，看看你知道多少。

☆ 是中国的政治、文化中心
☆ 有3000多年的历史
☆ 是中国四大古都之一
☆ 有14个区、2个县
☆ 有2,018万人口（2011年）
☆ 有56个民族
☆ 有宗教信仰者50多万

☆ 是全球拥有世界文化遗产最多的城市
☆ 是世界第八大"美食之城"
☆ 是中国大学最多的城市
☆ 有故宫、长城、周口店北京人遗址、天坛、颐和园、明十三陵、什刹海等著名景点
☆ 有798艺术区、三里屯酒吧街、后海酒吧街、南锣鼓巷等特色街区

理解中国　UNDERSTANDING CHINA

课文 TEXT

【对话 1：在机场大厅】

王云：请问，你是 Edward 吗？

爱华：没错，我就是¹。你是王云小姐吧？

王云：是的，我是王云。欢迎你啊。路上怎么样？一切都顺利吧？

爱华：还不错，就是²感觉有时差，好像脑子还在睡觉。

王云：呵呵，那这样吧，我先³带你回宾馆休息，明天我们再去公司。

爱华：好，我听你的。今天真是麻烦你了。

王云：别客气。我们走吧。

【对话 2：在车上】

王云：Edward，听说你有中文名字？

爱华：是啊，我的中文名字叫爱华。你知道有首歌叫《爱我中华》吗？就是里面的那两个字。

王云：是吗？这个名字是谁给你起的？

爱华：是我的中文老师。她看我那么喜欢中国，就给我起了这个名字，"人如其名¹"嘛。

王云：爱华，你的中文说得真不错啊！

爱华：哪里哪里，还差得远呢。对了⁴，我听说，以前中国人听到别人的夸奖，喜欢说"哪里哪里"或者⁵"过奖了"，现在好像也开始说"谢谢"了，是真的吗？

王云：连⁶这个你都知道！你对中国的变化还挺了解的。没错，现在越来越多的人开始说"谢谢"了，特别是⁷年轻人。所以也有人说，中国人不像以前那么谦虚了。

爱华：看来不仅⁸中国的经济发展了，中国人的交际方式也改变了。

请你跟同学一起读对话1，然后回答下面的问题：

❶ 王云是怎么问候爱华的？你还能想到别的问候的话吗？

❷ 爱华说"好像脑子还在睡觉"是什么意思？你有过这种感觉吗？

❸ 用"＿＿"标出来的两个"就是"意思一样吗？

❹ 用"～～"标出来的"不错"和"没错"意思一样吗？

请你跟同学一起读对话2，然后回答下面的问题：

❶ Edward 的中文名字是从哪儿来的？有什么意思？你知道自己的中文名字的意思吗？

❷ 爱华说的"人如其名"是什么意思？你同意这句话吗？

❸ 爱华为什么说"哪里哪里"？他是在找一个地方吗？（Hint：看"我的笔记"）

1　人如其名：He is as his name suggests.

【对话3：司机和朋友】

王云：爱华，你是第一次来北京吗？

爱华：其实不是，我去年冬天来过一次，只待了两天。

王云：哦，那这一次你可以好好儿看看北京了。

爱华：没错。上次来的时候，北京的出租车司机给我的印象很深。我还记得有个司机特别<u>能</u>⁹说，我们一上车他就开始说，一直说到我们下车。

王云：没错，这就是北京"的哥"的一个特点——特能聊。

爱华：说实话，他的话我听不太懂，好像跟我老师说的不太一样，感觉都是"儿""儿"。

王云：哈哈，那他一定是北京人。北京话就是有这个特点。没事儿，时间长了，你就习惯了。

爱华：嗯，我也这么想。那个司机也特别热情，告诉我北京哪些地方好玩儿，哪些地方买东西便宜，哪些地方外国人喜欢去，感觉我是他的一个老朋友。

王云：这也是北京人的特点——好客。你听过这样一句话吗，"有朋自远方来，不亦乐乎？"

爱华：没听过。什么意思呀？

王云：就是说，朋友从很远的地方来看你，那是让人高兴的事情。他一定是<u>把</u>¹⁰你<u>当成</u>朋友了，所以跟你说了这么多。

爱华：原来是这样¹。"有朋自远方来，不亦乐乎？"有意思！我又学了一句有用的话。啊，终于到北京了，今天我真高兴！

请你跟同学一起读对话3，然后回答下面的问题：

1. 王云和爱华谈到了北京司机的哪些特点？从哪些事情可以看出这些特点？

2. 王云和爱华谈到了北京话的特点，请你把它们找出来。你能说说自己家乡话的特点吗？

3. 王云告诉爱华一句话，请你把它找出来，用自己的话解释一下。（Hint: 看"我的笔记"）

词语 NEW WORDS

1	自	自	zì	Prep. [F] from
2	远方	遠方	yuǎnfāng	N. distant place

---

1 原来是这样：Oh, I see. So that's it. The sentence is used when you are not sure about something at first, but understand the whole thing completely after an explanation.

理解中国 Understanding China

3	大厅	大廳	dàtīng	N.	lobby, hall
4	一切	一切	yíqiè	Pron.	all, every, everything
5	顺利	順利	shùnlì	Adj.	smooth, successful
6	感觉	感覺	gǎnjué	V./N.	to feel, to perceive; sense
7	时差	時差	shíchā	N.	jet lag, time difference
8	脑子	腦子	nǎozi	N.	brain
9	麻烦	麻煩	máfan	V.	to cause trouble, to bother
10	起	起	qǐ	V.	to give (a name)
11	哪里	哪裏	nǎlǐ	Pron.	(modest response to a compliment)
12	夸奖	誇獎	kuājiǎng	V.	to praise, to commend, to compliment
13	过奖	過獎	guòjiǎng	V.	to overpraise
14	变化	變化	biànhuà	N.	change
15	特别	特別	tèbié	Adv.	especially
16	谦虚	謙虛	qiānxū	Adj.	modest, unassuming
17	看来	看來	kànlái	V.	it looks as if
18	经济	經濟	jīngjì	N.	economy
19	发展	發展	fāzhǎn	V.	to develop, to expand
20	交际	交際	jiāojì	V.	to socialize, to communicate
21	方式	方式	fāngshì	N.	way (of life), method
22	改变	改變	gǎibiàn	V.	to change, to transform, to shift
23	其实	其實	qíshí	Adv.	in fact, actually
24	待	待	dāi	V.	to stay (for a comparatively short period)
25	好好儿	好好儿	hǎohāor	Adv.	thoroughly, completely
26	印象	印象	yìnxiàng	N.	impression
27	的哥	的哥	dīgē	N.	taxi driver
28	特点	特點	tèdiǎn	N.	characteristic, distinguishing feature
29	实话	實話	shíhuà	N.	truth
30	习惯	習慣	xíguàn	V.	to get used to
31	热情	熱情	rèqíng	Adj.	enthusiastic, warm-hearted
32	好客	好客	hàokè	Adj.	hospitable

33	亦	亦	yì	Adv.	[F] also
34	乐	樂	lè	Adj.	[F] delightful
35	乎	乎	hū	Int.	[F] (similar to 吗 in classical Chinese)
36	原来	原來	yuánlái	Adv.	it turns out…
37	终于	終於	zhōngyú	Adv.	at last, in the end, finally

语法与结构 GRAMMAR, PATTERN AND EXPRESSION

1. "就"表示强调　　就 for affirmation or emphasis

   原文：我<u>就</u>是（爱华）。
   翻译：I am Aihua (the person you have been waiting for).

   In the above example, 就（是）is to affirm or confirm whatever has been asked. For more examples:

   ① A: 请问，哪位是王老师？
   　 B: 那个穿红衣服的就是（王老师）。
   ② A: 您知道教一楼怎么走吗？
   　 B: 一直往前走，过了操场右手边第一个楼就是。

   就 has many meanings or functions depending on contexts. When used to emphasize, 就 is usually stressed.

   ③ 就是她！就是她把我的钱拿走了！
   ④ 太好了，这就是我一直想买的电脑。

✎ 读下面的两组句子，感觉一下有和没有"就"的不同：

   ① 你别说了，我不去。
   　 你别说了，我就不去。
   ② 我不明白，你为什么总是觉得别人家的东西好？
   　 我就不明白，你为什么总是觉得别人家的东西好？

✎ 请用"就（是）"完成对话，说说为什么你要用"就"：

   ① A：您好，我想找一下王老师。
   　 B：＿＿＿＿＿＿＿＿＿＿＿＿＿＿＿＿＿＿＿＿＿＿＿＿＿＿＿＿＿。

理解中国 Understanding China

❷ A: 妈，这位叔叔是谁啊？

　B: 什么？你不认识他了？_____。

❸ A: 女儿啊，我看Jack对你一直都挺好的，你真的不能考虑一下吗？

　B: 妈，你别说了。_____。

2. ……，就是……　　　..., it is just that ...

原文：还不错，就是感觉有时差，好像脑子还在睡觉。
翻译：Everything is fine, it is just that I still feel like I have jet-lag.

就是, used as an adverb, can indicate a slight turn of discourse leading to statements that point out unsatisfactory aspect(s). Only some minor negative issues should be used after 就是.

❶ 这件衣服大小和颜色都不错，就是太贵了。
❷ 东亚研究是个不错的专业，就是作业太多了。
❸ 北京的哥很热情，就是说话太快了。

✏️ 请用"……，就是……"完成对话或者句子：

❶ A: 听说你搬家了？新家怎么样？

　B: _____。

❷ A: 第一天上课，一切都还顺利吧？

　B: _____。

❸ 我是一个大一的新生，开学已经一个多星期了，我想跟你们说说我的感受。我的学校_____，就是_____。这里的天气_____，就是_____。学校的饭_____，就是_____。

3. 先……，再……　　　first..., then...

原文：我先带你回宾馆休息，明天我们再去公司。
翻译：I will first take you to your room to rest, and then tomorrow we will go to the company.

先 and 再 are often used together to indicate some action takes place after the completion of another one. It can also imply a decision about the sequence of two things.

❶ 今天下课以后，我打算先去买点儿吃的东西，再回宿舍学习。
❷ 以前，人们都是先结婚再生孩子，可是现在有很多人先生孩子再结婚。

8

1 有朋自远方来

✎ 请用"先……，再……"完成对话或者句子：

① A：毕业以后，你有什么打算吗？
　 B：＿＿＿＿＿＿＿＿＿＿＿＿＿＿＿＿＿＿＿＿＿＿＿＿＿＿＿。

② A：妈妈，我想玩儿一会儿游戏。
　 B：不行！＿＿＿＿＿＿＿＿＿＿＿＿＿＿＿＿＿＿＿＿＿＿＿＿。

4. 对了，……　　by the way

原文：**对了**，我听说，以前中国人听到别人的夸奖……
翻译：*By the way, I heard that before when Chinese people would receive compliments...*

对了 is a colloquial way of raising a new topic during a conversation. It can be an effective way to change the topic if you do not want to continue with the previous one.

① A：中午你想去哪儿吃饭呀？
　 B：去吃中国菜吧。
　 A：好的。走吧。对了，你给我哥打电话了吗？
　 B：糟糕，我忘了。

② A：昨天我去看了场电影，特棒！那个演员演得特好。对了，昨天的作业我还没写完，你做了吗？
　 B：写完了。对了，你妈是不是明天来？
　 A：是的。那你能把作业给我学习学习吗？
　 B：作业？哦。对了，昨天的电影多少钱？

5. 或者　　or

原文：……喜欢说"哪里哪里"**或者**"过奖了"……
翻译：*(They) always say "nǎlǐ, nǎlǐ (meaning to deny that the compliment sticks to the person being complimented)" or "You're flattering me".*

或者 links two alternatives in statements, while in questions, 还是 is used instead.

① 我想到北京或者上海找个工作。
② 你今天来或者明天来都行，我都在办公室。
③ 你可以在美国工作，或者去中国实习，都是不错的选择。
④ 你明天什么时候有空？上午还是下午？

理解中国　Understanding China

✎ 下面的"＿＿＿"中应该用"或者"还是"还是"？

① A：你想喝什么？茶＿＿＿＿＿＿咖啡？

　　B：你有什么茶？绿茶＿＿＿＿＿＿红茶，我都行。

② A：你决定读什么专业了吗？

　　B：我想在东亚研究＿＿＿＿＿＿历史两个专业中选一个。

③ A：明年我就要毕业了，我还不知道应该工作＿＿＿＿＿＿继续上研究生。

　　B：别担心，不管你工作＿＿＿＿＿＿上学，我们都支持你。

6. 连 A 都 + V.　　even

原文：连这个你都知道！
翻译：You have even heard of that!

This colloquial structure is used for emphasis of the main point by giving a highlighting example A. The structure is often used when the speaker expresses a surprise, or makes a self-evident statement. The order of structure deserves more attention because the main verb goes after 都. The following examples show different forms A can take.

A = noun or proper noun/pronoun

① Jack 的中文很棒，连"犇 (bēn)"这个字他都认识。= 他连"犇"这个字都认识。
② 这几天太忙了，连饭都没有时间吃。
③ 姚明在中国很有名，连我们邻居 90 岁的老奶奶都知道他。

A = sentence with question words

④ 你怎么连我昨天几点回来的都知道？
⑤ 放心吧，我连咱们哪天走、怎么去都安排好了。

A = number phrase (mostly used in the negative form)

⑥ 他们家我连一次都没去过。
⑦ 这个地方怎么连一只狗都没有？

✎ 请用"连……都……"完成句子：

① 我爸爸什么都知道，他＿＿＿＿＿＿＿＿＿＿＿＿＿＿＿＿＿＿＿＿＿＿＿＿＿＿＿＿。

② 中文？我妈妈不会说。她_____。

③ 我们分手吧，你_____。

✎ 下面的句子是什么意思？请写下你的看法：

① 什么？这个字你都不会？连小孩子都会写！

说话人的意思是：_____。

② 你在北京住了三年，连长城都没有去过？

说话人的意思是：_____。

③ 不用给她打电话了，她连她爸的电话都不接。

说话人的意思是：_____。

7. **特别是**　　especially (introduce an example)

原文：现在越来越多的人开始说"谢谢"了，<u>特别是</u>年轻人。
翻译：Today, more and more people have begun to say "Thank you", especially (introduce an example) young people.

特别是 introduces the most outstanding example among a group of people or things.

① 我很喜欢体育，特别是足球。
② 这个地方很热闹，特别是晚上的时候。
③ 在中国，很多人喜欢吃 KFC，特别是小孩子。

✎ 请用"特别是"完成句子：

① 我们家的人都很喜欢看足球，_____。

② 我们家的人都很喜欢体育，_____。

③ 到美国旅行的中国人越来越多，_____。

8. **不仅……，也……**　　not only... (but) also...

原文：<u>不仅</u>中国的经济发展了，中国人的交际方式<u>也</u>改变了。
翻译：Not only is China's economy developing, but Chinese peoples' socializing practices are also changing.

不仅 is similar to, but more formal than 不但, the subjects of two clauses and their positions need some special attention.

理解中国　Understanding China

If two clauses have different subjects (A and B), it shows both A and B have the same characteristic or do the same thing: 不仅 A……，B 也…….

① 学中文的美国人越来越多，不仅大学生学中文，中学生和小学生也开始学中文了。
② 《Friends》很有意思，不仅美国人喜欢看，中国人也喜欢看。

If the subject is described or explained from two aspects, then we should put the subject at the beginning of the first clause.

③ 去中国不仅可以学中文，也可以了解中国历史。
④ 想学好中文，不仅要自己努力，也要有好的老师。

✎ 请用"不仅……，也……"完成句子或者对话：

① 打算到中国工作的美国人越来越多，_____。

② A：你为什么要到中国实习？
　 B：到中国实习_____。

③ A：电脑真的是改变了我们的生活，我已经离不开电脑了。
　 B：是啊。_____。

9. 能 + V.　do...well

原文：我还记得有个司机特别能说。
翻译：I still remember a cab driver who could really talk.

In addition to meaning being able, 能 can mean do something well. Some adverbs often occur before 特别，非常，很，真，太，depending on what connotation the speaker try to indicate. A quick note that when 太 is used, it normally express a "too much" meaning.

① 能说能聊是北京人的一个特点。
② 我不想跟 Jack 去喝酒，他太能喝了。我去了就回不来了。
③ 天啊，你睡了一天？你真能睡。

✎ 请用"能 + V."介绍一个朋友或者家人：

_____

✎ 请用"能 + V."介绍你家乡人的一个特点：

_____

10. 把 A 当成 B　　treat A as B

原文：他一定是把你当成朋友了。
翻译：He will certainly treat you as a friend.

This pattern has two distinct usages.
First, it can be used to describe the way one treats other people or things.

① 我把你当成哥哥，但是你没有把我当成弟弟。我太伤心了。
② 很多人把 Tom Cruise 当成自己的梦中情人（dream lover）。
③ 如果你把写汉字当成一种放松的方法，就不会觉得太累了。

Second, it can mean someone mistakes A for B.

④ 我的外国朋友常常把我当成我的同屋。
⑤ 我已经工作两年了，还是经常有人把我当成学生。

请用"把……当成……"完成句子或者对话：

① Amy 是我最好的朋友，＿＿＿＿＿＿＿＿＿＿＿＿＿＿＿＿＿＿＿＿＿＿＿＿＿＿。

② A：怎么办？明天有小考，真紧张啊。

　 B：没事。＿＿＿＿＿＿＿＿＿＿＿＿＿＿＿＿＿＿＿＿＿，就不会那么紧张了。

③ A：给谁写信呢？

　 B：我的笔友。虽然我们从来没有见过面，但是＿＿＿＿＿＿＿＿＿＿＿＿＿＿＿＿。

练习与活动 PRACTICE & ACTIVITIES

语音练习

1 下面的词语你能读对吗？

时差	睡觉	实话	终于
休息	谦虚	经济	交际
麻烦	客气	谢谢	朋友

理解中国 Understanding China

2 课文重现

全班一起听录音，然后跟读，最后分组表演对话。比比看哪一组说得最好。

词语练习

1 选词填空

挺　更　那么　就

① 为了_____好地学习中国文化，他决定去北京大学读书。
② 不会吧？她_____是你说的那个美女？
③ 他的中文说得_____不错的。
④ 你_____想跟他见面，为什么不给他打个电话呢？

其实　或者　终于　好像

⑤ 我等了你一个小时，你_____来了！
⑥ 你们都以为我是美国人，_____我是从英国来的。
⑦ 明天早上你可以打车去公司，_____等我来接你。
⑧ 小王_____有点儿不高兴，今天晚上他一句话都没说。

语法与结构练习

1 用括号中的词完成句子或者对话

① 这家饭店的菜味道不错，_____。（就是）
② 他今天上课总想睡觉，_____。（好像）
③ 今天晚上我花了3个小时，_____。（终于）
④ A：现在的年轻人太不了解历史了！
　 B：没错，_____。（连……都……）
⑤ A：小王，我看这几年你的变化挺大的。
　 B：是啊，_____。（不仅……也……）
⑥ A：她怎么对你那么热情？
　 B：_____。（把……当成……）

2 改正下列句子中的错误

❶ 中国的文化对我感兴趣。

❷ 我对中国不有感兴趣。

❸ 中国人听到别人的夸奖,总是说"哪里哪里"还是"过奖了"。

❹ 天安门总是有很多人,特别外国人。

❺ 因为我长得年轻,所以很多学生把我不当成老师。

综合练习

1 选择合适的回答,完成对话

提示:有些句子可以用在不同的回答里。

❶ A: 欢迎欢迎!路上怎么样?一切顺利吗?
　 B: _____。

❷ A: 我来帮你拿这个行李。
　 B: _____。

❸ A: 你的中文说得真不错!
　 B: _____。

❹ A: 什么?你想学中文?那你一定得花不少时间。
　 B: _____。

❺ A: Jack 的中文最近进步很快啊。
　 B: 你还不知道吧?他现在有一个中国女朋友。
　 A: 哦。_____。

①还不错。

②没错。

③哪里哪里。

④麻烦你了。

⑤还差得远呢。

⑥对了。

理解中国 Understanding China

❻ A：怎么办？我男朋友睡觉的时候常常说梦话。
　 B：_____。

❼ A：对不起，我把你的笔丢了。
　 B：_____。

❽ A：我发现喜欢学中文的女生比男生多。
　 B：_____。

⑦没事儿。

⑧时间长了，就习惯了。

⑨我也这么想。

⑩原来是这样。

2 综合填空

特别是　不仅　顺利　对了　从小　就要　比方说　马上

还有一个小时，飞机_____到北京了。虽然坐了十几个小时的飞机有点儿累，不过一切都很_____。这是我第一次来北京，书上说北京有几千年的历史，也有很多名胜古迹，_____长城、天安门等等，我真想_____就到北京！

我_____就对中国有浓厚的兴趣，一直很想到北京看看，_____学了中文以后。虽然我已经学了几年的中文了，可是不知道能不能跟北京人聊天，希望他们能听懂我的话。_____，有人建议我应该多跟出租车司机聊天，因为跟他们聊天_____可以练习中文，也可以更多地了解中国。

3 短文阅读

阅读下面的短文，完成练习。

我学了很多年的汉语了。记得上汉语课的时候，老师常常会谈起中国人的谦虚。比方说，老师告诉我们，如果听到别人的夸奖，中国人常会客气地说"过奖了"或者"哪里哪里"。

可是来了中国以后，我发现好像只有外国人才这样说，我的中国朋友都很自信地说"谢谢"。"过奖了"这样的话就像英文书上的"May I know your name?"一样过时。

我想，可能是因为西方的影响，中国人表示客气的方式也改变了。人们在回答别人的夸奖时，有各种各样的方式，最常见的就是"谢谢夸奖"这样简单的回答。大部分的回答方式我都能听懂。可是有一次，我夸一个女孩漂亮，

她说:"真的吗?"说实话,我真没想到她会这么回答。

看来,回答别人的夸奖,每个人的方式都不一样,有的谦虚,有的<u>自信</u>,有的那么<u>认真</u>!

❶ 回答下列问题

(1)"我"上汉语课的时候,老师告诉我什么?

(2)到了中国以后,"我"发现了什么?

(3)"我"觉得,为什么中国人表示客气的方式改变了?

(4)"我"遇到过哪些有意思的回答夸奖的方式?

❷ 给画线的词语找到合适的意思

| 自信 过时 影响 认真 | serious confident outdated influence |

4 短文写作

❶ 谈谈你今年的打算。

（建议使用:先……,再……;或者;特别是;不仅……也……）

❷ 介绍一下你的家乡。

（建议使用:能 + V;把……当成……;连……都……;……,就是……）

理解中国 Understanding China

5 小作文

中国的一位歌手写了一首名字叫《一封家书》的歌，很容易让人想起自己的家和父母。请你到网上找到这首歌听听，看看你能不能听出想家的感觉。

新学期（semester）刚开始，你一定有不少话要对家人或者朋友们说吧。用中文给他们写一封信吧（250字），他们一定很高兴。下面是信的开头和结尾。

亲爱的_____：

　　你们好！我现在住在_____，挺好的。

　　祝
身体健康，工作顺利！

_____（名字）

_____（日期）

6 交流与讨论

请你跟几个同学一起讨论下面的问题,把你们的主要想法写下来。

1. 你去过哪些国家/地方旅行?说说你遇到的有意思的事情。
2. 爱华学会了"有朋自远方来,不亦乐乎?",你怎么理解这句话?在你的国家,也有差不多的话吗?跟你的朋友聊一聊。
3. 在你的国家,大家听到别人的夸奖会怎么回答?

我的笔记

1. 哪里哪里。
   You flatter me. This is a polite way to rely to a compliment.

2. 有朋自远方来,不亦乐乎?
   Isn't it delightful to have friends coming from afar? This sentence is from *The Analects of Confucius*. It is often used to show Chinese people's hospitality.

一路畅通

▶ 热身 Warm-up

头脑风暴

请你跟两位同学一起讨论下面的问题，把你们想到的都写下来。

汽车带来的好处	汽车带来的问题

个人词语表

写出跟下面的主题（theme）有关系的词语，3分钟后跟同伴分享。

交通工具 (Transportation)	交通情况 (Transportation)	描述一辆车 (Describe a Vehicle)

课文 TEXT

【对话1：王云带爱华去公司，在路上】

王云：爱华，昨晚睡得怎么样？

爱华：还行。今天早上六点多就醒了，时差还没有完全倒过来，<u>不过</u>¹也差不多了。

王云：那就好。哎哟，怎么开了半天，走了还不到一半？司机师傅，能快点儿吗？我们赶时间。

司机：唉！我也想快呀，<u>可</u>²你看前面这些车，有什么办法呢？

请你跟同学一起读对话1，然后回答下面的问题：

❶ 爱华现在精神怎么样？
❷ 王云怎么称呼司机？你还听过哪些称呼别人的方式？
❸ 司机的话是什么意思？

【对话2：笑谈堵车】

爱华：师傅，平时也这么堵吗？

司机：是啊，这是三环路，一天到晚都这样。有个笑话你们没听过吗？说有个人抢了银行，开车上了三环。警察一听就乐了："他跑不了了。"为什么？堵在三环上了呗。

爱华：真有意思！看来北京的车<u>是</u>³不少。

王云：是啊，这两年人们的生活好了，买车的人也多了。买车<u>图</u>⁴个方便，可车多了麻烦也来了。

司机：您这话一点儿不假。现在开车难，停车更难，每次找停车位<u>别提多</u>⁵费劲儿<u>了</u>！还有那些新手，<u>简直</u>⁶就是马路杀手。广播里有个节目叫"一路畅通"，那就是大家的心声啊。唉，不说这些了，一说心里就堵<u>得慌</u>⁷。

请你跟同学一起读对话2，然后回答下面的问题：

❶ 你能用自己的话把司机说的笑话再讲一遍吗？你还听过哪些跟堵车有关的笑话？
❷ 为什么现在买车的人多了？
❸ 课文谈到哪些开车的麻烦？除了这些，你还能想到哪些车带来的麻烦？
❹ 哪些人是"马路杀手"？为什么给他们起这样的名字？
❺ 司机说"心里堵得慌"，是为什么？哪个词跟"堵"的意思相反？

【对话3：我爱我车】

爱华：对，咱们不说"堵"的事了，说点儿别的。师傅，您肯定对车很熟悉。那您说说北京人喜欢什么样的车？

司机：要我说呀¹，北京人喜欢个头儿大的车。简单地

---

1 要我说呀：This sentence can be used to start your own opinion, and can be roughly translated as "if you ask me, ...".

理解中国 Understanding China

说，两门的 不如⁸ 四门的，两厢的不如三厢的，普通的不如加长的。

爱华： 哦，是这样啊。为什么呢？大车不是耗油多吗？

司机： 中国人喜欢讲排场呗。车越⁹大越气派。这跟中国人以前喜欢坐大轿子是一样的，所以小汽车在中国也叫"轿车"。

爱华： 哦。原来是这样。

王云： 可我觉得买车是自己的事儿，应该根据自己的喜好决定。我就喜欢日本车，既¹⁰耐用又省油。你呢，爱华？你在美国开什么车？

爱华： 我？我还没有自己的车呢！我住在纽约，那儿也经常堵车，也要为找停车位伤脑筋，保险也比其他地方贵。所以，我干脆¹¹不买车。每天坐地铁挺方便的，可以省不少麻烦。

王云： 说的也是。现在北京政府也意识到了这个问题，正在想办法解决呢。这几年政府大力发展公共交通，修地铁、建轻轨，还采取了很多措施限制私家车数量的增长，挺有成效的。

爱华： 看来，北京很快就可以"一路畅通"了！

请你跟同学一起读对话3，然后回答下面的问题：

1. 根据司机师傅的看法，北京人喜欢什么样的车？这可能跟什么有关系？
2. "轿子"和"车"有什么关系？
3. 王云对买车有什么看法？
4. 爱华不买车，是因为他不喜欢车吗？
5. "说的也是"这句话是什么意思？（Hint: 看"我的笔记"）
6. 这几年，北京政府用了哪些办法解决堵车的问题？

词语 NEW WORDS

1	畅通	暢通	chàngtōng	Adj.	(of a passage) unimpeded, smooth
2	倒	倒	dǎo	V.	to change, to shift
3	半天	半天	bàntiān	N.	quite a while
4	师傅	師傅	shīfu	N.	(a common way to address people such as driver, shop assistant)
5	赶时间	趕時間	gǎn shíjiān	IE	in a rush
6	堵	堵	dǔ	Adj./V.	jammed, stuck in traffic; to jam, to block
7	环	環	huán	N.	ring, road encircling the city
8	一天到晚	一天到晚	yì tiān dào wǎn	IE	all day long (everyday)
9	笑话	笑話	xiàohua	N.	joke
10	抢	搶	qiǎng	V.	to rob, to grab

	简体	繁體	Pinyin	词性	English
11	图	圖	tú	V.	to pursue, to seek, to desire
12	假	假	jiǎ	Adj.	fake, false
13	停车位	停車位	tíngchēwèi	N.	parking spot
14	费劲儿	費勁兒	fèi jìnr		to consume much effort
15	新手	新手	xīnshǒu	N.	novice, apprentice
16	简直	簡直	jiǎnzhí	Adv.	almost, practically (expresses exaggeration)
17	杀手	殺手	shāshǒu	N.	killer
18	心声	心聲	xīnshēng	N.	heartfelt wishes, aspirations
19	肯定	肯定	kěndìng	Adv.	definitely, undoubtedly
20	熟悉	熟悉	shúxi	V.	to be familiar with, to have an intimate knowledge of
21	不如	不如	bùrú	V.	not as good as
22	厢	廂	xiāng	N.	part of a car (i.e., trunk, body, hood)
23	加长	加長	jiācháng	V.	to lengthen
24	耗	耗	hào	V.	to consume, to cost
25	油	油	yóu	N.	gasoline, oil
26	讲	講	jiǎng	V.	to pay attention to, to be particular about
27	排场	排場	páichǎng	N.	grand style, ostentation
28	气派	氣派	qìpài	Adj.	glorious, luxurious
29	轿子	轎子	jiàozi	N.	sedan
30	根据	根據	gēnjù	Prep.	according to
31	喜好	喜好	xǐhào	N.	taste, favorite
32	耐用	耐用	nàiyòng	Adj.	durable
33	省	省	shěng	V.	to save, to use thriftily
34	伤脑筋	傷腦筋	shāng nǎojīn	IE.	to cause sb. enough headache
35	保险	保險	bǎoxiǎn	N.	insurance
36	干脆	乾脆	gāncuì	Adv.	simply, just
37	意识	意識	yìshi	V.	to realize (often followed by 到)
38	解决	解決	jiějué	V.	to solve, to resolve
39	大力	大力	dàlì	Adv.	[F] vigorously, to go all out

理解中国 Understanding China

40.	修	修	xiū	V.	to build, to construct; to repair, to fix
41.	建	建	jiàn	V.	to build; to establish
42.	轻轨	輕軌	qīngguǐ	N.	light-rail
43.	采取	採取	cǎiqǔ	V.	to take (a policy, method, etc.)
44.	措施	措施	cuòshī	N.	measure, method
45.	限制	限制	xiànzhì	V.	to impose restrictions on, to limit
46.	私家车	私家車	sījiāchē	N.	private vehicle
47.	数量	數量	shùliàng	N.	quantity, amount
48.	增长	增長	zēngzhǎng	V.	to increase, to rise, to grow
49.	成效	成效	chéngxiào	N.	effectiveness

专有名词 Proper Noun

纽约	紐約	Niǔyuē	New York

语法与结构 GRAMMAR, PATTERN, EXPRESSION

1. 不过   but, however

原文：时差还没有完全倒过来，<u>不过</u>也差不多了。
翻译：Although I still feel a bit jet-lagged, I am feeling much better now.

不过 is often used in the second clause to introduce a fact or conclusion that is different from, or the opposite of, the preceding one. It is not as strong as 但是 or 可是.

① 在纽约生活方便是方便，不过花钱太多了。
② 我的房间挺大的，不过离学校有点儿远。
③ 你说的没错，不过我还是想先考虑一下再决定。

✎ 请用"不过"完成句子或者对话：

① 我很喜欢大学的生活，不过_____。

② A：妈妈，我能看一会儿电视吗？

　　B：_____，不过_____。

❸ A：听说这部电影挺不错的，周末去看看吧。

B：行。_____，不过_____。

2. 可　　but

原文：我也想快呀，可你看前面这些车。

翻译：I want to go fast as well, but look at these cars in front of us. (Implies that the traffic jam is preventing them from speeding up.)

可 is equivalent to 可是, but 可 cannot be followed by a pause.

❶ 虽然她是美国人，可她从小就对中国有浓厚的兴趣。
❷ 她说了很多话，可我一句都没听懂。
❸ 十年前她只是个学生，可现在成了著名的学者。

✏️ 请用"可"完成句子或者对话：

❶ 我很想吃点儿中国菜，可_____。

❷ A：Jack，最近上课怎么样？都还不错吧？

B：_____，可_____。

❸ A：什么？你买了一辆BMW（宝马）？

B：_____，可_____。

3. 是 + Adj./V.　　indeed, really

原文：看来北京的车是不少。

翻译：It seems that there really are a lot of cars in Beijing.

In the above example, 是 indicates an emphasis or confirmation. When used in this way, 是 should be stressed and stretched.

❶ A：你看，这件衣服好看吧？
B：是不错！买一件吧。
❷ A：什么？你要去中国？
B：没错，我是要去中国。怎么了？
A：没什么，就是有点儿吃惊。
❸ 以前只是听说他的女朋友很漂亮，今天终于见到了。嗯，是漂亮！

理解中国 Understanding China

✏️ 请用"是"完成句子或者对话：

① 早就听说四川菜很辣，今天吃了才知道_____。

② A：我记得你学过中文，为什么不认识这个字？
　B：_____（是），不过_____。

③ A：这辆车真不错，我们买一辆吧。
　B：_____（是），可是_____。

4. 图（个）…… in order to get...

原文：买车<u>图个</u>方便，……
翻译：*People buy cars to make life more convenient, ...*

图（个）is a very colloquial expression used when people want to achieve something. 图（个）is often followed by 便宜, 方便, 省事, 简单.

① 我在这家小饭店吃饭就是图个便宜。
② 许多人吃方便面是图个省事。

✏️ 请用"图（个）"完成对话：

① A：学校附近的房子这么贵，你为什么要住在这里？
　B：我住在学校附近是_____。

② A：我真不明白，他哪里好？你跟他在一起，是图个啥？
　B：我不图_____，我就是图个_____。

✏️ 下面是一个老百姓说的话，你能理解吗？

"咱老百姓图个啥？就图个国家好、领导好、政策好；家庭好、父母好、老婆孩子好、兄弟姐妹朋友好；社会好、人人好；公司好、企业好；地里种啥啥都好。"

5. 别提多……了　[colloquial] beyond description

原文：每次找停车位<u>别提多</u>费劲<u>了</u>！
翻译：*It is always extremely taxing to find a parking spot in the city.*

① Jack 这孩子别提多聪明了，脑子比大人都快。
② 听说你要结婚了，我们全家人别提多高兴了。

③ 在投资 (IB) 银行上班每天要工作十多个小时，别提多辛苦了。

✏️ 请用"别提多……了"完成对话：

① A: 你觉得 Tom 这个人怎么样？

　　B: 他呀！_____。

② A: 昨天的讲座你去听了吗？

　　B: 去了，你没去真是对了。_____。

6. 简直　　almost, simply, at all, virtually (indicate an exaggeration)

原文：还有那些新手，<u>简直</u>就是马路杀手。
翻译：Those new drivers are practically street killers.

简直 is often used to describe someone or something in an exaggerated way, and express strong emotion. There are three major ways to use 简直：

（1）简直 + 是 + N.

① 我的同学每天学习 20 个小时，简直就是（个）超人。
② 这里太美了，简直就是天堂。

（2）简直 + Adj. (indicate an extremeness)

③ 作业太多了，我简直（要）疯了。
④ 跟她聊天儿简直累死我了，说了半天她也不明白。

（3）简直 + comparison or analogy

⑤ 你的中文说得真好，简直跟中国人一样。
⑥ 真没想到你做的饭这么好吃，简直比饭店的厨师还厉害。

✏️ 请用"简直"夸夸你的同学：

我的同学叫_____，_____。

✏️ 请用"简直"说说你不喜欢的东西或者人：

我最不喜欢_____。

理解中国 Understanding China

7. Adj. + 得慌   [colloquial] very

原文：不说这些了，一说心里就堵得慌。
翻译：Forget about it. Every time I talk about it (traffic jam), I feel suffocated.

This pattern is often used to describe extremely unfavorable feelings or conditions. 慌 should be pronounced as a neutral tone.

① 上次在 Bestbuy 买了一个 Mp3，听了 3 天就坏了。每次想起来就觉得堵得慌。
② 一天没吃东西了，现在真是饿得慌。
③ 周末一个人在家里，一点儿意思都没有，闷得慌。

8. A 不如 B（……）   A is not as good as B

原文：两门的不如四门的，……
翻译：Cars with two doors are not as good as those with four doors, ...

This structure is used to compare A and B, with B being better than A.

① 他的中文不如你（好）。
② 美国的经济发展不如中国（快）。
③ 你在美国待了 3 年，怎么还不如我了解美国？

✏️ 请用"不如"完成对话：

① A: 你要买手机？那你买 Motorola 吧。
   B: 不，我觉得_____。

② A: 你觉得这两位老师哪位更好一点儿？是那个年轻的好还是年纪大的好？
   B: 要我说啊，_____。

9. 越 A 越 B   the more..., the more...

原文：车越大越气派。
翻译：The bigger cars are, the better cars look.

There are three common ways as below:

（1）S + 越 + Adj$_1$ + 越 + Adj$_2$/V.

① 学习外语越早越好。
② 有人觉得钱越多越好，我看不一定。

（2）S + 越 + V_1 + 越 + Adj. /V_2

③ 别想了，这种事情越想越觉得堵得慌。
④ 为什么中文越学越难呢？

（3）S_1 + 越……，S_2 + 越……

⑤ 到中国人家里吃饭，你吃得越多，主人越高兴。
⑥ 在中国住的时间越长，（我）越觉得中国文化有意思。

10. 既……又……　　both...and...

原文：我就喜欢日本车，既耐用又省油。
翻译：*I like Japanese cars because they are durable and consume less gasoline.*

既……又…… usually links two paralleled adjectives that are used to describe the same subject.

① 学校附近的中国饭馆既好吃又便宜。
② 真没想到，纽约的地铁既不干净，也不安全。

请用"既……又……"完成句子或者对话：

① 我开学已经一个月了，这一个月我很开心。因为我的学校_____，我的老师_____，我的同学_____，我的宿舍_____，我的生活_____。

② A: 你想过以后要找一个什么样的人结婚吗？

B: 当然想过！_____。

11. 干脆　　just, simply

原文：那儿也经常堵车，……保险也比其他地方贵。所以，我干脆不买车。
翻译：*NYC always has traffic jams and the insurance is more expensive than in other places. So I just haven't bought a car.*

干脆 usually introduce a decision or suggestion, which is definitely not an ideal one but comparatively acceptable. When 干脆 is used, it usually suggests that the speaker tries to save time or trouble going through the process.

① A: 糟糕，都10点半了，我肯定迟到了。
   B: 还有10分钟就下课了，干脆别去了。

理解中国 Understanding China

②这件衣服太旧了，干脆不要了，再买件新的吧。
③一天到晚下雨，干脆不出去了。

✎ 请用"干脆"完成对话：

① A：怎么办？我女朋友要去中国待三年！
   B：是吗？_____。

② A：已经12点了，他还没有来电话。
   B：要我说啊，_____。

练习与活动 PRACTICE & ACTIVITIES

语音练习

1 下面的词语你能读对吗？

新手	杀手	心声	熟悉
轿车	解决	交通	私家车
师傅	笑话	方便	排场
个头	费劲	事儿	根据

2 课文重现

全班一起听录音，然后跟读，最后分组表演对话3。比比看哪一组说得最好。

词语练习

1 选词填空

> 发展　采取　根据　赶　修　倒　增长　公共　意识　简直　伤脑筋

①很多中国人都_____到不仅要发展经济，还要保护环境（environment）。
②师傅，请你开快点儿，我_____时间。
③纽约的_____交通很方便。

④ 最近几年，到中国旅游的游客数量一直在_____。
⑤ 小刘三十岁了，还没有女朋友，他父母一天到晚为这件事情_____。
⑥ 找工作的时候不能只看钱多少，要_____自己的兴趣和喜好决定。
⑦ 中国政府_____了很多措施来限制人口的增长，还是很有成效的。
⑧ 我不想坐他的车，他_____就是个马路杀手。
⑨ 纽约的老房子很多，每年都需要花钱_____。
⑩ 真没想到，这家小公司这么快就_____成了一家大公司。
⑪ 才两天，我的时差就完全_____过来了。

语法与结构练习

1 用括号中的词完成句子或者对话

① 我的中文不太好，_____。（不过）
② 你妈妈做的菜真好吃，_____。（简直）
③ 在这个房子里住了两年，_____。（越……越……）
④ 我很喜欢这种车，_____。（既……又……）
⑤ 现在已经上课了，我们还在路上堵着呢，_____。（干脆）
⑥ A: 怎么？跟女朋友吵架了？
   B: _____。（一天到晚）
⑦ A: 昨天的电影怎么样？
   B: _____。（别提多……了）
⑧ A: Jack，几天不见，你买车了。
   B: _____。（图）
⑨ A: 你的家乡跟我们这里有什么不同？
   B: _____。（不如）

2 改正下列句子中的错误

① 我不对美国历史熟悉。

② 他简直一个歌唱家。

③ 为了到中国旅行，他大力学习中文。

理解中国 Understanding China

❹ 今天起晚了，干脆迟到。

❺ 我觉得纽约的交通问题不如北京严重。

❻ 政府意识这是一个很严重的问题。

❼ 多走路少开车能省我们的环境。

综合练习

1 综合填空

干脆　措施　耐用　增长　成效　这么　费劲　厉害　耗　大力

　　第二天早上，爱华和王云一起坐车去公司。路上堵得_____。司机告诉他们，北京的三环总是_____堵，因为北京的私家车越来越多。北京人买车，就喜欢气派的，_____油没关系，可一定要有面子（face）。不过王云喜欢既_____又省油的车，比方说日本车。爱华住在纽约，除了堵车，找停车位也很_____，所以他_____不买车。政府为了解决交通问题采取了不少很有_____的_____，比方说_____发展公共交通，限制私家车数量的_____等等。用不了几年，北京又能像以前那样"一路畅通"了。

别提　要是　起来　了解　就是

　　王华一边走一边想："_____每天走路上下班，就不用去那些健身房锻炼身体了，这不_____很好的锻炼吗？"想着想着，王华笑了_____。

　　王华说，她是在电视上_____到"为北京多一个蓝天，每月少开一天车"这个活动的。"我们都是上个世纪（century）60年代出生的人，"王华说，"像我们这种年纪的人，现在生活都还不错，工作、孩子也不用太操心，一般都有私家车。看到这个'每月少开一天车'的倡议，大家_____多高兴了。"

2 短文阅读

阅读下面的短文，完成练习。

现在北京的一些小学、中学和<u>高校</u>的学生向开车的人提出<u>倡议</u>：为了让北京多一个蓝天，每月应该减少<u>驾驶</u>汽车的次数。到2006年3月底，北京汽车数量达到262万辆，是全中国<u>拥有</u>汽车数量最多的城市，而且，平均每天增加1000多辆。到2013年北京已经有407万辆汽车。如果每辆汽车每月少开一天，北京的空气污染会减轻很多。

① 根据上下文判断画线词的意思
（1）高校
　　A 俱乐部　　B 大学　　C 电视台　　D 工厂
（2）倡议
　　A 建议　　　B 表扬　　C 通知　　　D 广告
（3）驾驶
　　A 买　　　　B 坐　　　C 跑　　　　D 开
（4）拥有
　　A 开　　　　B 有　　　C 买　　　　D 卖

② 根据短文完成句子

北京的学生们觉得开车的人应该_____，因为这样可以_____。

3 小作文

北京市有一个活动："为了北京多一个蓝天，每月少开一天车"。这个活动呼吁（call on）大家每个月有一天不开私家车，改乘公共交通或者骑自行车。现在参加这个活动的人越来越多，可还是有很多人不知道。请你写一封信，呼吁更多的人参加这个活动（250字）。写完以后请把信读给你的同学听。

你可以用到下面的词语：

为了……；既……又……；越……越……；简直；不如；大力

理解中国 Understanding China

4 听力练习

词语	拼音	意思
1. 单号	dānhào	odd number
2. 双号	shuānghào	even number
3. 车牌	chēpái	plate (of vehicles)
4. 配合	pèihé	cooperation
5. 放弃	fàngqì	to give up
6. 规定	guīdìng	regulation
7. 人潮	réncháo	a flood of people
8. 搭乘	dāchéng	to take (subway, bus)
9. 大众	dàzhòng	mass
10. 运输	yùnshū	transport

❶ 听老师读第一段文字，根据听到的内容填空（文字见本课附录）

地铁公司表示，目前一天的运输人次将会达到_____，再加上奥运期间还有_____的游客涌入，预估到时将会有_____到_____的乘客会搭乘大众运输工具。为了舒缓庞大的人潮，地铁部分沿线每_____就会有一班车。交通部门也增加了_____公交车，让参加奥运的游客可以轻松穿梭在北京市各地。

❷ 听老师读第二段文字，回答问题（文字见本课附录）
（1）从今天开始，北京要采取什么新措施？
（2）北京的市民对这个措施是什么态度？
（3）这个措施带来了什么影响？

5 辩论会

辩题1： 政府不应该限制私家车 VS 政府应该限制私家车
辩题2： 解决交通问题主要靠政府 VS 解决交通问题主要靠个人

要求：
全班分成两组，各组分别支持一种观点进行辩论。

（1）支持同一观点的同学先讨论，写出自己的主要理由；

（2）辩论时间为 5—10 分钟，两组同学轮流发言，每次发言不能超过 30 秒；

（3）口头辩论结束后，各组总结自己所说的内容，把观点和理由写下来交给老师。

我的笔记

1. **一路畅通**
   It implies a smooth ride, free from traffic jams.

2. **还行**
   Just so-so, not bad.

3. **说的也是**
   You have a point. It implies agreement with what someone has just said.

附录

地铁公司表示，目前一天的运输人次将会达到五百万，再加上奥运期间还有上百万的游客涌入，预估到时将会有一千两百五十到一千五百万的乘客会搭乘大众运输工具。为了舒缓庞大的人潮，地铁部分沿线每两分钟就会有一班车。交通部门也增加了三千辆公交车，让参加奥运的游客可以轻松穿梭在北京市各地。

今天是北京开始实施"单双号车牌隔天上路"之后的第一个工作日，虽然要花时间等车，比平常辛苦，不过北京的市民都非常地配合，许多本来开车的人干脆放弃开车，不管单日双日，全部改坐大众交通运输工具。据统计，今天路上的汽车只有平常的一半，大约少了一百六十五万辆。不过，这样让公共汽车站和地铁站都出现了大量的人潮。

走进四合院

热身 Warm-up

你说我说

两三个同学一组，分别介绍自己国家/家乡建筑的特点，完成下面的表格。

问题 姓名	你从哪里来？ （国家/城市）	（国家/城市）建筑的特色 （比如颜色、形状、代表性的建筑等）

资料搜索

你听说过四合院吗？你了解四合院的特点和历史吗？请你到网上找一找四合院的资料，然后跟同学们一起分享。（提示：可以找一些四合院的图片。）

我找到的	
同学找到的	

理解中国 Understanding China

课文 TEXT

爱华来北京已经一个月了,他现在有个习惯——写日记,写自己看到的、听到的、想到的、感受到的。下面就是爱华最近写的一篇日记。

2013 年 10 月 9 日　　星期五　　晴

　　每天坐车上班的路上,我都很喜欢看马路两边的建筑。这些建筑新颖别致,让北京看起来像是一座现代化[1]的新城市。不过,这也让我有点儿疑惑,因为在我的印象中,北京应该是一座很古老的城市,古老的建筑应该随处可见。可它们去哪儿了呢?今天午饭的时候,王云给了我答案。她说,其实真正能代表北京建筑特色的不是[2]那些新式[3]建筑,而是四合院和胡同。

　　我在网上查了查关于四合院的介绍。原来,四合院是中国传统建筑的代表之一,北京的四合院最著名。四合院一般坐北朝南,东西对称,体现了中国人的等级观念和审美特点。胡同是四合院之间的小巷子。北京的胡同曾经有几千条,大部分修建于[4]元、明、清三个朝代,至今已经有八百多年的历史了。网上很多人说,如果想感受老北京人的生活和传统的风俗,没有比四合院更合适的地方了。

　　后来,北京人口越来越多,城市发展越来越快,四合院和胡同却越来越少,取而代之[5]的是一座座新式建筑。据说[6],北京的四合院已经有一半被拆除,理由是这些四合院太旧了、不安全。而且,推倒四合院建高楼,对[7]解决北京的住房问题也很有帮助。

　　王云还告诉我,她生在四合院、长在四合院,从小就对[8]四合院和胡同很有感情。可现在她也已经搬进了高楼。尽管[9]新家更大、更舒服,然而,以前那种邻里之间亲如家人的感觉却[10]没有了。

读第一段课文,回答下面的问题:

1. 什么事情让爱华觉得疑惑?
2. 你想象中的北京是什么样的?

读第二段课文,回答下面的问题:

1. "坐北朝南,东西对称"是什么意思?你能画出这样的四合院来吗?(Hint: 看"我的笔记")
2. 为什么说四合院体现了"等级观念和审美特点"?
3. 胡同是什么?胡同和四合院是什么关系?

读第三、四段课文,回答下面的问题:

1. 为什么有很多四合院被拆除了?
2. 四合院和新式建筑,王云更喜欢哪一种?为什么?
3. "邻里之间亲如家人"是什么意思?

在网上，我看到很多人在讨论到底该不该拆除四合院和胡同。人们对这个问题的看法很不一样。有人认为，为了解决住房问题拆除胡同和四合院，这样的做法不太明智。要知道[1]，这里不但[11]是北京人几百年的居住场所，也代表了北京的传统文化。而且，一个城市如果没有特色建筑，就失去了自己的个性。外国人、外地人到北京旅游，想看的就是这些有历史、有特色、有个性的东西，如果都变成了高楼大厦，北京的建筑还有什么特色？也有人不同意这种看法，特别是一些从四合院搬出来的人说，大部分四合院都没有大家印象中的那么好，没有上下水、暖气等设施，有些甚至是危房，问题很多，应该拆除。政府拆除这样的四合院，可以提高老百姓的生活质量，是造福百姓。既然[12]四合院和胡同已经不适应现代社会的需要了，就不用全都保留，只要[13]保留最有特色的一部分就可以了。

看来，老建筑和新城市之间的问题还真不是一两句话能说清楚的。明天是周末，我要去四合院和胡同走走，我想亲眼看看那些四合院和胡同，看看那些正在消失的历史。

读第五、六段课文，然后把关键词（Key Words）写在下面的表格里：

反对拆除四合院的理由：

支持拆除四合院的理由：

词语 NEW WORDS

1	建筑	建築	jiànzhù	N.	building, architecture
2	新颖	新穎	xīnyǐng	Adj.	[F] novel, new
3	别致	別致	biézhì	Adj.	unique, exquisite
4	化	化	huà	Suf.	-ize, -ify
5	疑惑	疑惑	yíhuò	V.	to feel puzzled
6	古老	古老	gǔlǎo	Adj.	[F] antique, old
7	随处可见	隨處可見	suí chù kě jiàn	IE	can be seen everywhere

---

1 要知道：You know or you should know. It can be used to introduce one's opinions.

理解中国 Understanding China

8	答案	答案	dá'àn	N.	answer
9	真正	真正	zhēnzhèng	Adv.	genuinely, truly
10	代表	代表	dàibiǎo	V./N.	to represent; representation
11	式	式	shì	Suf.	type, style
12	四合院	四合院	sìhéyuàn	N.	courtyard house
13	胡同	胡同	hútòng	N.	lane, alley
14	网上	網上	wǎng shang		online
15	朝	朝	cháo	V.	to face
16	对称	對稱	duìchèn	Adj.	symmetrical
17	体现	體現	tǐxiàn	V.	to embody, to reflect
18	等级	等級	děngjí	N.	(social) rank
19	观念	觀念	guānniàn	N.	notion, concept, idea
20	审美	審美	shěnměi	N.	aesthetics
21	之间	之間	zhījiān	N.	between, among
22	巷子	巷子	xiàngzi	N.	small lane
23	于	於	yú	Prep.	[F] at, in, on
24	朝代	朝代	cháodài	N.	dynasty
25	至今	至今	zhìjīn	Adv.	so far, until now, up to now
26	感受	感受	gǎnshòu	V.	to experience, to feel
27	风俗	風俗	fēngsú	N.	custom
28	却	卻	què	Adv.	yet, but
29	取而代之	取而代之	qǔ'érdàizhī	IE	to replace sb. or sth.
30	据说	據說	jùshuō	V.	it is said that…
31	拆除	拆除	chāichú	V.	to take down (buildings, etc.)
32	理由	理由	lǐyóu	N.	reason, argument
33	推倒	推倒	tuī dǎo		to topple, to push over
34	搬	搬	bān	V.	to move (to another place)
35	尽管	儘管	jǐnguǎn	Conj.	although, though
36	然而	然而	rán'ér	Conj.	however
37	邻里	鄰里	línlǐ	N.	[F] neighborhood

#					
38	到底	到底	dàodǐ	Adv.	(indicate a definite reply is requested)
39	明智	明智	míngzhì	Adj.	sensible, wise
40	居住	居住	jūzhù	V.	[F] to reside, to dwell
41	场所	場所	chǎngsuǒ	N.	[F] location, place
42	失去	失去	shīqù	V.	[F] to lose
43	个性	個性	gèxìng	N.	individual character
44	大厦	大廈	dàshà	N.	mansion
45	上下水	上下水	shàngxiàshuǐ		sewerage system
46	暖气	暖氣	nuǎnqì	N.	heating
47	设施	設施	shèshī	N.	facilities
48	危房	危房	wēifáng	N.	dilapidated building, building in a state of disrepair
49	老百姓	老百姓	lǎobǎixìng	N.	ordinary people
50	质量	質量	zhìliàng	N.	quality
51	造福	造福	zàofú	V.	to bring benefit to
52	既然	既然	jìrán	Conj.	since, now that
53	适合	適合	shìhé	V.	to suit, to fit
54	保留	保留	bǎoliú	V.	to remain, to retain
55	亲眼	親眼	qīnyǎn	Adv.	(to see) with one's own eye
56	消失	消失	xiāoshī	V.	to disappear, to vanish

专有名词 Proper Noun

#				
1	元	元	Yuán	Yuan Dynasty
2	明	明	Míng	Ming Dynasty
3	清	清	Qīng	Qing Dynasty

理解中国 Understanding China

语法与结构 GRAMMAR, PATTERN, EXPRESSION

1. ~化   -ify, -ize

原文：这些建筑……，让北京看起来像是一座现代化的新城市。
翻译：These buildings...make Beijing more and more like a modernized city.

化 is a suffix attached to certain nouns or adjectives, and the 化 phrase usually indicates a change. Note that phrase ending with 化 is mostly intransitive, so it cannot drive an object with only a few exceptions that are made up with monosyllabic adjectives.

① 全球化是当今社会发展的一个重要特点。
② 最近十几年，中国农村的城市化进程正在加快。
③ 简化 (simplify) 汉字是为了让汉字学习更容易。

2. 不是A，而是B   not A, but B

原文：真正能代表北京建筑特色的不是那些新式建筑，而是四合院和胡同。
翻译：The architecture that truly represents Beijing's character are not those new buildings, but Siheyuans and Hutongs.

This pattern indicates that speaker agrees with B not A; 不是 can be preceded by 并 to make the tone sound stronger.

① 他喜欢的人不是我，而是你。
② 我感兴趣的专业不是中文，而是中国历史。
③ 我来北京并不是为了学习，而是为了见朋友。

✎ 请用"不是A，而是B"完成句子或者对话：

① A：你为什么不想跟我去看电影？你是不是不喜欢我了？
   B：_____，_____。

② A：我就不明白，为什么你不想当医生。
   B：很简单，_____，_____。

③ 有人认为 KFC 和 Coca Cola 就是美国文化的代表，但是我认为，_____，_____。

3. ~式   -type

原文：真正能代表北京建筑特色的不是那些新式建筑，而是四合院和胡同。

翻译：The architecture that truly represents Beijing's character are not those new buildings, but Siheyuans and Hutongs.

When 式 is added as a suffix to certain nouns and adjectives, it indicates the style or type. ~式 cannot be described by degree adverbs like 很, 非常 etc.

Adj. + 式	N. + 式
新式 new-style	中式 Chinese-style
老式 old-style	西式 Western-style
传统式 traditional type	日式 Japanese-style

4. V. + 于　　at, in

原文：胡同……大部分修建于元、明、清三个朝代……
翻译：Most Hutongs were built during Yuan, Ming and Qing Dynasties.

于 [written] is a preposition in classical Chinese and still used in modern Chinese. It can be used to indicate the time or place.

① 美国大学的暑假一般开始于五月。
② 十年前，我毕业于北京大学。
③ 这个环境保护中心成立于1998年秋天。

✏️ 请用"V. + 于"介绍：

① 你的大学的历史（哪年建立？在哪儿建立？）
② 一家你熟悉的公司的发展情况

5. 取而代之　　to replace

原文：四合院和胡同却越来越少，取而代之的是一座座新式建筑。
翻译：Siheyuan and Hutong are less and less, replaced by a lot of new buildings.

Note that 取而代之 can only be used as an intransitive verb so it cannot be followed by an object. There are two major forms when 取而代之 is used:

（1）A 被 B 取而代之
（2）A……，取而代之的是 B

① 写信的人越来越少，传统的书信几乎被 email 取而代之了。
② Kodak 公司失去了美国市场，它的地位被 Canon 公司取而代之。

理解中国 Understanding China

③ 现在已经没有人再用BP机了，取而代之的是手机。
④ 再过几年，传统的手机就会消失，取而代之的是新一代的智能手机。

✎ 请用"取而代之"回答问题：

① 跟100年前比，我们的生活中哪些东西已经消失了？
② 最近10年，社会有哪些改变？
③ 再过50年，你觉得哪些东西会消失？

6. 据说，据（source）+ V.   it is said that...

原文：据说，北京的四合院已经有一半被拆除。
翻译：It is said that half of the Siheyuans in Beijing have been demolished.

As a fixed expression, 据说 is used to introduce something without specifying the source of the information. 说 can be substituted with 调查, 报道 depending on how the information was obtained. If the speaker wants to specify who or where the information was obtained, the source can be inserted between 据 and the verb.

① 据说，现在学习汉语的外国人有4000万。
② 据统计，星巴克已经在中国开了500多家分店。
③ 据老师说，暑假去中国对学习中文很有帮助。

✎ 请用"据（S）+ V."翻译下面的句子：

① It is said that the Yellow Stone is the most beautiful national park in the US.

中文：_____。

② According to NBC morning news, there will be a very special guest visiting New York today.

中文：_____。

7. 对……有帮助   be helpful for ...

原文：推倒四合院建高楼，对解决北京的住房问题很有帮助。
翻译：Replacing the Siheyuan with new high buildings will help to solve Beijing's housing problems.

① 每天跟中国朋友聊天，对学习中文很有帮助。
② 暑假的时候到公司实习，对以后找工作有帮助。
③ 多建一些地铁，对解决北京的交通和污染问题有帮助。

请用"对……有帮助"完成对话：

① A：我觉得中文（写汉字）很难，你有什么好方法吗？

　　B：_____。

② A：听说政府为了解决经济问题，提出了新的解决方法？

　　B：_____。（觉得方法好）

　　C：_____。（觉得方法不好）

8. 对……有感情　　have an affection for ...

原文：（王云）从小就对四合院和胡同很有感情。
翻译：Wang Yun has had a deep affection for Siheyuans and Hutongs ever since childhood.

① 虽然我只在北京住了半年，可是已经对那里有了感情。
② 是爷爷奶奶把 Amy 养大的，所以 Amy 对他们很有感情。
③ 出国以后才发现，自己对家乡竟然有那么深的感情。

请用"对……有感情"完成对话：

① A：明天我们就要走了，你怎么一点儿都不难过？

　　B：_____。

② A：别哭了，以后我们还会再回来的。

　　B：你不知道，_____。

请用"对……有感情"介绍：

① 一个地方（为什么对这个地方有感情？）
② 一个人（为什么对这个人有感情？）

9.（尽管）……，然而，……　　..., however ...

原文：尽管新家更大、更舒服，然而，以前那种邻里之间亲如家人的感觉却没有了。
翻译：Although new places are bigger and more comfortable than the old ones, the familial relationship among neighbors has disappeared.

Note that 然而 is mostly used in formal situation and for serious events.

① 虽然遇到了很多困难，然而他一点儿都没有动摇（waver）。

理解中国 Understanding China

② 尽管已经离开四合院多年，然而，他对四合院的感情一直没有改变。

10. **却**   yet, but

原文：尽管新家更大、更舒服，然而，以前那种邻里之间亲如家人的感觉却没有了。
翻译：Although new places are bigger and more comfortable than the old ones, the familial relationship among neighbors has disappeared.

Unlike 然而, which is a conjunction word, 却 is an adverb that indicates a shift or turn of the topic. It can be used alone or with other conjunction words like 虽然, 尽管 etc. to provide emphasis. Remember, it always goes after a subject, if there is one.

① 这里人不多，车却不少。
② 别人都忙着工作，他却没事做，看起来很轻松。
③ 四合院是代表北京特色的建筑，然而这几年却越来越少。

✎ 请用"然而"或者"却"填空：

① 我的父母都希望我当医生，我＿＿＿＿＿想去中国当老师。
② 虽然我们的经济有了很大的发展，＿＿＿＿＿我们的环境＿＿＿＿＿受到了极大的破坏。

✎ 请用"然而"或者"却"回答问题：

① A: 你的男朋友那么穷，你为什么那么喜欢他？
B: ＿＿＿＿＿＿＿＿＿＿＿＿＿＿＿＿＿＿＿＿＿＿＿＿＿＿＿＿＿＿＿＿＿＿＿＿＿＿。

② A: 学校最近有新的规定，上课的时候不能用手机。
B: ＿＿＿＿＿＿＿＿＿＿＿＿＿＿＿＿＿＿＿＿＿＿＿＿＿＿＿＿＿＿＿＿＿＿＿＿＿＿。

11. **不但……，也 / 还……**   not only..., but also...

原文：这里不但是北京人几百年的居住场所，也代表了北京的传统文化。
翻译：Siheyuans are not just the places where the people of Beijing have lived for several hundred years, they also represent the traditional culture of Beijing.

不但 is used in the first clause and indicates progression. In the second clause, conjunctions such as 而且, 并且 or adverbs like 也, 还 may be used. 也 and 还 must go after subjects.

① 他不但是我的哥哥，也是我的老师。
② 了解一个人不但要听他说什么，还要看他做什么。
③ 拆除四合院不但不能解决住房问题，还会让历史消失。

✏️ 请用"不但……也 / 还……"完成句子或者对话：

① A：你去过华尔街吗？听说那是个很重要的地方。

　B：没错，_____。

② 在中国学中文_____。

③ 想在我们公司工作，你_____。

12. 既然……，（就）……　　since/now that....

原文：<u>既然</u>四合院和胡同已经不适应现代社会的需要了，<u>就</u>不用全都保留。

翻译：*Now that Siheyuan and Hutong aren't suitable for modern society any more, it is not necessary to keep all of them.*

既然 is used to acknowledge a fact (since something is true...), and then the following clause makes an inference or draws a conclusion. This structure is often used to give suggestions.

① A：我觉得她对我没有感情了，你说我该怎么办呢？
　B：既然没有感情了，就分手吧。

② A：现在停车越来越贵了，你说还要不要买车呢？
　B：既然得花那么多钱，我看就别买了。

✏️ 请用"既然……，（就）……"给爱华建议：

① 爱华（A）：我很想在中国旅行，可我的钱不太多，而且中国这么大，我也不了解，也没有什么朋友，我该怎么办呢？

　B：_____，我觉得你可以向同事借一点儿。

　C：_____，_____。

　D：_____，_____。

② 爱华（A）：中文太难了，四声、汉字、语法，没有一个简单。你有什么好办法吗？

　B：_____，_____。

　C：_____，_____。

　D：_____，_____。

理解中国　Understanding China

13. 只要……，就……　　provided that..., as long as

原文：只要保留最有特色的一部分（胡同和四合院）就可以了。
翻译：It is enough to keep the most characteristic Hutongs and Siheyuans.

只要 introduces a prerequisite, mostly a necessary or minimum condition.

① 只要你爸妈同意，我们年底就结婚。
② 老师说只要多花点儿时间，就能学好汉字。
③ 只要我们共同努力，就一定能解决这个问题。

请用"只要……，就……"完成对话：

① A：这么多汉字，都要记住吗？
　 B：不用，_____。
② A：我帮你介绍男/女朋友吧。你有什么条件？
　 B：谢了，_____。
③ A：你觉得我的中文还有希望吗？
　 B：当然了，_____。

练习与活动 PRACTICE & ACTIVITIES

语音练习

1 下面的词语你能读对吗？

消失	随处	风俗	失去	设施
注意	真正	对称	至少	指出
据说	居住	呼吁	拆除	质量

2 课文重现

全班一起听录音,然后大声读下面的句子,注意什么时候该重读(stress: ▾),什么地方该停顿(pause: P)。

① ▾真正能代表北京建筑特色的 P ▾不是那些新式建筑,而是四合院和胡同。
② 如果 P 想感受老北京人的生活 P 和传统的风俗,没有比▾四合院 P 更合适的地方了。
③ ▾尽管新的地方 P 更大、更舒服,然而,以前那种 P 邻里之间亲如家人的感觉却没有了。
④ 有人认为,为了解决住房问题 P 拆除胡同和四合院,这样的做法 P 不太明智。
⑤ 如果▾都变成了高楼大厦,北京的建筑还▾有什么特色?

词语练习

1 选词填空

> 失去　风俗　亲眼　古老　明智　代表　居住　感受　据　成立

① _____统计,有一半的居民反对政府的做法。
② 他一个人的想法不能_____公司所有人的想法。
③ 这个城市虽然小,但是很适合_____。
④ 毕业后,他们几个同学共同努力,_____了一家电脑公司。
⑤ 有些机会如果你_____了,就再也不会有了。
⑥ 大力发展公共交通的做法非常_____。
⑦ 一下飞机,他就_____到了北京人的热情。
⑧ 北京_____的历史吸引了很多游客来参观。
⑨ 每个国家都有自己的_____习惯。
⑩ 我太高兴了,因为我_____看到了著名的故宫。

语法与结构练习

1 用括号中的词完成句子或者对话

① 今天上学的路上,_____。(注意到)
② 为了学好中文,_____。(至少)
③ 我从小就_____。(对……有感情)
④ 上大学以后,_____。(尽管……)
⑤ A: 听说这次你来中国是为了学习中文?
　B: _____。(不是……而是)

理解中国 Understanding China

❻ A：你了解胡同的历史吗？
B：_____。（据）

❼ A：北京政府为什么要拆除四合院？
B：_____。（对……有帮助）

❽ A：你已经想了一个小时了，_____？（到底）
B：我还没想好，让我再想想。

❾ A：这种电脑_____。（不但……，也……）
B：那我就买这种吧。

❿ A：我今天觉得特别累。
B：_____。（既然）

2 改正下列句子中的错误

❶ 我很喜欢古老式的建筑。

❷ 限制私家车数量对交通问题有帮助。

❸ 我这次来北京不是为了玩儿的，就是为了学习的。

❹ 不但他去过北京，也去过上海。

❺ 既然你不喜欢她，就你跟她分手吧。

❻ 现代化的生活方式对他们适合。

❼ 据老师的话，今天没有听写。

综合练习

1 根据课文选择正确答案

❶ 关于四合院，下面哪个说法是对的？
A. 具有现代特色　　　　　　　B. 只有在北京才可以看到
C. 一般坐西朝东　　　　　　　D. 是一种对称的建筑

❷ 关于胡同，下面哪个说法是对的？
  A. 有几千年的历史　　　　　　　　B. 已经都被拆除了
  C. 大部分修建于元、明、清三个朝代　D. 是北京城里的大街

❸ 下面哪一项是北京政府拆除四合院和胡同的理由？
  A. 四合院跟城市发展很不协调　　　B. 四合院住起来不方便
  C. 胡同的卫生环境不好　　　　　　D. 四合院太旧了，需要重修

❹ 支持政府的人认为政府应该＿＿＿＿＿四合院和胡同。
  A. 拆除所有的　　　　　　　　　　B. 保留部分有特色的
  C. 保留一些不容易拆除的　　　　　D. 拆除部分不适合现代社会的

2 短文阅读

阅读下面的短文，完成练习。

（一）你们见过这样的文物吗？

2007年5月14日，北京市东城区东四八条9号四合院被拆除。这家的女房主说自己的房子<u>拆得值</u>。这位女士说，家里用开发商<u>补偿</u>的钱在东四九条买了<u>同等面积</u>的平房，房子面积比现在的稍大，条件也好。她说开发商给的补偿是每平方米2万多元。"不知道别人怎么想，反正我挺满意的。"

一位姓赵的女士在四合院住了快十年了。她家只有8.5平方米，里面只能放下一张大床，柜子是挂在墙上的。"你们见过这样的<u>文物</u>吗？"只要有人去她家，她就会这样问。不少四合院的居民都跟她一样，认为他们住的房子没有什么保留价值了。确实，真正走进过那些危改老城区的人都知道，<u>拥挤</u>、<u>杂乱</u>是比文化审美更直接的感受。由于房子小，大家只能在四合院的院子里自己盖房子，这样的四合院完全没有了以前的样子。

根据《开发商曲解专家意见"东四八条项目应重新审批"》改写

❶ 根据上下文解释下面词语的意思
  （1）拆得值：＿＿＿＿＿＿＿＿＿＿＿＿＿＿＿＿＿＿＿＿＿
  （2）补偿：＿＿＿＿＿＿＿＿＿＿＿＿＿＿＿＿＿＿＿＿＿＿
  （3）同等：＿＿＿＿＿＿＿＿＿＿＿＿＿＿＿＿＿＿＿＿＿＿
  （4）面积：＿＿＿＿＿＿＿＿＿＿＿＿＿＿＿＿＿＿＿＿＿＿
  （5）文物：＿＿＿＿＿＿＿＿＿＿＿＿＿＿＿＿＿＿＿＿＿＿
  （6）拥挤：＿＿＿＿＿＿＿＿＿＿＿＿＿＿＿＿＿＿＿＿＿＿
  （7）杂乱：＿＿＿＿＿＿＿＿＿＿＿＿＿＿＿＿＿＿＿＿＿＿

| 理解中国 | Understanding China |

❷ 根据文章回答问题

(1) 东四八条9号四合院的女房主的房子拆了吗？她为什么说"拆得值"？

(2) 赵女士说"你们见过这样的文物吗？"，这句话是什么意思？

（二）胡同的名字

"胡同"一词，自13世纪的元朝开始就在北京出现了，<u>最初</u>，是蒙古语"水井"的意思。因为古时北京<u>缺水</u>，围绕一口井居住着许多人。人们在建房时就<u>留出</u>一定的通道。住的人越多，通道也越长，胡同就此形成。

"有名胡同三百六，无名胡同赛牛毛。"这句北京的俗话反映了京城胡同<u>密布</u>的情形。据史料记载，明朝初年，北京城内有胡同458条，明末达到600多条，清朝时北京的胡同为978条。到了1949年，北京城区有6000多条街巷，其中叫"胡同"的有1330条。

北京的胡同名字包罗万象，既有江河湖海（大江胡同、团结湖、海滨胡同）、山川日月（川店胡同、回升胡同、月光胡同）、人物姓氏（张自忠路、贾家胡同）、市场商品（菜市口胡同、银碗胡同）、花草鱼虫（花枝胡同、草园胡同、金鱼胡同、养蜂夹道）、鸡鸭鱼肉（鸡爪胡同、鸭子店、鲜鱼口、肉市街），还有用<u>形状</u>命名的（宽街、斜街、一尺大街）、用地名命名的（西直门内/外大街、东四、西单）、用官方机构命名的（兵马司胡同、贡院胡同），等等等等，实在是趣味无穷，让人眼花缭乱。

还有几个胡同之最，你应该了解。比如<u>重名</u>最多的胡同——"扁担胡同"；最短的胡同——"一尺大街"，仅有十几米；最长的胡同——"东/西交民巷"，全长6.5公里；最<u>窄</u>的胡同——"高筱胡同"，最窄处不超过65厘米；<u>弯儿</u>最多的是"九道弯"，说是九道弯，可实际上有二十多道弯；历史最<u>悠久</u>的胡同——"三庙街"，那是<u>原汁原味</u>的元代胡同，有近800年的历史。

根据《老北京胡同名字趣谈》、《北京胡同，永远无法抹去的城市象征》改写

❶ 根据上下文判断词的意思

(1) 最初：＿＿＿＿＿＿＿＿＿＿＿＿＿＿＿＿＿＿＿＿＿＿＿＿＿

(2) 缺水：＿＿＿＿＿＿＿＿＿＿＿＿＿＿＿＿＿＿＿＿＿＿＿＿＿

(3) 留出：＿＿＿＿＿＿＿＿＿＿＿＿＿＿＿＿＿＿＿＿＿＿＿＿＿

(4) 密布：＿＿＿＿＿＿＿＿＿＿＿＿＿＿＿＿＿＿＿＿＿＿＿＿＿

(5) 形状：＿＿＿＿＿＿＿＿＿＿＿＿＿＿＿＿＿＿＿＿＿＿＿＿＿

(6) 重名：＿＿＿＿＿＿＿＿＿＿＿＿＿＿＿＿＿＿＿＿＿＿＿＿＿

(7) 窄：＿＿＿＿＿＿＿＿＿＿＿＿＿＿＿＿＿＿＿＿＿＿＿＿＿＿

(8) 弯儿：＿＿＿＿＿＿＿＿＿＿＿＿＿＿＿＿＿＿＿＿＿＿＿＿＿

(9) 悠久：＿＿＿＿＿＿＿＿＿＿＿＿＿＿＿＿＿＿＿＿＿＿＿＿＿

(10) 原汁原味：＿＿＿＿＿＿＿＿＿＿＿＿＿＿＿＿＿＿＿＿＿＿

❷ 根据文章回答问题

（1）请你用自己的话介绍胡同是怎么出现的。
（2）请你根据文章的介绍，说说下面的胡同是怎么命名的。

❸ 段落填空

种　　有意思　　据说　　样子　　曾经

胡同以前是蒙古语，_____，原来的意思是水井。胡同的名字非常_____。有的是数字，如东单三条、东四十条。有的是以前放东西的地方，如皮库胡同。有的是这条胡同里_____住过的人，如大雅宝胡同（原来叫大哑巴胡同），可能因为胡同里曾住过一个哑巴（dumb）。有的是某_____行业集中的地方，手帕（handkerchief）胡同里可能住过很多卖手帕的人，羊肉（lamb）胡同里可能住过卖羊肉的人。有的名字是胡同的形状，如高义伯胡同，原名狗尾巴（tail）胡同，小羊宜宾胡同原名羊尾巴胡同。可能是因为这两条胡同的_____有点儿像羊尾巴、狗尾巴。

理解中国 Understanding China

3 短文写作

① 介绍一个你"最有感情"的地方。说说你为什么对这个地方有感情。
（提示：可以参考课文第四段）

② 课文里谈到"邻里之间亲如家人"，中国还有一句话叫"远亲不如近邻"。你怎么理解这两句话？请你用例子说明你的看法。

4 交流与讨论

请你跟几个同学一起讨论下面的问题，把你们的主要想法写下来。

① 短文阅读的第一篇文章《你们见过这样的文物吗？》谈到像赵女士一样的四合院居民很希望拆除四合院，因为他们的居住条件比较差。这些居民有没有权利决定要不要拆四合院呢？

② 这几年有些人自己花钱，改建、重修四合院，这些"新"的四合院从外面看起来跟老的差不多，里面的设施却非常现代化。你觉得这样的四合院还是不是真正的四合院呢？

5　小作文

很多古老的城市在发展中都遇到了一个比较难解决的问题：怎么做才能既保护古老的建筑，又提高当地居民的生活质量？请你结合上页"交流与讨论"中的讨论，说说自己的看法。（300字）

现代城市和历史建筑

理解中国 Understanding China

6 补充练习

看下面的四合院平面图，到网上查查下面几个问题的答案。

① 为什么说四合院体现了"等级观念"？
② 四合院为什么要坐北朝南？
③ 为什么四合院的大门不在正中间，而在东南角？

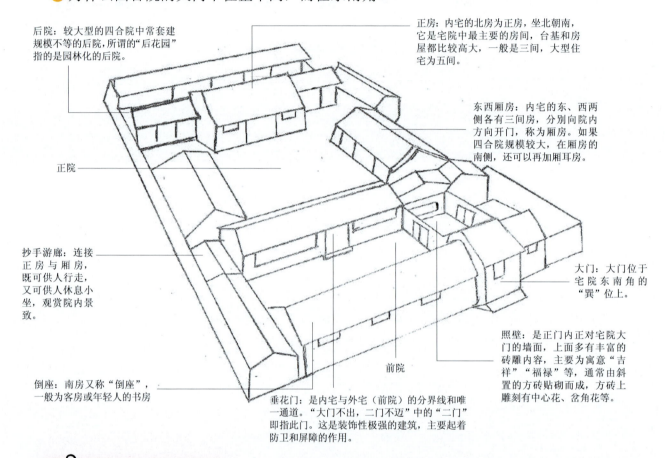

后院：较大型的四合院中常套建规模不等的后院，所谓的"后花园"指的是园林化的后院。

正房：内宅的北房为正房，坐北朝南，它是宅院中最主要的房间，台基和房屋都比较高大，一般是三间，大型住宅为五间。

正院

东西厢房：内宅的东、西两侧各有三间房，分别向院内方向开门，称为厢房。如果四合院规模较大，在厢房的南侧，还可以再加厢耳房。

抄手游廊：连接正房与厢房，既可供人行走，又可供人休息小坐，观赏院内景致。

大门：大门位于宅院东南角的"巽"位上。

照壁：是正门内正对宅院大门的墙面，上面多有丰富的砖雕内容，主要为寓意"吉祥""福禄"等，通常由斜置的方砖贴砌而成，方砖上雕刻有中心花、岔角花等。

倒座：南房又称"倒座"，一般为客房或年轻人的书房

前院

垂花门：是内宅与外宅（前院）的分界线和唯一通道。"大门不出，二门不迈"中的"二门"即指此门。这是装饰性极强的建筑，主要起着防卫和屏障的作用。

我的笔记

1. 四合院一般坐北朝南，东西对称。
  The main building of the structure is usually positioned in the north with its door and windows facing the south. The whole structure is vertically symmetrical.

2. 邻里之间亲如家人。
  Relationships with neighbors are so close that it is like one family. Chinese people like to live in a community. Chinese tradition values harmonious and familial relationships with one's neighbors.

第二单元　新一代的大学生

爱华在北京待了一个多月了，在这忙忙碌碌的一个月里，他不但感受到了中国朋友、同事的热情，也看到了北京的新形象。他刚刚接到公司的任务，要他到北京大学进修两个月。这可把爱华高兴坏了，因为他正想找机会去大学里亲眼看看中国的大学生活是什么样的。这个单元的三篇课文就是根据爱华的观察写成的。

4 走出象牙塔

热身 Warm-up

你说我说

两个同学一起讨论下面的几种说法，如果你们的看法一样，请画"○"，如果你们的看法不一样，请画"×"。

☐ 学生就是学生，只要学习好就行了。学生不是工人，为什么要打工？

☐ 打工能挣钱，有什么不好？只要能挣钱，我什么都愿意做。

☐ 我打工是因为父母不给我钱。如果我有很多钱，我肯定不去打工。

☐ 如果要打工，我也只想去做家教。体力活，我不想干。

头脑风暴

几个同学一起讨论：如果你出去打工，你想做什么？为什么？

姓名	想做什么？	为什么？

理解中国 Understanding China

课文 TEXT

"两耳不闻窗外事，一心只读圣贤书。"这是中国古代读书人的形象。"学生就应该专心读书，不应该做别的"，这种观念影响了很多中国人。十几年前，如果有大学生在课余时间打工，那可¹绝对是件新鲜事。然而，最近几年人们的观念改变了，利用课余时间打工的大学生一天比一天²多，在假期打工甚至成了一种潮流。

据调查，大学生打工的形式多种多样：有的工作跟专业有关，比方说做家教、在公司兼职；有的工作不需要什么知识和技能，主要是体力劳动，像发传单、送外卖、当服务员等等。虽然打工的内容千差万别，但是学生们的想法却有一致的地方。这些"天之骄子"们不愿意只待在"象牙塔"里死读书，他们要走出学校，走向社会。

为什么要选择学习之外³的"副业"呢？对这个问题，不同的人有不同的回答。在大多数学生看来，挣钱是打工的主要目的。这些年，大学的学费一年比一年高。对于⁴那些生活并⁵不宽裕的家庭的孩子来说，打工是帮助父母减轻负担的最好的办法。对于那些家境贫寒的学生来说，不打工的话，连生活费都没有保障。此外⁶，一些家里并不缺钱的学生也加入了打工的行列。为什么他们也要打工呢？用⁷他们自己的话说，"打工是证明自己能力的一种方式"。当然，也有不少学生认为打工的最大好处是可以锻炼能力、了解社会、积累经验，让自己的简历更丰富一些。

打工的好处不少，但是家长对孩子在课余打工的看法却并不一致。支持孩子打工的父母认为，在学习之余⁸打工，一方面⁹可以让孩子提前接触社会，为

读第一段课文，回答下面的问题：

1. 什么样的人算"读书人"？这是一种工作吗？
2. 请你用自己的话解释"两耳不闻窗外事，一心只读圣贤书"。（Hint: 看"我的笔记"）
3. 课文中提到的"新鲜事"是什么事情？
4. "潮流"这个词告诉我们什么？

读第二段课文，回答下面的问题：

1. "天之骄子"是哪些人？为什么叫他们"天之骄子"？
2. "象牙塔"是什么样的地方？
3. "死读书"是什么意思？

读第三段课文，回答下面的问题：

1. 请你总结出打工的好处，完成下面的表格。

打工的好处	对哪些人特别重要？

2. 为什么说"打工是证明自己能力的一种方式"？你同意吗？

以后工作做准备；<u>另一方面</u>也可以让孩子知道挣钱的辛苦，帮助他们养成节约的好习惯。一位姓张的母亲说，以前她的孩子从来不知道节约，花钱的时候大手大脚。<u>自从</u>[10]去年暑假去快餐店打工<u>以后</u>，孩子的变化很大，现在买条牛仔裤都要货比三家。然而，也有不少父母反对孩子打工。他们认为，学生的主要任务就是学习，上学的时候就应该一心一意，不能一心二用。大学是学习的黄金时期，如果因为打工耽误了学习，绝对得不偿失。此外，大学生的自控能力差，有些人手里有了钱，却不会合理地用，甚至养成了乱花钱的习惯。

父母的担心是难免的，可是打工已经成了锻炼学生能力的"第二课堂"[1]。现在的大学生们，已经不再<u>满足于</u>[11]坐在课堂里学习书上的知识，他们要走出象牙塔，去看看外面多彩的世界。

读第四段课文，回答下面的问题：

请你总结一下父母们对打工的看法，把他们的理由写下来。

支持孩子打工的原因	反对孩子打工的原因

词语 NEW WORDS

1	象牙塔	象牙塔	xiàngyátǎ	IE	ivory tower
2	闻	聞	wén	V.	[F] to hear
3	圣贤	聖賢	shèngxián	N.	sages and the people of virtue
4	专心	專心	zhuānxīn	Adj.	with intense concentration
5	影响	影響	yǐngxiǎng	V./N.	to affect; influence
6	课余	課餘	kèyú	N.	after school
7	打工	打工	dǎ gōng		to work (temporarily)
8	绝对	絕對	juéduì	Adv./Adj.	absolutely; absolute

---

1 第二课堂："The Second Classroom" is used in contrast with "The First Classroom", which refers to the book learning in a normal classroom setting. "The Second Classroom" means the teaching and learning activities outside "The First Classroom". The content of "The Second Classroom" originates from textbooks, yet not limited to them; it is not tested, yet, it is an indispensable part of the quality education. It implies that learning can happen on the playground, inside or outside the school, as well as the society and family.

理解中国 Understanding China

9	利用	利用	lìyòng	V.	to use, to utilize
10	潮流	潮流	cháoliú	N.	trend or social change
11	调查	調查	diàochá	V.	to investigate, to survey
12	多种多样	多種多樣	duōzhǒng-duōyàng	IE	diverse, various
13	有关	有關	yǒuguān	V.	to relate to, to be connected with
14	家教	家教	jiājiào	N.	tutor
15	兼职	兼職	jiānzhí	V.	to take part-time job
16	技能	技能	jìnéng	N.	skill
17	体力	體力	tǐlì	N.	physical strengh, power
18	劳动	勞動	láodòng	N.	labor, work
19	传单	傳單	chuándān	N.	leaflet, handbill, flyer
20	外卖	外賣	wàimài	N.	delivery
21	千差万别	千差萬別	qiānchā-wànbié	IE	differ in thousands ways
22	一致	一致	yízhì	Adj.	identical, unanimous
23	天之骄子	天之驕子	tiān zhī jiāozǐ	IE	an unusually lucky person
24	选择	選擇	xuǎnzé	V.	to choose
25	之外	之外	zhīwài	N.	besides
26	副业	副業	fùyè	N.	side occupation
27	对于	對於	duìyú	Prep.	for
28	宽裕	寬裕	kuānyù	Adj.	well-off
29	减轻	減輕	jiǎnqīng	V.	to lighten, to reduce
30	负担	負擔	fùdān	N.	burden
31	家境	家境	jiājìng	N.	family's financial situation
32	贫寒	貧寒	pínhán	Adj.	[F] poverty level
33	保障	保障	bǎozhàng	V./N.	to protect (property, rights, etc.); guarantee
34	此外	此外	cǐwài	Conj.	in addition
35	缺	缺	quē	V.	to be short of, to lack
36	加入	加入	jiārù	V.	to join, to add
37	行列	行列	hángliè	N.	rank, lines of people or things

38	证明	證明	zhèngmíng	V.	to prove, to testify
39	好处	好處	hǎochù	N.	benefit, good, advantage
40	锻炼	鍛煉	duànliàn	V.	to improve (ability), to exercise
41	能力	能力	nénglì	N.	ability, capability
42	积累	積累	jīlěi	V.	to gather, to accumulate
43	简历	簡歷	jiǎnlì	N.	resume
44	支持	支持	zhīchí	V.	to support, to endorse
45	提前	提前	tíqián	V.	to ahead of schedule
46	接触	接觸	jiēchù	V.	to come into contact with
47	辛苦	辛苦	xīnkǔ	Adj.	difficult, hard, strenuous, laborious
48	养成	養成	yǎngchéng	V.	to form, to cultivate
49	节约	節約	jiéyuē	V.	to save
50	大手大脚	大手大腳	dàshǒu–dàjiǎo	IE	wasteful, extravagant
51	自从	自從	zìcóng	Prep.	[F] ever since
52	牛仔裤	牛仔褲	niúzǎikù	N.	jeans
53	货比三家	貨比三家	huò bǐ sān jiā	IE	to shop around to check prices
54	任务	任務	rènwu	N.	task, assignment
55	一心一意	一心一意	yìxīn-yíyì	IE	single-heartedly
56	一心二用	一心二用	yìxīn-èryòng	IE	to do two things at once
57	黄金时期	黃金時期	huángjīn shíqī	IE	golden period, prime time
58	耽误	耽誤	dānwu	V.	to fail to achieve a task because of delay or other reason
59	得不偿失	得不償失	dé bù cháng shī	IE	the loss outweighs the gain
60	自控	自控	zìkòng	V.	to self-control
61	合理	合理	hélǐ	Adj.	wise
62	乱	亂	luàn	Adj.	reckless, random
63	难免	難免	nánmiǎn	Adj.	unavoidable, bound to happen
64	课堂	課堂	kètáng	N.	[F] classroom
65	满足	滿足	mǎnzú	V.	to meet the demand of
66	多彩	多彩	duōcǎi	Adj.	colorful

理解中国　**Understanding China**

语法与结构 GRAMMAR, PATTERN, EXPRESSION

1. "可"表示强调　　可 used to emphasize

    原文：如果有大学生在课余时间打工，那可绝对是件新鲜事。
    翻译：*If you heard that there was a college student who held a part time job, that was big news.*

    In colloquial Chinese, 可 can be used before adjective and noun to emphasize that a degree is truly high. 可 should be stressed in this condition.

    ①A: 你见过小王的女朋友吗？
    　B: 见过，他的女朋友可漂亮了！
    ②A: 听说你今年选了中文课？
    　B: 没错，中文可真难啊。
    ③他可厉害了，不但数学好，还会说五种外语呢。

✏️ 请用"可 + Adj./V."改写下面的句子，感觉它们的不同：

    ① 这里的东西很便宜！
    ② 我不想跟他一起吃饭。
    ③ Jack 刚买的 iPhone 真好看。

2. 一 + TW + 比 + 一 + TW + Adj.　　increasingly

    原文：利用课余时间打工的大学生一天比一天多……
    翻译：*The number of students who work part-time is rising by the day...*

    This pattern is used to show a gradual change. Time words such as 年，天，星期 are often used in this structure. One syllable adjectives are preferred.

    ①这些年，中国人的生活一年比一年好。
    ②最近，汽油的价格（oil price）一天比一天高。
    ③随着中国经济的发展，学习中文的学生也一年比一年多。

✏️ 请用"一 + TW + 比 + 一 + TW + Adj."回答下面的问题：

    ① 这几年你的大学有什么变化？
    ② 电脑给我们的生活带来了什么影响？

3. ……之外　　in addition to..., besides

原文：为什么要选择学习之外的"副业"呢？
翻译：Why do they choose to do part-time jobs besides studying?

Meaning "in addition to..., besides", 之外 is often used in written language. It can be used with 除了 in the pattern: 除了 A 之外，……, and basically interchangeable with 以外 .

① 为了减轻父母的负担，我每天学习之外，还要去打工。
② 除了读书以外，我没有别的兴趣了。
③（除了）你和我之外，还有谁明天去长城？

之外 also can means "beyond (a position, expectation)" in some fixed phrases. For example: 意料之外 (beyond expectation), 千里之外 (far away).

4. 对于 A 来说，B……　　as far as A is concerned, B...

原文：对于那些生活并不宽裕的家庭的孩子来说，打工是帮助父母减轻负担的最好的办法。
翻译：As far as those who are just above the poverty line are concerned, working part-time is the best way to relieve their parents' burden.

The structure is used to introduce A's perspective on B. Note that A should have some direct relationship with B. If commenting from a third person's stand, this structure is not recommended, instead, 在 A 看来，B... should be used.

① 对于一个刚毕业的大学生来说，找工作不是一件简单的事情。
② 对于年轻人来说，遇到困难是难免的。
③ 对于每一个想学好中文的人来说，记汉字都是必须的。

请用"对于 A 来说，B……"完成对话：

① A：最近汽油的价格又涨了。
　　B：＿＿＿＿＿＿＿＿＿＿＿＿＿＿＿＿＿＿。（普通人觉得很贵，有钱人觉得没什么）

② A：听说有些孩子没有钱上学，只能出去打工，他们以后怎么办啊？
　　B：＿＿＿＿＿＿＿＿＿＿＿＿＿＿＿＿＿＿＿＿＿＿＿＿＿＿＿＿。

③ A：中国的改革开放带来了什么影响？
　　B：＿＿＿＿＿＿＿＿＿＿＿＿＿＿＿＿＿＿＿＿＿＿＿＿＿＿＿＿。

理解中国　Understanding China

5. 并 + 不 / 没 + ……　　　并 used to emphasize negation

原文：对于那些生活<u>并</u>不宽裕的家庭的孩子来说，打工是帮助父母减轻负担的最好的办法。

翻译：As far as those who are just above the poverty line (their families are not at all well-off) are concerned, working part-time is the best way to relieve their parents' burden.

并 can be used before a negative word to emphasize that things are not what as expected.

① A：你为什么不听父母的话？
　 B：我觉得他们说的并不正确。
② 我并没有反对你，你为什么不高兴了呢？
③ 今天并不冷，你怎么还穿那么多衣服？

✏ 请用"并"完成句子或者对话：

① 大家都以为我跟 Jack 认识，其实＿＿＿＿＿＿＿＿＿＿＿＿＿＿＿＿＿。

② 来中国以前听说中国人很穷，来了才发现＿＿＿＿＿＿＿＿＿＿＿＿＿＿＿＿＿。

③ A：我们不是 5 点开会吗？你怎么才来？
　 B：＿＿＿＿＿＿＿＿＿＿＿＿＿＿＿＿＿＿＿＿＿。（没有人告诉我 5 点开会）

6. 此外　　besides, in addition

原文：<u>此外</u>，一些家里并不缺钱的学生也加入了打工的行列。

翻译：In addition, some students whose families aren't short of money have also joined the ranks of students doing part time jobs.

此外 is used to add something to the previous clause. It should be put in the middle of two clauses or sentences.

① 打工可以挣钱，可以积累经验，此外，还能丰富经历。
② 汽车数量增长太快会带来交通问题，此外，还会带来污染问题。

✏ 请用"此外"完成句子或者对话：

① 今天我们主要讨论交通问题，＿＿＿＿＿＿＿＿＿＿＿＿＿＿＿＿＿＿＿＿。

② A：我看你最近好像很忙，忙什么呢？
　 B：＿＿＿＿＿＿＿＿＿＿＿＿＿＿＿＿＿＿＿＿＿＿＿＿＿＿＿＿＿。

66

7. 用 sb. 的话说　　in sb's own words

原文：用他们自己的话说，"打工是证明自己能力的一种方式"。
翻译：In their words, "working part-time is a way to prove one's capability".

❶ 打工有没有好处？用妈妈的话说，"打工可以让孩子知道挣钱的不容易"。
❷ 以前的学生是什么样的？用古人的话说，他们"一心只读圣贤书"。
❸ Jack 的音乐有什么特点？用他自己的话说，"我的音乐是玩儿出来的"。

✏️ 请用"用 sb. 的话说"完成句子或者对话：

❶ A：上大学这么辛苦，你为什么一定要上呢？
　B：_____。

❷ 请你用一位名人的话说说成功是什么。
_____。

8. ……之余　　[written] after, beyond

原文：在学习之余打工，一方面可以让孩子提前接触社会，为以后工作做准备……
翻译：If students work part-time after school, they can get to know about society early...

之, a particle word frequently used in classical Chinese, is used to indicate attributive or descriptive relationship and to makes the phrases aligned with the rhythm requirements. 余 refers to time beyond or after an event. It is mostly used in fixed phrases. For example: 工作之余 (after work), 繁忙之余 (after being very busy), 业余 (spare time).

9. 一方面……，另一方面……　　on one hand..., on the other hand...

原文：一方面可以让孩子提前接触社会，为以后工作做准备；另一方面也可以让孩子知道挣钱的辛苦。
翻译：On the one hand, doing part-time job allows children to learn about society and prepares them for the future; on the other hand, it makes them realize the difficulty of earning a living.

一方面……，另一方面…… indicates the simultaneous existence of two different situations.

❶ 我这次来中国，一方面是为了学习中文，另一方面是为了看朋友。
❷ 对于政府来说，一方面要发展经济，另一方面也要保护环境。
❸ 很多人喜欢旅行，一方面是因为可以放松，另一方面是因为可以了解不同地方的风俗。

理解中国 **Understanding China**

✎ 请用"一方面……，另一方面……"完成句子或者对话：

① A：市长，请问您打算如何解决老建筑的问题？

　　B：_____。

② A：大家对解决交通问题有什么好的建议吗？

　　B：_____。

③ 听音乐的好处很多，_____。

10. 自从……以后　　ever since

原文：自从去年暑假去快餐店打工以后，孩子的变化很大，……
翻译：Since my child did a part-time job last summer, he has changed a lot, ...

① 自从上小学以后，我们俩就没有再见过面了。
② 自从结婚以后，生不生孩子就成了我们经常讨论的话题。
③ 自从改革开放以后，中国的经济就开始快速发展起来了。

✎ 请用"自从……以后"回答问题：

① 上大学以后，你有了哪些新的习惯？
② 假设(suppose)你知道好朋友要去别的国家，你有什么感觉？

11.（不）满足于……　　[written] be (not) satisfied with...

原文：现在的大学生们已经不再满足于坐在课堂里学习书上的知识，……
翻译：At present, college students are no longer satisfied with the small space of universities, ...

This structure is mostly used to talk about psychological satisfaction, and the negative form 不满足于 is used more frequently.

① 学习中文不能满足于能跟中国人进行简单的交谈。
② 他满足于过普通人的生活，没有更高的要求。
③ 年轻人不应该满足于现状，应该努力进步。

✎ 请用"（不）满足于……"完成对话：

① A：你为什么说 Jack 是一个完美主义者（perfectionist）？

　　B：你没有看出来吗？_____。

② A：你的成绩已经很好了，为什么还要这么努力？

　　B：因为我父母说，_____。

③ A：Apple 的东西已经很好了，为什么每年都要有新的产品？

　　B：_____。

练习与活动 PRACTICE & ACTIVITIES

语音练习

1 下面的词语你能读对吗？

圣贤	专心	自从	选择	支持
接触	绝对	家境	技能	兼职
对于	课余	宽裕	节约	满足

2 重音的读法

提示：读多音节词语的时候要注意重音的位置。一般来说，读三音节词语要按照"中—轻—重"的模式，也就是说最后一个音节要重读；读四音节词语要按照"中—轻—中—重"的模式，重音也在最后一个音节上。当然，在实际中也要根据具体的词语来确定读法。请跟老师读下面的词语。

象牙▾塔	牛仔▾裤	服务▾员	快餐▾店	
多种多▾样	千差万▾别	天之骄▾子	大手大▾脚	货比三▾家
一心一▾意	一心二▾用	得不偿▾失	黄金时▾期	▾自控能力

词语练习

1 选词填空

> 加入　调查　锻炼　任务　合理　利用　一致　乱　缺

① 如果想让大家的想法_____，就一定要多商量多讨论。

② 虽然你家里有钱，但是也不应该_____花钱。

理解中国 Understanding China

❸ 早上，公园里有很多老人在_____身体。

❹ 这件事情是真是假，我还得_____一下。

❺ 我觉得学校的这种要求根本不_____，我们应该给校长写信。

❻ A：我们想参加明天的足球比赛，但现在还_____两个人。

　B：我_____你们的球队。

❼ 他_____这次机会积累了不少经验。

❽ 他们的_____一星期比一星期难。

2 成语练习

❶ 配对练习

请你给左边的成语找到合适的解释并完成句子。

（1）大手大脚　　（a）是指那些_____的人。

（2）一心一意　　（b）的意思是做事情的时候_____。

（3）千差万别　　（c）是说花钱的时候_____。

（4）得不偿失　　（d）用来说明几件事情之间_____。

（5）天之骄子　　（e）常常用来说明一种做法_____。

❷ 猜词语

请你猜猜下面成语的意思，然后查查字典。

（1）三心二意：
（2）一干二净：
（3）一清二楚：
（4）一刀两断：

语法与结构练习

1 用括号中的词完成句子或者对话

❶ _____，我就再没见过他。（自从……以后）

❷ 我觉得打工可以让我接触社会，_____。（此外）

❸ 这件衣服真贵，不过_____。（对于……来说）

❹ 学中文两年了，_____。（一……比一……）

❺ 第一次去中国，_____。（难免）

❻ A：听说美国人都很有钱，家家都有汽车。

　B：_____。（可）

7 A：最近我老是觉得累。

　B：_____。（跟……有关）

8 A：听说中文最难学的是汉字。

　B：_____。（并）

2 改正下列句子中的错误

1 他对自己的生活水平不满足于。

2 自从打工作以后，我就很少回家看父母。

3 根据他了解，有一半的大学生打过工。

4 你可以一方面上课，一方面跟朋友聊天。

综合练习

1 综合填空

> 接触　负担　耽误　待　之余　然而　积累

现在的大学生都不愿只_____在"象牙塔"里死读书。大部分学生在学习_____都会找一份工作，或者做家教，或者在公司实习。这样一方面可以挣点儿生活费，减轻父母的_____，另一方面可以锻炼自己的能力，_____社会经验，为毕业以后的工作做准备。

对于这种情况，家长既支持又担心。他们赞成孩子多_____社会，多了解生活，但又担心孩子打工_____了学习，甚至养成乱花钱的习惯。_____，家长的担心并没有减慢孩子进入社会的步伐（steps）。

> 是为了　更　目的　能力　调查　减轻

据_____，有35%的大学生打工是为了交学费；有36%的大学生是想挣生活费，_____家庭负担；有29%的大学生认为要锻炼自己的_____，没有钱也无所谓，如果有钱，那当然_____好。

理解中国 Understanding China

大学生找到满意的工作容易吗？有 6% 的学生认为很容易；有 17% 的学生觉得比较容易；有 52% 的学生说不太容易；有 25% 的学生感觉很不容易。

对于大学生打工，有 78% 的老师和家长认为大学生打工 _____ 锻炼自己，有 17% 的老师和家长认为他们打工是要帮助父母，是一种孝顺（filial piety）的表现，有 5% 的老师和家长认为大学生打工的 _____ 只是想吃喝玩乐。

2 短文阅读

阅读下面的几个招聘广告，然后回答问题。

招工广告 1：捷通无限科技有限公司 宣传单发放员

工作内容：把宣传单放到每个公司的前台并写下这些公司的名字。每天发 600 份。

工作地点：中关村的各个写字楼

工作时间：6 月 8 日至 15 日每个工作日中午 12 点至 2 点

工资：30 元 / 天

招聘要求：男女不限。有责任心，有工作经验者优先。

联系电话：010—62223459

联系人：张小姐

招工广告 2：高二英语　家教

教一个高二女生英语。每周两次，每次两小时。

工资：40 元 / 小时

要求：北京地区女大学生，英语发音标准。有经验者、英语专业者优先。

联系电话：13492294494

联系人：王女士

招工广告 3：长城对外贸易公司 翻译

公司现需要兼职法语翻译人员

工资：法译中，100元/千字（按法语词算）

要求如下：

1. 精通（master）法语听、说、读、写；会英语者优先考虑（priority）

2. 有翻译工作经验

3. 会使用电脑

联系电话：010—82310987

联系人：陈先生

招工广告 4：北京星星模特公司 模特

公司需要招聘一些兼职人员：

1. T台模特（model）

   男，1.80米以上；女，1.70米以上

   工资：300—2000元/每场

2. 普通商务礼仪小姐（ritual girl）

   女，1.65米以上

   工资：100—500元/每场

3. 英语商务礼仪小姐

   女，1.65米以上

   工资：120元—500元/场

工作时间：周末

联系电话：010—68902841

联系人：周小姐

❶ 哪份工作只要女生？

　　A．模特　　　　B．翻译　　　　C．家教　　　　D．宣传单发放员

❷ 哪份工作不要求工作经验？

　　A．模特　　　　B．翻译　　　　C．家教　　　　D．宣传单发放员

理解中国 **Understanding China**

❸ 宣传单发放员不需要做什么？
   A．每天发 600 份宣传单　　　　B．把宣传单放在每家公司前台
   C．请每家公司签名　　　　　　D．记录自己去过的公司

❹ 谁最有可能当家教？
   A．上海大学英语专业的大学生　　B．北京大学中文专业的大学生
   C．经验丰富的北京高中生　　　　D．有经验的英语专业北京大学生

3 短文写作

❶ 如果你想找一份工作，你愿意做上一题中的哪份工作？为什么？
   （建议使用：对于……来说；一方面……，另一方面……；此外；满足于……）

❷ 中国人一般认为节约是非常好的习惯。但是有些人觉得只要是自己的钱，想怎么花都可以，不用节约。你怎么看这个问题？
   （建议使用：并 + 不 / 没……；用 sb 的话说……；自从……；难免）

4 小调查

请你采访三位有打工经历的同学,把他们的话写在下面的表格里,然后跟其他同学分享。

姓名	打工经历 (在哪里?做什么工作?有哪些好的经历? 有没有不好的经历?)	打工建议

5 小作文

请你写一篇300字的文章,先总结上题中你采访的三位同学的看法,然后说说你自己对下面这两个问题的看法:1)学生要不要打工? 2)学生打工的时候要注意什么?

理解中国　Understanding China

6　交流与讨论

请你跟几个同学一起讨论下面的问题，把你们的主要想法写下来。

❶ 象牙塔里的生活跟外面的世界有哪些不同？
❷ 在现在的社会中，哪些人应该算是"天之骄子"？
❸ 在学生能不能打工这件事情上，父母的意见重要吗？

我的笔记

1. 两耳不闻窗外事，一心只读圣贤书。
   The sentence is used to describe the scholars in traditional China who only study the books of the sages at home and disregarding outside world.

2. 天之骄子
   The basic meaning of this phrase is "children blessed by heaven". Nowadays, it refers to the college students (who are lucky because they have the opportunity to study).

拇指族

▶ 热身 Warm-up

小记者

采访两三位同学或者朋友，请他们回答下面的问题。

问题 姓名	你一般用手机做什么？	你用手机发短信（text message）或者微信（Wechat）吗？	发短信有什么好处？

你能读懂吗？

下面的几条短信，你能读懂它们的意思吗？跟你的同学讨论一下。

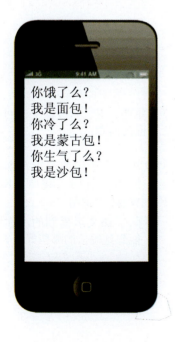

你饿了么？
我是面包！
你冷了么？
我是蒙古包！
你生气了么？
我是沙包！

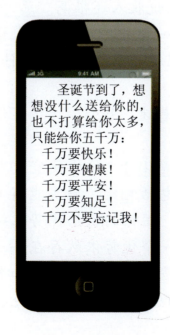

圣诞节到了，想想没什么送给你的，也不打算给你太多，只能给你五千万：
千万要快乐！
千万要健康！
千万要平安！
千万要知足！
千万不要忘记我！

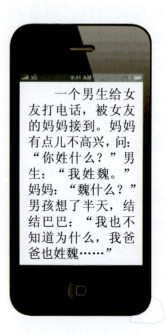

一个男生给女友打电话，被女友的妈妈接到。妈妈有点儿不高兴，问："你姓什么？"男生："我姓魏。"妈妈："魏什么？"男孩想了半天，结结巴巴："我也不知道为什么，我爸爸也姓魏……"

理解中国 Understanding China

课文 TEXT

"嘀，嘀嘀……"，在校园中，经常可以看到一些学生低着头，专心致志地看着手里的东西，好像是在为考试做准备。他们真的是在学习吗？不！他们是在发短信。他们还有一个有趣的名字——"拇指族[1]"。

几年前，短信好像一夜之间就进入了大学校园，而且成了学生们非[2]面对面交流的主要方式，以前常说的"有事给我打电话"已经被"有事短信我"取而代之。不光[3]年轻人，就连老年人都爱上了发短信。老爸老妈想孩子的时候，就发一条短信："在哪儿呢？什么时候回家吃饭？"很快，父母的关心就传到了孩子的手机里，也传到了孩子的心里。

随着[4]科技的发展，短信的形式也越来越丰富。从[5]最开始的一对一短信到后来的群发短信，从文字短信到彩信，图片、声音、视频都加入了短信的行列。短信的功能也越来越强大，除了最基本的交流功能，通过短信还可以接收天气预报、查询股市行情，甚至可以参与电视、电台节目。有些人还把编写短信当成了工作，专门给一些网站编写短信，供人们下载。这些人被叫做"短信写手"，据说收入还很高。总之[6]，短信已经成了不少人生活的一部分。难怪[7]有人说，要是一天不发几条短信，心里就会感觉少了点儿什么。

人们为什么对短信这么着迷？短信究竟[8]有什么魔力呢？

短信最开始流行，主要是由于[9]价格便宜。发一条短信只要几分钱，跟[10]打电话相比，确实能省不少钱。然而，随着话费的下调，短信的价格优势已经没有多少了。不过，短信的另一个优势依然存在——方便。打电话需要双方都有合适的时间和场合，如果一方正在开会或者上课，就不能接听。短信就不会有这

读第一、二段课文，回答下面的问题：

1. 哪些话告诉我们短信在学校里很流行？
2. 哪个词说明短信一下子就变得流行了？
3. 父母什么时候会给孩子发短信？

读第三段课文，回答下面的问题：

1. 短信的形式有哪些变化、发展？
2. 短信的功能都有哪些？除了课文里介绍的，你还知道短信的其他功能吗？
3. "短信写手"是什么样的工作？

读第四、五、六段课文，回答下面的问题：

1. 短信在中国的流行有哪些原因？请用关键词（Key Words）说明。
2. 除了课文里提到的，你还能想到短信的哪些好处？

样的问题，无论¹¹在什么时候什么地方，都可以收发。

除了便宜和方便，含蓄也是短信在中国流行的重要原因。中国人不善于¹²也不习惯直接地表达自己的感情，有些话如果当面说常常会让双方都不好意思。在这种情况下，短信就成了最好的办法。比方说，想约一个女孩子出去，就可以发一条短信，即使¹³被拒绝，也不会太尴尬。

这几年，短信还成了传递祝福的重要方式。每到春节或者中秋这些传统节日，传递祝福的短信就会满天飞。比如这条用数字串起来的短信：祝你一帆风顺，二龙腾飞，三羊开泰，四季平安，五福临门，六六大顺，七星高照，八方来财，九九同心，十全十美。这样的短信不但传递了亲朋好友的问候，而且表现了中国语言的魅力。

每个人的手机里都会存着几条甚至几十条短信，这些短信记录了最让人心动的难忘时刻……

根据《校园短信狂月发千短信 学生"拇指运动"成瘾》、
《手机短信：为你欢喜为你忧》改写

读第七、八段课文，回答下面的问题：

❶ 短信"满天飞"是什么意思？
❷ 课文中的这条短信有什么特别的地方？你能读懂吗？（Hint: 看"我的笔记"）
❸ 你有没有收到过让你心动的短信？

词语 NEW WORDS

1	拇指	拇指	mǔzhǐ	N.	thumb, big toe
2	族	族	zú	Suf.	(a group of people or thing with common) features
3	嘀	嘀	dī	Ono.	(the sound of text message reminder, similar to beep)
4	专心致志	專心致志	zhuānxīn-zhìzhì	IE	wholly absorbed in
5	发	發	fā	V.	to send out
6	短信	短信	duǎnxìn	N.	instance message, text message
7	一夜之间	一夜之間	yī yè zhījiān	IE	overnight
8	非	非	fēi	Pref.	non-, in-, un-
9	面对面	面對面	miànduìmiàn	IE	face-to-face

理解中国 Understanding China

10	交流	交流	jiāoliú	V.	to communicate, to exchange
11	不光	不光	bùguāng	Conj.	not only
12	传	傳	chuán	V.	to transmit, to pass
13	随着	隨著	suízhe	Prep.	along with
14	科技	科技	kējì	N.	science and technology
15	一对一	一對一	yīduìyī	IE	one on one
16	群发	群發	qúnfā	V.	to group text messaging
17	彩信	彩信	cǎixìn	N.	MMS (multimedia message)
18	视频	視頻	shìpín	N.	video
19	基本	基本	jīběn	Adj.	basic
20	接收	接收	jiēshōu	V.	to receive, to get
21	查询	查詢	cháxún	V.	[F] to search, to look for (information)
22	股市	股市	gǔshì	N.	stock market
23	行情	行情	hángqíng	N.	financial market conditions including interest rates, exchange rates and stock quotations
24	参与	參與	cānyù	V.	[F] to participate in
25	编写	編寫	biānxiě	V.	to make up, to compose
26	专门	專門	zhuānmén	Adv.	specially
27	网站	網站	wǎngzhàn	N.	website
28	供	供	gōng	V.	to provide ... for
29	下载	下載	xiàzài	V.	to download
30	收入	收入	shōurù	N.	income, earnings
31	总之	總之	zǒngzhī	Conj.	in short
32	难怪	難怪	nánguài	Adv.	no wonder
33	究竟	究竟	jiūjìng	Adv.	exactly, actually
34	魔力	魔力	mólì	N.	magic power
35	着迷	著迷	zháomí	V.	to be fascinated by
36	流行	流行	liúxíng	Adj.	popular
37	由于	由於	yóuyú	Conj.	because of, due to
38	价格	價格	jiàgé	N.	price

39	下调	下調	xiàtiáo	V.	to reduce, to decrease (price, rate, etc.)
40	优势	優勢	yōushì	N.	advantage, strength
41	依然	依然	yīrán	Adv.	[F] still
42	双方	雙方	shuāngfāng	N.	both sides, two parties
43	场合	場合	chǎnghé	N.	occasion, situation
44	一方	一方	yìfāng	N.	one side
45	接听	接聽	jiētīng	V.	to answer (phone call)
46	无论	無論	wúlùn	Conj.	no matter
47	含蓄	含蓄	hánxù	Adj.	reserved
48	善于	善於	shànyú	V.	to be adept in, to be good at
49	直接	直接	zhíjiē	Adj.	direct
50	表达	表達	biǎodá	V.	to express
51	当面	當面	dāngmiàn	Adv.	to one's face, face to face
52	约	約	yuē	V.	to ask sb out (e.g. on a date)
53	即使	即使	jíshǐ	Conj.	even if
54	拒绝	拒絕	jùjué	V.	to refuse, to reject, to turn down
55	尴尬	尷尬	gāngà	Adj.	embarrassed
56	传递	傳遞	chuándì	V.	[F] to deliver, to pass on
57	祝福	祝福	zhùfú	V.	to wish well
58	节日	節日	jiérì	N.	festival
59	满天飞	滿天飛	mǎntiānfēi	IE	everywhere and anywhere
60	比如	比如	bǐrú	V.	for instance
61	串	串	chuàn	V.	to string together
62	亲朋好友	親朋好友	qīnpéng-hǎoyǒu	IE	friends and famliy
63	魅力	魅力	mèilì	N.	charm, fascination
64	记录	記錄	jìlù	V./N.	to record; record
65	心动	心動	xīndòng	V.	to stir sb's heart or emotion
66	难忘	難忘	nánwàng	Adj.	unforgettable
67	时刻	時刻	shíkè	N.	moment

理解中国　**Understanding China**

专有名词 Proper Noun

1	春节　　春節	Chūnjié	Spring Festival
2	中秋　　中秋	Zhōngqiū	Mid-Autuum Festival

语法与结构 GRAMMAR, PATTERN, EXPRESSION

1. ~ 族　　class or group

原文：拇指<u>族</u>
翻译："Thumber"(students who text message a lot)

When 族 is added as a suffix to certain disyllabic nouns or verbs, it indicates a group of people or animals with the common features or characters. For example 打工族 (wage earner), 苹果族 (Apple Fans), 上班族 (commuter), 追星族 (groupies, fans).

2. 非　　non-, un-, in-

原文：（短信）成了学生们<u>非</u>面对面交流的主要方式，……
翻译：Text messages have become a significant method of non-face-to-face communication among students, ...

❶ 非 + N.　　　　非主流（off-mainstream），非会员（non-member）
❷ 非 + Adj. + N.　非正式谈判（informal negotiations），
　　　　　　　　　非常规武器（unconventional weapons）
❸ 非 + V. + N.　　非卖品（article not for sale）

3. 不光 A，就连 B 都……　　not only A, even B...

原文：<u>不光</u>年轻人，<u>就连</u>老年人<u>都</u>爱上了发短信。
翻译：Not only young people, but even old people are attracted by text messages.

When using this structure, you should keep in mind that B should be an unconventional or extreme example.

❶ 他的变化很大，不光朋友，就连父母都不认识他了。
❷ 这个地方人人都会游泳，不光大人，就连小孩子都会。
❸ 他们家很穷，不光没有钱，就连吃饭的碗都没有。

✏️ 请用"不光 A，就连 B 都……"完成句子或者对话：

① 姚明（Yao Ming）现在很有名，不光中国人，_____。

② 这几年工作不好找，不光_____，就连_____也找不到合适的工作。

③ A：听说现在中国人越来越有钱了。

　　B：没错。_____。

4. 随着 A 的……，B……　　along with

原文：<u>随着</u>科技<u>的</u>发展，短信的形式也越来越丰富。
翻译：With the development of scientific technology, text messages have also become more and more diversified.

This pattern indicates B changes in pace with A, the verb in the first clause cannot be monosyllabic and should indicate a change.

① 随着经济的发展，人们的生活也越来越好。
② 随着中文水平的提高，我对中国文化的了解也一天比一天深。

✏️ 请用"随着 A 的……，B……"完成句子或者对话：

① 随着手机的普及，_____。

② 这几年，随着天气的变暖，_____。

③ A：我发现，最近几年，学习中文的人越来越多了。

　　B：是的。_____。

5. 从 A 到 B，从 C 到 D　　from A to B, from C to D

原文：<u>从</u>最开始的一对一短信<u>到</u>后来的群发短信，<u>从</u>文字短信<u>到</u>彩信，……
翻译：From one-to-one text messaging to group texts, from SMS to MMS, ...

① 这些年中国人的生活变化很大，从吃的到穿的，从住的到用的，都在发生变化。
② 这个产品，从包装到质量，从广告到服务，都是一流的。

✏️ 请用"从 A 到 B，从 C 到 D"完成句子：

① ABC 电话公司的广告说："我们的信号（signal）是最好的，因为_____，_____，都可以用我们公司的电话。"

理解中国 Understanding China

② 现在手机的功能越来越多，_____，简直什么都能做。

③ 我的妈妈特别能干，_____，都是她一个人做。

6. 总之　　in short

原文：<u>总之</u>，短信已经成了不少人生活的一部分。
翻译：*In short, instant messages have become part of many people's lives.*

总之 introduces a conclusion stemming from previous arguments.

① 上了大学以后，你要自己做饭，自己收拾房间，总之，一切都得自己做。
② 我喜欢她的性格，她的笑，她的眼睛，总之，我喜欢她的一切。
③ 在北京吃饭便宜，买东西便宜，坐车便宜，总之，什么都比纽约便宜。

7. 难怪　　no wonder

原文：短信已经成了不少人生活的一部分。<u>难怪</u>有人说，要是一天不发几条短信，心里就会感觉少了点儿什么。
翻译：*Instant messages have become part of many people's lives. No wonder some people feel that something is missing if they don't receive or send messages on a particular day.*

难怪 indicates that the speaker discovers a reason for something or uncovers the actual situation and wants to express that the result is perfectly natural.

① 她的男朋友是美国人！难怪她的英文这么好。
② 原来他出国了，难怪我好久没有见到他了。
③ 在美国生活这么容易，难怪那么多人都想来美国。

✏️ 请用"难怪"完成对话：

① A：这是我第一次来纽约，觉得一切都很新鲜。

　　B：原来你是第一次来啊，难怪_____。

② A：你知道吗？Jack 最近认识了一个中国女孩，天天在一起说中文。

　　B：是吗？难怪_____。

③ A：最近我找了两份兼职，累死我了。

　　B：_____。

8. 究竟　　on earth

原文：人们为什么对短信这么着迷？短信<u>究竟</u>有什么魔力呢？
翻译：What magic do instance messages have that so many people are attracted to them?

究竟 is used in a question to indicate that a definite reply is requested.

① 你究竟想干什么？快告诉我！
② 找到工作了？究竟是去上海还是去北京？
③ 这个世界上究竟有没有不变的爱情？

9. 是由于　　due to, because of

原文：短信最开始流行，主要是<u>由于</u>价格便宜。
翻译：At the beginning, the reason why text messages were so popular was because of their low price.

是由于 introduces a clause indicating the reason for the previous clause.

① 他这次考试不理想，是由于准备不够。
② 写短信成为职业，是由于想下载短信的人很多。
③ 人们喜欢用短信传递祝福，是由于这种方式非常含蓄。

✎ 请用"是由于"完成句子：

① 很多人想当短信写手，_____。
② 越来越多的大学生要走出象牙塔，_____。
③ Google 在过去十年里发展很快，_____。

10. 跟 A（相）比，B……　　compared to A, B...

原文：<u>跟打电话相比</u>，（发短信）确实能省不少钱。
翻译：Compared with phone calls, text messages are very cheap.

① 跟法文相比，中文要难得多。
② 跟十年前比，我现在的收入高多了。
③ 跟日本相比，在中国生活要便宜得多。

理解中国 **Understanding China**

✎ 请用"跟……相比"完成对话：

① A：你觉得 Nokia 和 iPhone，哪种手机更好？
   B：我觉得＿＿＿＿＿更好，因为＿＿＿＿＿＿＿＿＿＿＿＿＿＿＿＿＿＿＿＿。

② A：那你觉得哪个电话公司更好呢？
   B：我觉得＿＿＿＿＿更好，因为＿＿＿＿＿＿＿＿＿＿＿＿＿＿＿＿＿＿＿＿。

11. 无论……，都……　　no matter ...

原文：<u>无论</u>在什么时候什么地方，<u>都</u>可以收发（短信）。
翻译：*No matter what time or what place, you can always send or receive text messages.*

It indicates the result does not change whatever the condition is. Note that the subject of the second clause always goes before 都 if there is a subject.

① 无论……不……，（……）都……：无论你同意不同意，我都要去中国实习。
② 无论 A 还是 B，（……）都……：无论中国还是美国，都有自己的社会问题。
③ 无论 + QW，（……）都……：无论你去什么地方，我都要跟你一起去。

12. 善于 + V.　　be good at, adept at

原文：中国人不<u>善于</u>也不习惯直接地表达自己的感情，……
翻译：*Chinese are not good at and not used to expressing emotion directly, ...*

① 那个人很善于交际，也很善于处理各种关系。
② 要想少犯错，就得善于学习别人的经验。
③ 她不善于在别人面前表现自己。

✎ 请用"善于"完成句子：

① 如果想当美国的总统，你一定要善于＿＿＿＿＿＿＿＿＿＿＿＿＿＿＿＿＿＿＿＿＿＿＿＿。
② Steven Jobs 是一个＿＿＿＿＿＿＿＿＿＿＿＿＿＿＿＿＿＿＿＿＿＿＿＿＿的人。
③ 我是一个不善于＿＿＿＿＿＿＿＿＿＿＿＿＿＿＿＿＿＿＿＿＿的人，请大家原谅。

13. 即使……，也……　　even if..., still...

原文：<u>即使</u>被拒绝，<u>也</u>不会太尴尬。
翻译：*Even if (you) are turned down, it will not be very embarrassing.*

The first clause makes an assumption, and the second one indicates that the result will not be affected by the former situation.

① 即使妈妈说的不对，你也不应该跟她吵架。
② 即使今天晚上不睡觉，我也要把作业写完。
③ 即使我们都老了，我还是会像以前那样爱你。

请用"即使……，也……"完成句子或者对话：

① 明年夏天我一定要去中国，_____，我也要去。

② A：听说新款 iPhone 很贵，我担心我们的钱不够。
　 B：亲爱的，别担心，即使_____，我们也要买。

③ A：这次考试很难，你真的要去考吗？
　 B：是的。即使_____，我也要去试一试。

练习与活动 PRACTICE & ACTIVITIES

语音练习

1 请选择表格中正确的拼音并读出该词

词语	拼音		词语	拼音	
拇指族	mǔzhīzǔ	mǔzhǐzú	流行	liúxíng	liúxìng
魔力	mólì	mǒlì	含蓄	hánxù	hǎnxū
拒绝	jǔjuè	jùjué	祝福	zhǔfù	zhùfú
股市	gǔshī	gǔshì	编写	biànxiě	biānxiě

2 重音的读法

读长词语或者短句子的时候要注意重音（stress）的位置。

拇指族	一对一	满天飞	发短信	被拒绝
专心致志	亲朋好友	一夜之间	传递祝福	一帆风顺
非面对面	感觉少了点儿什么		存着几条甚至几十条短信	

理解中国 Understanding China

词语练习

1 选词填空

> 参与　表达　善于　含蓄　着迷　难忘　尴尬　拒绝　科技　查询

① 随着_____的发展，人们的交流方式越来越多。
② 别看他年龄不大，不过很_____交际。
③ 很多人喜欢用FEDEX，因为可以很方便地_____东西到了什么地方。
④ 我们虽然输了比赛，但最重要的是我们_____过。
⑤ 中国人_____自己感情的方式往往很_____。
⑥ 真不明白那个女孩有什么好的，让你那么_____。
⑦ A：我想约她出来吃饭，但又怕她_____。
　 B：没错，如果她说"不"确实让人挺_____的。
⑧ 今年的暑假一定是最让我_____的一个暑假。

语法与结构练习

1 用括号中的词完成句子或者对话

① 现在这部电影可流行了，_____。（不光……，就连……都……）
② A：你觉得科技对我们的生活有什么影响？
　 B：_____。（随着）
③ A：听说这里的东西很便宜。
　 B：_____。（从A到B，从C到D）
④ A：你为什么买这本字典？
　 B：_____。（专门）
⑤ 她这么漂亮，_____。（难怪）
⑥ 虽然我有一些工作经验，_____。（跟……比，……）
⑦ 短短的几天假期，_____？（究竟）
⑧ 我想约她去看电影，_____。（即使……，也……）
⑨ A：你的国家有什么风俗习惯？
　 B：_____。（每到）

88

2 改正下列句子中的错误

① 难怪你被她那么着迷？

② 你究竟不跟我们去海边？

③ 短信比电话是一种更好的交流方式。

④ 无论很多时候，我都不会忘记那个难忘的夜晚。

⑤ 中国其它地方相比，北京的确是个现代化的大城市。

⑥ 我每天听中文新闻，是由于提高中文水平。

⑦ 中文很难，从说话到写字，从阅读到语法。

综合练习

1 综合填空

> 场合　接听　优势　无论　依然

短信最大的＿＿＿＿＿是方便。＿＿＿＿＿什么＿＿＿＿＿，大家都能收发短信。比方说，开会的时候、上课的时候，不方便＿＿＿＿＿电话，但还是可以发短信。这就是为什么话费下调了，短信＿＿＿＿＿流行的原因。

理解中国 Understanding China

> 参与　祝福　是由于　受欢迎　体现

最新消息：10天，一共有68万多人_____的"2007年新春祝福短信评选"活动，2月15日终于选出了最受群众欢迎的10条新春祝福短信。这10条新春祝福短信这么_____，_____它们用最简单的语言表达出北京人、中国人的情感和新春_____。其中，最受欢迎的第021号短信是："金猪送福送吉祥，奥运福娃来帮忙：贝贝送你谷满仓，晶晶送你亲满堂，欢欢送你事如意，迎迎送你身安康，妮妮送你福寿长。祝你新春快乐，好运无限！"这条短信充分_____了全国人民对2008年奥运会的喜爱。

2 短文阅读

阅读下面的短文，然后回答问题。

美国13岁女孩赢得"发短信大赛"冠军

美国一个13岁女孩21日在纽约举行的全美"发短信大赛"中赢了2.5万美元。大赛先分"东区组"和"西区组"分别进行，然后两组冠军（champion）再进行比赛。最后，东区冠军、13岁女孩摩根·珀茨格战胜（win over）西区冠军、21岁的法律系大学生埃利·提罗什，成为"总冠军"。

参加东区组比赛的有250名选手。比赛的内容是看谁能又快又准确地将大屏幕（screen）上显示的短信内容拼写（spell）出来。短信内容五花八门，如"比超速子弹还快""天啊！我们需要尽快聊聊"等。

在东区决赛中，摩根·珀茨格战胜23岁的宾夕法尼亚工程师迈克尔·阮赢得冠军。迈克尔·阮失望地说："我被一个小姑娘打败了。"在与西区冠军提罗什的决赛（final）中，两人的题目是一首歌的歌词。提罗什先拼完，但裁判（judger）发现她有拼写错误，总冠军最终由珀茨格获得。

珀茨格说，她平时常和朋友练习发短信，平均每月给朋友发8000条短信。为此，她在电信（telecommunication）公司申请了"短信套餐"，每月交10美元就可以没有限制地发送短信。

根据《美国13岁女孩赢得"发短信大赛"冠军》改写

❶ 文章介绍的比赛是什么样的比赛？
❷ 比赛的内容是什么？
❸ 比赛分成哪两组进行？
❹ 谁是比赛最后的冠军？
❺ 最后决赛的题目是什么？

3 短文写作

❶ 短信在你们国家也很流行吗？为什么？
（建议使用：无论……都……；总之；……，是由于……；不光 A，就连 B 都……）

❷ 对你来说，"非面对面"的交流方式是不是比"面对面"的交流方式更好？为什么？
（建议使用：随着；跟 B 比，A……；善于；即使……，也……）

理解中国 Understanding China

4 小作文

今天,我们写短信!下面是 5 个情景(scenario),请你根据情景,写 5 条短信。每条短信 50—80 字。

情景 1　今天你遇到一个让你着迷的人(A),你想发一条短信,约她/他出去看电影。什么样的短信不会被拒绝呢?你要好好儿想想。

情景 2　你跟 A 恋爱(fall in love)了。可是,你们今天吵架(having a fight)了,因为……。她/他不想跟你说话,你只能给她/他发短信,你会说什么呢?

情景 3　(一年以后)今天是你和 A 认识一周年(anniversary),你想给她/他发一条短信,谈谈这一年里难忘的时刻,你会写什么呢?

情景 4　你打算跟 A 结婚(marry)了。你要给父母发一条短信,告诉他们这个消息。你会怎么写呢?

情景 5　结婚前,你想办一个"告别单身晚会"(bachelor/ bachelorette party),你要群发短信给你的好朋友,请他们来参加。你打算怎么写呢?

5 交流与讨论

请你跟几个同学一起讨论下面的问题，把你们的主要想法写下来。

① 科技的发展是不是正在改变人们的交流方式？
② 20 年以后，你觉得手机会是什么样？有哪些功能？
③ 你有没有收到过垃圾短信？如果收到这样的短信，你会怎么办呢？

我的笔记

Number 1 to number 10 is used respectively from the first to the last phrase in this text message. Some other interesting Chinese text messages use homophones and allophones.

1. 一帆风顺
   One sail gives you a smooth journey on the sea. (Everything is) smooth sailing.
2. 二龙腾飞
   Two dragons take you soar to the sky. (Life situation is getting better and better.)
3. 三羊开泰
   Three sheep lead you to a peaceful life. (Lead a safe and healthy life.)
4. 四季平安
   Safe four seasons.
5. 五福临门
   Five fortunes fly to your door.
6. 六六大顺
   Double six keeps you away from bad luck.
7. 七星高照
   Seven stars shine from the sky and protect you.
8. 八方来财
   Money sent to you from eight directions.
9. 九九同心
   Double nines ensure that all people around you share the same dream as you. (group power)
10. 十全十美
    With all the things above, you may have an abundant and beautiful life.

前途？钱途？

▶ 热身 Warm-up

你说我说

请你写出三种最想做的工作以及为什么想做这样的工作，然后说给同学听，请同学根据你想做的工作分析你有什么样的特点。

我做想做的工作	为什么想做这样的工作？

资料搜索

请你到网上找一找最近几年你们国家大学生找工作的情况，比如：有多少人能找到工作？有多少人找不到工作？大学生最喜欢哪些工作？然后跟同学们交流。

我找到的：　　　　　　同学找到的：

课文 TEXT

　　每个即将工作的人，都要面临一个选择：要"前途"还是要"钱途"？前途<u>是指</u>[1]工作以后的发展空间。如果<u>某</u>[2]份工作可以让你发挥特长、做出成绩<u>并</u>[3]得到提拔，这份工作就是有前途的。钱途呢？<u>简而言之</u>[4]，就是工作带来的收入。几乎人人都想拥有一份既有前途又有钱途的工作，然而，现实中这样的工作却并不好找。

　　小王今年大学毕业，专业是古典文学。酷爱唐诗宋词的他一直想找个跟专业有关的工作，可是去了几次招聘会，结果都不理想。这种工作不但需求少，而且待遇低。有个朋友介绍他去一家电子公司当秘书，收入也挺不错。小王觉得这份工作跟自己的理想距离太远，可是如果不去，生存的问题又摆在眼前，怎么办呢？小王把心里的苦恼写在了自己的博客上，很快就有不少网友留下了自己的看法。

　　一些网友认为小王应该考虑秘书的工作。<u>毕竟</u>[5]，生存是第一位的，<u>有</u>[6]了钱，<u>才有</u>可能做自己想做的事情。<u>否则</u>[7]，一切都是空谈。现在的大学生毕业以后面临的经济压力很大——买房子要花钱，孝敬父母要花钱，结婚要花钱，有了孩子更要花钱，<u>可以说</u>[8]，没有钱简直寸步难行。也有网友建议小王再找一找，如果为了钱放弃自己的专业和理想太可惜了。大学四年花了那么多时间读书、学习、做研究，如果做一份跟专业无关的工作，就<u>等于</u>[9]把四年的心血全浪费了。而且，做自己不感兴趣的工作，也不会有什么成就<u>感</u>[10]。看着网友们的留言，小王更觉得左右为难了。几年前，以为读完大学就能找个好工作，可是谁知道毕了业还要为工作发愁。

读第一段课文，回答下面的问题：

❶ 用你自己的话解释"前途"和"钱途"。
❷ 有没有既有"钱途"又有"前途"的工作？

读第二段课文，回答下面的问题：

❶ 为什么小王找不到理想的工作？
❷ 小王的苦恼是什么？

读第三段课文，回答下面的问题：

　　请你总结网友们的看法，把他们的理由写下来。

应该接受秘书工作	不应该接受秘书工作

理解中国 Understanding China

　　如今，像小王这种为工作发愁的学生不再是少数了。20世纪90年代以后，中国的大学教育开始普及，大学毕业生的就业压力也越来越大，"大学生找工作难"已经成了人们讨论的热门话题。有人认为，现在的大学生常常<u>过</u>[11]高地估计自己的能力，对收入的要求太高，却又缺乏工作经验，所以<u>往往</u>[12]"眼高手低"，这是造成他们就业难的主要原因。还有一些大学生对工作缺乏热情和耐心，一份工作做了没有几个月就想"跳槽"1，这也让很多公司<u>宁可</u>[13]雇用学历低一点儿的学生。

　　专家建议，大学生应该对自己有一个清楚的认识，对工作有一个合理的期望，努力提高自己的水平，从普通岗位开始，才能找到一份既有前途又有钱途的工作。

根据《未毕业先失业 大学生就业到底难不难？》、《"金三银四"跳槽高峰突现要"前途"还是"钱途"？》改写

读第四、五段课文，回答下面的问题：

1. 为什么90年代以后，中国出现了"大学生找工作难"的问题？
2. 为什么很多公司不喜欢雇用大学生？
3. 专家给大学生的建议是什么？

词语 NEW WORDS

1	前途	前途	qiántú	N. future, prospect (of one's career, etc.)
2	即将	即將	jíjiāng	Adv. soon, be about to
3	面临	面臨	miànlín	V. to be faced with (an issue, a situation)
4	空间	空間	kōngjiān	N. space, room
5	某	某	mǒu	Pron. [F] certain (person, thing, etc)
6	发挥	發揮	fāhuī	V. to bring into play
7	特长	特長	tècháng	N. strong point, speciality
8	并	並	bìng	Conj. [F] and, besides
9	提拔	提拔	tíbá	V. to promote (as in a job promotion)
10	简而言之	簡而言之	jiǎn'éryánzhī	IE simply speaking
11	拥有	擁有	yōngyǒu	V. to own (a great deal of land, population, property, etc.)

1　跳槽 originally indicated farm animals leaving their own troughs to eat food from other troughs. Later on, it comes to be used to mean changing jobs.

	简体	繁體	Pinyin	词性	English
12	古典文学	古典文學	gǔdiǎn wénxué	IE	classical literature
13	酷爱	酷愛	kù'ài	V.	to ardent love, to be very fond of
14	招聘	招聘	zhāopìn	V.	to advertise for new employees
15	理想	理想	lǐxiǎng	N./Adj.	ideality; ideal
16	需求	需求	xūqiú	N.	requirement, demand
17	待遇	待遇	dàiyù	N.	salary or wages and benefits
18	秘书	秘書	mìshū	N.	secretary
19	距离	距離	jùlí	N.	distance
20	生存	生存	shēngcún	V.	to exist, to live
21	摆	擺	bǎi	V.	to put, to place
22	眼前	眼前	yǎnqián	N.	before one's eyes, at present
23	苦恼	苦惱	kǔnǎo	Adj.	vexed, worried
24	博客	博客	bókè	N.	blog
25	网友	網友	wǎngyǒu	N.	acquaintances from Internet
26	看法	看法	kànfǎ	N.	point of view, opinion
27	毕竟	畢竟	bìjìng	Adv.	after all, all in all
28	否则	否則	fǒuzé	Conj.	otherwise
29	空谈	空談	kōngtán	N.	empty talk, lip service
30	压力	壓力	yālì	N.	pressure, overwhelming force
31	孝敬	孝敬	xiàojìng	V.	to be filial and respectful to one's elders
32	寸步难行	寸步難行	cùnbù-nánxíng	IE	be unable to do anything, cannot move a single step
33	建议	建議	jiànyì	N./V.	suggestion; to suggest
34	放弃	放棄	fàngqì	V.	to give up
35	可惜	可惜	kěxī	Adj.	it is too bad, what a pity
36	无关	無關	wúguān	V.	to have nothing to do with
37	等于	等於	děngyú	V.	to be equal to
38	心血	心血	xīnxuè	N.	thoughts and energies, painstaking care
39	浪费	浪費	làngfèi	V.	to waste
40	成就	成就	chéngjiù	N.	achievement, accomplishment

理解中国 Understanding China

41	留言	留言	liúyán	N./V.	message; to leave a message
42	左右为难	左右爲難	zuǒyòu-wéinán	IE	be in a quandary, be in a dilemma
43	发愁	發愁	fā chóu		to be worried about
44	如今	如今	rújīn	N.	nowadays, at present
45	少数	少數	shǎoshù	N.	minority
46	普及	普及	pǔjí	V.	to popularize, to become common
47	就业	就業	jiù yè		to obtain employment, to get a job
48	热门	熱門	rèmén	Adj.	popular
49	过	過	guò	Adv.	excessively, over
50	估计	估計	gūjì	V.	to estimate
51	缺乏	缺乏	quēfá	V.	to be short of, to lack
52	往往	往往	wǎngwǎng	Adv.	often, frequently
53	眼高手低	眼高手低	yǎngāo-shǒudī	IE	have high standards but little ability
54	造成	造成	zàochéng	V.	to cause (bad consequence)
55	耐心	耐心	nàixīn	N.	patience
56	跳槽	跳槽	tiào cáo		to job-hop
57	宁可	寧可	nìngkě	Conj.	would rather
58	雇（用）	顧（用）	gù (yòng)	V.	to hire
59	学历	學歷	xuélì	N.	record of formal schooling
60	期望	期望	qīwàng	V.	to expect
61	提高	提高	tígāo	V.	to improve, to raise
62	岗位	崗位	gǎngwèi	N.	sentinel post, (job) position

专有名词 Proper Noun

| 1 | 唐诗 | 唐詩 | Tángshī | Tang poetry |
| 2 | 宋词 | 宋詞 | Sòngcí | Song lyrics |

语法与结构 GRAMMAR, PATTERN, EXPRESSION

1. A 是指……   A refers to ...

原文：前途<u>是指</u>工作以后的发展空间。
翻译：*前途* refers to the prospects gained after holding a job.

This pattern is often used to give a definition.

① "网虫"是指那些经常泡在网上的人。
② "单身女性"是指那些不结婚、自己一个人生活的女性。
③ "空巢老人"是指那些年迈体弱、身边又没有子女照顾的老人。

✏ 请用"A 是指……"解释带点的词语：

① 红墙里的<u>星巴克</u>

② 象牙塔里的<u>天之骄子</u>

③ 这几年出现了很多新词，比如"<u>上网本</u>""<u>围脖</u>""<u>高铁</u>"等。

2. 某   some, certain

原文：如果<u>某</u>份工作可以让你发挥特长、做出成绩并得到提拔，这份工作就是有前途的。
翻译：If a job lets you exert your strengths, make achievements and get promoted, this job is a promising job.

某 means "certain" or "given". When you do not want to mention, or you forget the specific name of someone or some place, you can use 某.

① 二十年前，他出生在中国东部某个小城市。（没有必要说明是哪个城市，或很少有人知道这个城市。）
② 昨天我偶然进入了某个交友网站，竟然发现了当年的小学同学。（可能是因为"我"觉得这个网站的名字不重要，可能是"我"忘记了。）

99

3. 并   and, furthermore

原文：如果某份工作可以让你发挥特长、做出成绩并得到提拔，这份工作就是有前途的。

翻译：If a job lets you exert your strengths, make achievements and get promoted, this is a promising job.

Used as a conjunction, 并 links two disyllabic verbs or two clauses which share the same subject.

① 去年，我参加并通过了公司的招聘考试。
② 老师介绍了这门课的情况，并要求我们一定要准时上课。
③ 他们两个人是去年七月认识并相爱的。

4. 简而言之   simply speaking

原文：钱途呢？简而言之，就是工作带来的收入。
翻译：What is 钱途？ Simply speaking, it refers to the salary of a particular job.

简而言之 can be used to summarize or give a simple conclusion.

① 想学好中文得每天听录音、每天写汉字……，简而言之，就是要每天练习。
② 什么是网恋？简而言之，就是在网上谈恋爱。

5. 毕竟   after all

原文：毕竟，生存是第一位的。
翻译：After all, survival should be top priority.

毕竟 give an explanation that makes the previous or following statement easy to understand.

① 别担心，说错了没关系，你毕竟是个外国人。
② 小王毕竟还年轻，考虑问题不是很全面。
③ 就算他不对，你也不应该打他，毕竟他是你的弟弟。

✎ 请用"毕竟"完成对话：

① A: 你看小李，又做错了，我已经教了他三遍了。

B: 别生气，他_____,还需要一些时间适应。

② A: 你为什么不开枪（shoot）？

B: 他_____,我怎么能对他开枪？

③ A: 纽约的房子真贵啊！

　　B: 是啊，这里＿＿＿＿＿＿＿＿＿＿＿＿＿＿＿＿＿＿＿＿＿，肯定会比其他地方贵。

6. 有 A，才有 B　　only when A is guaranteed, B is possible

原文：<u>有</u>了钱，<u>才有</u>可能做自己想做的事情。
翻译：*Only when you have money can you do what you want.*

① 有不少人觉得，有钱才有爱情，我不同意这个看法。
② 我相信，世界上有了爱，才有美好的明天。
③ 任何时候，有希望才有可能。

✏️ 请用"有 A，才有 B"完成句子或者对话：

① A: 你为什么非要跟一个你不爱的人结婚？

　　B: 因为他有钱，＿＿＿＿＿＿＿＿＿＿＿＿＿＿＿＿＿＿＿＿＿＿＿＿＿＿＿。

② 到一个新的地方，一定要先交朋友。因为＿＿＿＿＿＿＿＿＿＿＿＿＿＿＿＿＿。

7. 否则　　otherwise, if not

原文：有了钱，才有可能做自己想做的事情。<u>否则</u>，一切都是空谈。
翻译：*Only when you have money can you do whatever you want. Otherwise, everything is impossible.*

否则 negates the presumption made in the first clause, and points out what will happen if the former is not accomplished.

① 明天你必须把钱还给我，否则，我就去报警。
② 这个机会太难得了，你一定要抓住，否则你会后悔的。

✏️ 请用"否则"完成句子：

① 想学好中文，一定要把声调学好，＿＿＿＿＿＿＿＿＿＿＿＿＿＿＿＿＿＿＿＿。

② 同学们，上课的时候不可以发短信，＿＿＿＿＿＿＿＿＿＿＿＿＿＿＿＿＿＿。

③ 政府一定要重视环境保护问题，＿＿＿＿＿＿＿＿＿＿＿＿＿＿＿＿＿＿＿。

理解中国 **Understanding China**

8. 可以说　　it is safe to say...

原文：买房子要花钱，孝敬父母要花钱，结婚要花钱，有了孩子更要花钱，可以说，没有钱简直寸步难行。

翻译：You need money to buy a house, to care for parents, to pay for a wedding, it costs even more when children are born, it is safe to say that you cannot do anything without money.

可以说 is used to summarize someone's opinions or lead to a conclusion. Supporting examples or evidence should be given.

① 我跟小王认识三十年了，什么事情我都告诉他，可以说他是我最好的朋友。
② 这种电脑价格便宜，质量好，可以说是最适合你的了。
③ 他在美国待了几十年，可以说对美国有比较深的了解。

9. 等于　　be equal to, be the same as

原文：如果做一份跟专业无关的工作，就等于把四年的心血全浪费了。
翻译：If you take a job that has nothing to do with your major, it is like you wasted four years' time and energy.

① 有人说，抽烟就等于慢性自杀。
② 学习语言的时候，听懂了不等于会说了。
③ 我现在不做，不等于以后不做，我只是需要一点儿时间。

✎ 请用"等于"完成句子：

① 每天吃方便面，_____。
② 为了这个项目（project）你已经花费了两年的心血，如果现在放弃，_____。
③ 上大学的时候每天喝酒谈恋爱，_____。

10. ~感　　sense, feeling

原文：做自己不感兴趣的工作，也不会有什么成就感。
翻译：If you take a job in which you have no interest, you won't have any sense of accomplishment.

When 感 is added as a suffix to certain nouns, verbs, and adjectives, it indicates a "sense" or "feeling". For example: 安全感、紧张感、好感、责任感, etc.

11. 过 + Adj.(monosyllabic)　　excessively, unduly

原文：现在的大学生常常过高地估计自己的能力，……
翻译：Some college students overestimate their ability, …

102

① 工作时间过长会影响身体健康。
② 对别人的要求不要过高，否则会失望的。
③ 这次考试的题目过难，结果很多学生不及格。

✎ 请用"过 + Adj"完成下面的任务：

① 假设（suppose）你要代表全班向你的老师提一些意见，比如作业太多，考试太难等，你会怎么说呢？
_____

② 据调查，现在大学生上网的时间太长，这给他们的身体和心理都带来一些影响，请你说说有哪些不好的影响。
_____

12. 往往　　be prone to, tend to

原文：现在的大学生……往往"眼高手低"，……
翻译：College students at present tend to have grandiose aims but little ability, ...

往往 is used to make a generalization based on observation of the present or summary of the past.

① 在小学阶段，女生学习往往比男生好。
② 压力过大的时候往往心情不好。
③ 一个成功的男人背后往往有一个成功的女人。

✎ 请用"往往"完成句子：

① 在美国，感恩节以后商店_____，这个时候买东西_____。
② 大考以前，学生们_____，大考以后，他们_____。
③ 我发现文科生_____，理科生_____。

13. 宁可　　would rather

原文：这也让很多公司宁可雇用学历低一点儿的学生。
翻译：This fact makes many companies prefer to hire employees with lower academic degrees.

理解中国　Understanding China

宁可 indicates a choice of one thing after weighing the pros and cons of two things, even though the choice may be not ideal. It is often used with 也不.

① 什么？坐公共汽车去？不，我宁可走路。
② 我宁可多花钱，也不买这种质量一般的电视机。
③ 我宁可找不到工作，也不接受你的条件。

请用"宁可"完成句子或者对话：

① A：明天小李请大家吃饭，你去吗？

　 B：她是我最讨厌的人。跟她吃饭？＿＿＿＿＿＿＿＿＿＿＿＿＿＿＿＿。

② 很多大学生毕业以后，非要留在大城市。他们＿＿＿＿＿＿＿＿＿＿＿＿＿，也

　 不＿＿＿＿＿＿＿＿＿＿＿＿＿＿＿＿＿＿＿＿＿＿＿＿＿＿＿＿＿＿＿。

③ A：这种便宜点儿，虽然质量不太好，不过也还可以。

　 B：不，我＿＿＿＿＿＿＿＿＿＿＿＿＿＿，也不＿＿＿＿＿＿＿＿＿＿。

练习与活动 PRACTICE & ACTIVITIES

语音练习

1 请选择表格中正确的拼音并读出该词

词语	拼音		词语	拼音	
即将	jíjiāng	jījiāng	孝敬	shǎojìng	xiàojìng
提拔	tǐbá	tíbá	如今	rújīn	rǔjīn
需求	xūqiú	shūchóu	缺乏	quēfà	quēfá
秘书	mìshū	mǐshū	留言	liúyán	liūyán

2 停顿的读法

说话的时候，停顿是非常重要的。停顿一定要停在合适的地方，不能停在一个词的中间，否则会让听的人不知道你在说什么。一般来说，在遇见下面几种情况时，一定要停顿：

① 主语（subject）或者谓语（predicate）很长时，主语和谓语之间要停顿；
② 宾语（object）很长时，宾语前要停顿；
③ 定语（attribute）很长时，在离中心语远的定语后面停顿；
④ 状语（adverbial modifier）后要停顿。

下面几个句子中，已经用"p"标出了需要停顿的地方，请你读出这些句子，看看它们分别属于哪种情况。

① 每个 P 即将工作的人，都要面临 P 一个选择：要前途 P 还是要钱途？
② 酷爱唐诗宋词的他 P 一直想找个 P 跟专业有关的工作。
③ 小王觉得 P 这份工作 P 跟自己的理想 P 距离太远。
④ 如果为了钱 P 放弃自己的专业和理想 P 太可惜了。
⑤ 像小王这种 P 为工作发愁的学生 P 不再是少数了。

词语练习

1 选词填空

> 可惜　造成　少数　毕竟　放弃　估计　建议　浪费　发愁　拥有

① 现代交通_____的环境污染问题越来越严重。
② 这几年，能找到理想的工作的大学生只是_____。
③ 对于解决北京的交通问题，我有一些_____。
④ 正确_____自己的能力是找到工作的第一步。
⑤ 老李_____年纪大了，身体不能跟以前比了。
⑥ 他有个有钱的爸爸，难怪不用为找工作_____。
⑦ 昨天的晚会好极了，你没去真是太_____了。
⑧ 她的理想是_____一个幸福的家庭和一个好工作。
⑨ 无论什么时候，你都不能_____努力，只要努力，就有可能成功。
⑩ 我觉得看这种肥皂剧（soap opera）简直就是_____时间。

理解中国 Understanding China

语法与结构练习

1 用括号中的词完成句子或者对话

① 这"拇指族"_____。（是指……）

② A：你这件衣服是在哪儿买的？
　 B：_____。（某）

③ 我的理想是_____。（拥有）

④ A：你想找个什么样的工作？
　 B：_____。（跟……有关/无关）

⑤ A：我的汉语进步太慢了，都学了一年了，还有很多话听不懂。
　 B：别着急，_____。（毕竟）

⑥ 我觉得家庭比工作重要得多，因为_____。（有了……才有……）

⑦ A：你觉得在纽约生活什么最重要？为什么？
　 B：_____。（可以说）

⑧ 选专业一定要选自己感兴趣的，_____。（否则）

⑨ 现在的大学生_____。（往往）

⑩ 私家车过多_____。（造成）

⑪ A：我看你妈给你介绍的那女孩不错，你觉得呢？
　 B：她呀！脾气（temper）太大了，_____。（宁可）

2 改正下列句子中的错误

① 跳槽是指往往换工作。

② 她从来不敢坐飞机，因为发愁飞机会出事。

③ 昨天我去了长城、故宫并颐和园。

④ 我不喜欢同屋问我的事情过多。

⑤ 不少学生眼高手低，这是主要原因造成他们就业难。

3 用所给的词语改写句子

① 根据一家公司的经理介绍，iPhone 的这种新产品很受欢迎。（某）

② 对于一个马上就要毕业的人，找工作是最现实的问题。（即将）

③ 什么是"短信写手"？简单地说，就是那些专门编写短信的人。（简而言之）

④ 今年高考，他得了全市第一，这让他非常自豪。（~感）

⑤ 我不喜欢父母太多地管我。（过……）

综合练习

1 综合填空

低　专业　有关　差　为了　当　理想　酷爱　还是　每次

　　我是今年的大学毕业生，_____是古典文学。从小到大我_____唐诗宋词，所以大学四年我过得非常愉快。我喜欢我的专业，也想找一个跟专业_____的工作。但是，_____参加招聘会，都发现理想的工作需求_____，待遇_____。前几天，有个朋友介绍我去一家电子公司_____秘书，但这份工作我觉得不太_____。我是应该接受这份工作呢，_____继续找理想的工作？_____这件事，我觉得很苦恼。

理解中国 Understanding China

> 成就感　经验　空间　即使　只要　就是　不管　对于

武汉大学学生王笑马上要毕业了。据他介绍，他的同学现在不是在找工作＿＿＿＿＿在考研究生。王笑也在找工作，他相信自己一定能找到工作。大学期间，他参加了不少学校的活动。虽然还没有社会工作的＿＿＿＿＿，但他认为＿＿＿＿＿什么工作，＿＿＿＿＿做了一段时间就会喜欢。他说："我会努力把工作干好，有了＿＿＿＿＿就会爱上它。"

＿＿＿＿＿大学生找工作难的问题，王笑认为"退一步海阔天空"。"如果找不到理想的工作，我会调整自己的标准，＿＿＿＿＿不喜欢的工作我也愿意做，就算去扫地我也愿意，社会上激烈的竞争不会给你太大的选择＿＿＿＿＿。"

2 短文阅读

阅读下面的短文，然后回答问题。

大学四年的计划

一次对北京重点大学的 205 位大学生的调查显示，大部分大学生对自己四年里怎样发展都没有计划：没有计划的占 62.2%，有计划的占 32.8%，其中有明确计划的仅占 4.9%。

大学期间，学生如果对自己的发展方向不清楚，不能尽早做出适合自己的人生计划，将来一定会遇到种种问题，特别是在找工作的时候。

每个人都可以根据自己的特点制定自己的大学计划。一般来说，可以把大学四年分成四步：

一年级　提高自己与人交流的能力，开始了解自己的专业和跟专业有关的工作。具体来说，可以多和别人交流，特别是大四的毕业生。大一的时候可以多参加学校活动，多学一些课，多看一些书，多交一些朋友。

二年级　应该考虑以后是继续读书还是找工作，还可以锻炼自己的能力，试着走出校门打工。这段时间最好能在课余多做跟自己的理想或者专业有关的事情。

三年级　开始关注一些自己满意的公司或者理想的研究生学校，参加和专业有关的暑期工作，和同学交流找工作的感受，学习写简历和求职信等。准备出国的同学这个时候应该开始准备考试。

四年级 这时的学生们找工作的找工作，考研的考研，出国的出国。要面对现实，既不能过高地估计自己，也不应该过低地降低自己的标准。

根据《未毕业先失业 大学生就业到底难不难？》改写

❶ 根据调查结果，大学生对自己以后的生活有没有清楚的认识？
❷ 一年级的学生应该多做什么？
❸ 文章认为什么时候开始打工比较好？
❹ 要出国的同学需要做哪些准备？

3 短文写作

❶ 对你来说，有前途的工作是什么样的工作？
（建议使用：并；毕竟；往往；有了A，才有……）

❷ 大学生找不到工作，国家有没有责任帮助他们？
（建议使用：否则；等于；简而言之；宁可）

理解中国 Understanding China

4 小作文

在课文中，我们了解了小王的苦恼。请你给他写一个留言，写下你的想法和建议。他一定会非常高兴。（300字）

给小王的留言

5 交流与讨论

请你跟几个同学一起讨论下面的问题,把你们的主要想法写下来。

① 上大学的目的是不是找一个好工作?
② 大学生需不需要一个"大学计划"?你有这样的计划吗?
③ 现实跟理想的距离是不是总是很远?

我的笔记

第三单元　新时代 新观念

"不是我不明白，这世界变化快！"最近爱华特别喜欢哼唱这句歌词，因为他在中国待的时间越长，越发现这个古老的国家真的跟以前想象中的不一样。中国人不是很含蓄吗？为什么中学生会在课堂上讨论爱情话题？中国人不是很保守吗？为什么有那么多人在网上交友甚至恋爱？这个单元的三篇文章让爱华看到了中国人，特别是年轻一代新的一面。

爱情走进中学课堂

热身 Warm-up

个人意见

谈谈你自己的看法。

① 谈到"爱情",你会想到什么?(比如某部电影、某个故事或者某个人)
② 有没有人教过你什么是爱情?(比如父母、老师或者朋友)
③ 如果你"爱"一个人(不是父母),你会用什么方法告诉她/他?

你说我说

两个同学一起讨论下面的几种说法。

☐ 爱情是大人之间的事情,跟中学生无关。
☐ 对十几岁的孩子来说,他们根本就不懂什么是爱情。
☐ 现在的孩子从小看电视、上网,他们比以前的孩子更早知道什么是爱情。
☐ 爱情不能教会,只能自己学会。

理解中国 Understanding China

课文 TEXT

　　无怨的青春[1]（节选）
在年轻的时候
如果你爱上了一个人
请你一定要温柔地对待她
不管你们相爱的时间有多长或多短
…………

若你们能始终温柔地相待　那么
所有的时刻都将是一种无瑕的美丽
若不得不分离
也要好好地说一声再见
也要在心里存着感谢
感谢她给了你一份记忆

读左边的诗，回答下面的问题：

这首关于爱情的诗，让你想起了什么？

　　"爱情"这个词，在中学生的心目中充满了神秘感，然而，这个神秘的词现在却走进了中学的课堂。

　　从[1]2004年9月1日起，在上海市初中三年级的语文书中，第一次出现了以[2]爱情为主题的单元。这个单元的七篇文章从不同角度歌颂了爱情，目的是为了对[3]青少年进行爱情启蒙教育。虽然目前只有十来[4]所学校使用这本教材，但是它带来的影响却出人意料，一时间，爱情教育成了人们谈论的热门话题。

读第一、二段课文，回答下面的问题：

❶ 在中学生看来，爱情是什么样的？
❷ 上海市中学的语文书为什么要有爱情单元？
❸ 这件事情在社会上带来了什么影响？

　　与西方观念不同，在中国传统文化中，"爱"是一种放在心里而不是挂在嘴边的东西。父母极少跟孩子交流关于"爱"的话题，因此[5]，孩子也很少能从父母那里得到关于"爱"的引导和建议。另一个现实是，新一代的青少年比上一代成熟得更早，也更早地渴望接触爱情。这种"供求"之间的不平衡让我们不得不考虑一个问题：怎样在教育中引入爱情话题？

读第三段课文，回答下面的问题：

❶ "爱是一种放在心里而不是挂在嘴边的东西"，这句话你怎么理解？
❷ "供求之间的不平衡"指什么？

1　无怨的青春：The author is Xi Murong, a Taiwanese poet.

116

爱情教育会不会误导学生早恋，给学生带来烦恼呢？这是很多人，特别是家长们的担心。早恋，是指未成年人，特别是青少年，在⁶生理和心理还不成熟的情况下，过早地谈恋爱。不少家长认为：青少年渴望跟异性接触，这没有什么错。但是，他们对如何⁷处理恋爱和学业的关系、如何把握尺度都缺乏清楚的认识。很多孩子因为早恋影响了学习，浪费了时间，所以应该限制孩子早恋。如果在课堂上讨论爱情，就相当于⁸鼓励他们去早恋。这是非常不明智的做法。

跟这些家长的看法截然相反，大多数中学生对⁹爱情启蒙教育举双手表示赞同。某中学的一位女学生说出了同龄人的心声："我觉得爱情启蒙教育是非常必要的，因为很多中学生对爱情还存在不少偏见。老师和家长不应该一味地¹⁰反对，应该对我们进行引导。这可以让我们以后少走弯路。"据调查，大部分中学生都喜欢跟爱情有关的小说、电视和电影，而¹¹老师和家长却往往把爱情当成"禁区"，绝对碰不得¹²。

这本教材的主编在接受采访时说："我们之所以¹³选择这个单元，就是想从不同角度告诉学生爱情是什么。这样做，绝对不是哗众取宠，而是让教材满足学生的需要，帮助他们了解人类最美好的情感。当然¹⁴，书里也提到了盲目恋爱的危险。"

中国青少年研究中心副主任是这样评论的："我认为中学生特别需要爱情教育。现在不少家庭出现婚姻危机，很多是跟他们年轻时没有受¹⁵过这方面的教育有关。要知道，爱情不是见不得阳光的。"

根据《"爱情如歌"进上海中学教材 激起三方波澜》改写

读第四段课文，回答下面的问题：

1. 什么是"早恋"？这个词的意思是好还是坏？
2. 为什么有的家长认为应该限制孩子早恋？

读第五段课文，回答下面的问题：

1. 中学生对爱情启蒙教育的看法跟父母一样吗？
2. "走弯路"是什么意思？"禁区"指什么？

读第六、七段课文，回答下面的问题：

1. 根据教材主编的意思，他们为什么要选择爱情单元？
2. "爱情不是见不得阳光的"这句话是什么意思？（Hint: 看"我的笔记"）

理解中国 Understanding China

词语 NEW WORDS

1	青春	青春	qīngchūn	N.	youth
2	爱情	愛情	àiqíng	N.	romantic love
3	心目	心目	xīnmù	N.	heart, mind
4	充满	充滿	chōngmǎn	V.	to be brimming with, to be filled with
5	神秘	神秘	shénmì	Adj.	mysterious
6	语文	語文	yǔwén	N.	language and literature
7	主题	主題	zhǔtí	N.	theme, topic
8	单元	單元	dānyuán	N.	unit (of teaching materials)
9	文章	文章	wénzhāng	N.	article, literary works
10	角度	角度	jiǎodù	N.	point of view, angle (perspective)
11	歌颂	歌頌	gēsòng	V.	to extol
12	进行	進行	jìnxíng	V.	[F] to conduct, to carry out
13	启蒙	啓矇	qǐméng	V.	to instruct the young, to initiate
14	目前	目前	mùqián	N.	for now, at present
15	使用	使用	shǐyòng	V.	to use, to employ, to apply
16	教材	教材	jiàocái	N.	teaching material
17	出人意料	出人意料	chū rén yì liào	IE	different from people's expectation
18	一时间	一時間	yìshíjiān	IE	in a short time, very soon
19	挂	掛	guà	V.	to hang
20	极	極	jí	Adv.	[F] extremely, to the greatest extent
21	因此	因此	yīncǐ	Conj.	therefore
22	引导	引導	yǐndǎo	V.	to instruct and guide
23	成熟	成熟	chéngshú	Adj.	mature
24	渴望	渴望	kěwàng	V.	to be longing for, to be anxious for
25	供求	供求	gōngqiú	N.	supply and demand
26	平衡	平衡	pínghéng	Adj./V.	balanced; to balance
27	引入	引入	yǐnrù	V.	to lead into, to introduce
28	误导	誤導	wùdǎo	V.	to guide sb in the wrong direction, to mislead

29	早恋	早戀	zǎoliàn	V.	to date at young age
30	烦恼	煩惱	fánnǎo	Adj.	worry
31	未	未	wèi	Adv.	not yet
32	成年人	成年人	chéngniánrén	N.	adult
33	青少年	青少年	qīngshàonián	N.	teenager
34	生理	生理	shēnglǐ	N.	physiology
35	心理	心理	xīnlǐ	N.	psychology
36	恋爱	戀愛	liàn'ài	V.	to be in love
37	如何	如何	rúhé	Pron.	how
38	处理	處理	chǔlǐ	V.	to deal with, to handle
39	学业	學業	xuéyè	N.	schoolwork, one's studies
40	把握	把握	bǎwò	V.	to grasp firmly (deal with effectively, handle effectively)
41	尺度	尺度	chǐdù	N.	standard, measure, norm
42	鼓励	鼓勵	gǔlì	V.	to encourage
43	截然相反	截然相反	jiérán-xiāngfǎn	IE	completely different, opposite
44	举	舉	jǔ	V.	to lift, to raise
45	双手	雙手	shuāngshǒu	N.	pair of hands, both hands
46	表示	表示	biǎoshì	V.	to indicate, to express
47	赞同	贊同	zàntóng	V.	to agree, to approve, to endorse
48	同龄人	同齡人	tónglíngrén	N.	people at the same age
49	必要	必要	bìyào	Adj.	necessary, requisite
50	偏见	偏見	piānjiàn	N.	prejudice, bias
51	一味	一味	yíwèi	Adv.	blindly, make endless concessions
52	弯路	彎路	wānlù	N.	roundabout way, detour
53	禁区	禁區	jìnqū	N.	restricted zone
54	主编	主編	zhǔbiān	N.	editor-in-chief
55	接受	接受	jiēshòu	V.	to accept
56	采访	採訪	cǎifǎng	V.	to interview (by a journalist or reporter)

理解中国　Understanding China

57	哗众取宠	嘩眾取寵	huázhòng-qǔchǒng	IE	to win public praise, popularity, support by pandering to public tastes and desires, playing to the gallery
58	人类	人類	rénlèi	N.	humanity, humankind
59	美好	美好	měihǎo	Adj.	desirable, glorious
60	情感	情感	qínggǎn	N.	emotion, feeling
61	盲目	盲目	mángmù	Adj.	blind, lacking insight or understanding
62	危险	危險	wēixiǎn	N./Adj.	danger; dangerous
63	副	副	fù	Adj.	vice, assistant
64	主任	主任	zhǔrèn	N.	director, head
65	评论	評論	pínglùn	V.	to comment on, to criticize or talk about
66	婚姻	婚姻	hūnyīn	N.	marriage
67	危机	危機	wēijī	N.	crisis
68	阳光	陽光	yángguāng	N.	sunshine

语法与结构 GRAMMAR, PATTERN, EXPRESSION

1. 从……起　starting from ..., since ...

原文：从 2004 年 9 月 1 日起，……
翻译：*Starting from September 1st 2004, ...*

① 从小学一年级起，我就天天写日记。
② 我要从明天起好好儿锻炼身体。
③ 从到北京第一天起，我就喜欢上了这个城市。

✎ 请用"从……起"回答问题或者完成对话：

① 明天就是新年了，你有什么打算（new year resolution）？
② A: 你是从什么时候开始学汉语的？
　　B: _____。

120

2. 以 A 为 B   take/consider A as B

原文：第一次出现了<u>以</u>爱情<u>为</u>主题的单元。
翻译：*For the first time, a unit on love appeared in the textbook.*

This pattern originated from classical Chinese, and is mostly used in formal contexts. 以 means "to consider/view" and 为 means "as" or "to be". The whole phrase is mostly used as a modifier for a noun or verb. In colloquial Chinese, we tend to use 把 A 当成 B as an equivalent expression.

① 改革开放以后，中国政府以发展经济为主要任务。
② 上大学是为了提高自己，不能只是以找工作为目的。
③ 有的学生以生病为借口不来上课。

请用 "以 A 为 B" 改写（rephrase）下面的句子：

① 我喜欢读书，特别是二战主题的历史小说。

_____。

② 这次我去中国的目的是积累工作经验，不是为了旅游。

_____。

③ 她放弃了这份高收入的工作，理由是离家太远。

_____。

3. 对……进行 + V.   conduct, carry out

原文：（这个单元）目的是为了<u>对</u>青少年<u>进行</u>爱情启蒙教育。
翻译：*This unit's goal is to provide introductory education regarding "love" to teenagers.*

The verb 进行 indicates a continuous action following 进行 conducted by the subject of the sentence. This construction denotes formal and serious activities, for example:

① 今天我们对爱情问题进行了讨论。（意思是：我们讨论了爱情问题。）
② 我想对农村教育问题进行研究。（意思是：我要研究农村问题。）
③ 政府决定对造成污染的工厂进行调查。（意思是：政府决定调查造成污染的工厂。）

Note:
  (1) The verb placed after 进行 cannot be a monosyllabic one. For instance, 讨论，说明，调查，研究，比较 etc. It is incorrect to say 进行看, 进行谈.
  (2) The verb should indicate an continuous action, like 调查，讨论 etc.
  (3) Object can't be placed after 进行, but it is usually introduced by 对…… before the action.

理解中国　**Understanding China**

✎ 请用"对……进行"改写（rephrase）下面的句子：

① 政府正在改革国有企业。

　　。

② 我打算花两年时间研究中美关系的发展。

　　。

③ 前几天，美国总统和中国国家主席讨论了环境保护的问题。

　　。

4. 来　　about, approximately

原文：虽然目前只有十来所学校使用这本教材，……
翻译：Although only about ten schools are currently using this textbook in Shanghai, ...

来 can be used after an integer to indicate an approximate number. Note the different position of 来 when it is used with different numbers.

（1）十 / 百 / 千 / 万 + 来 + M.W. + （N.）

① 从我家到学校，走路只要十来分钟。
② 这台电脑花了我两千来块钱。
③ 今年学习中文的有五百来人。

（2）一 ~ 九 + M.W. + 来 + N./ Adj.

④ 这条鱼有三斤来重。
⑤ 昨天吃饭我才花了八块来钱。
⑥ 在美国，一杯星巴克咖啡只要三块来钱。

5. 因此　　therefore, so

原文：父母也极少跟孩子交流关于"爱"的话题，因此，孩子很少能从父母那里得到关于"爱"的引导和建议。
翻译：Parents rarely communicate with children about love, so children don't get enough guidance or suggestion from their parents.

因此 indicates a causal relationship by linking two clauses, sentences or paragraphs. 此 refers to previously mentioned sentences. It is usually used in formal contexts.

① 我跟他一起工作了很多年，因此，我对他的情况很了解。
② 这几年中国国内发展得很快，不少人因此决定回国发展。

✎ 请用"因此"完成句子：

① 一流大学的压力实在太大，_____。

② 她是个不善于表达感情的人，_____。

③ 最近几年的经济情况很糟糕，_____。

6. 在……下　　under ... (condition)

原文：早恋，是指未成年人，特别是青少年，在生理和心理还不成熟的情况下，……
翻译：*Teenagers, who have not yet reached psychological or physiological maternity, ...*

This structure often indicates a condition. The condition should be specified by the noun or verb phrase.

① 在朋友的帮助下，他找到了房子。
② 真没想到，在没有钱的情况下，你还能生存下来。
③ 他一句中文都不会说，没想到，在这种情况下，他竟然在中国找到了女朋友。

✎ 请用"在……下"改写或者完成句子：

① 今年我的发音进步了很多，这主要是因为老师的帮助和指导。

改写：_____。

② A：大夫，明天我有一个重要的足球比赛，但是我今天感觉很不舒服。

B：_____。

③ A：你为什么不让我跟同学交往？我就是喜欢他。

B：孩子，你要知道，_____。

7. 如何　　[written] how

原文：他们（这些学生）对如何处理恋爱和学业的关系、如何把握尺度都缺乏清楚的认识。
翻译：*Those students lack a clear understanding about how to balance relationships and study, and how to move at a proper rate.*

如何 is a formal form of 怎么, but it is mostly used with disyllabic verbs.

① 他突然说喜欢我，我真不知道如何回答。
② 我已经18岁了，必须考虑如何开始自己的生活。
③ 请你告诉我如何面对工作和学习的压力，我真的受不了了。

理解中国 Understanding China

8. A（就）相当于 B   A (just) equal to/ like B

原文：如果在课堂上讨论爱情，就相当于鼓励他们去早恋。
翻译：Having students discuss love-related topics is just like encouraging them to get involved in romantic relationships at a very young age.

① 纽约的房价相当于美国中部的两倍。
② 请不要吸烟了，吸烟就相当于自杀。
③ 你知道吗？你这一顿饭相当于贫困地区一家人半年的生活费！

✏ 请用"A（就）相当于 B"完成句子：

① 你应该去中国留学，因为在中国学习两个月_____。
② _____，就相当于浪费时间。
③ 上大学的时候每天不上课，只玩儿游戏，_____。

9. 对……表示……   show (opinion) on ...

原文：大多数中学生对爱情启蒙教育举双手表示赞同。
翻译：Most high school students "raise two hands" in favor of relationships education.

This structure can be used to show one's opinion. Verbs that are often used include 赞同, 反对, 支持, 理解, 同意, 怀疑.

① 很多人对拆除四合院表示不理解。
② 你的想法不错，但是也有不少人对你的建议表示怀疑。
③ 居民对政府增加税收的政策表示反对。

10. 一味地   simply, blindly

原文：老师和家长不应该一味地反对，……
翻译：Teachers and parents should not simply oppose (this request), ...

① 家长不能一味地夸孩子，也应该指出他们的不足。
② 虽然美国是最发达的国家，但是我们不应该一味地模仿。
③ 发展经济不能一味地追求速度，还要注意环境等问题。

✏ 请用"一味地"完成句子：

① 学习要注意方法，不能_____。
② 爱一个人不能_____，要考虑自己的能力。

❸ 我不赞成 Tiger Mother 的做法，我觉得_____。

11. A……，而 B（却）……　　while A ..., B ...

原文：大部分中学生都喜欢跟爱情有关的小说、电视和电影，<u>而</u>老师和家长<u>却</u>往往把爱情当成"禁区"，……

翻译：While most middle school students like novels, TV programs and movies about love, teachers and parents often regard (for their children) love as a "forbidden zone", ...

This conjunction pattern can be used to form a contrast between two things, 而 goes before the subject and is often used with 却.

❶ 我女朋友喜欢看爱情电影，而我却喜欢看跟战争有关的电影。
❷ 我一直想出国学习，而父母却希望我能留在国内工作。
❸ 我对他很好，而他却好像一点儿感觉都没有。

✎ 请用"A……，而 B（却）……"进行介绍：

❶ 你跟父母的差异

❷ 两种文化上的或者习惯上的差异

12. V. + 不得　　not allow to do, shouldn't

原文：老师和家长却往往把爱情当成"禁区"，绝对碰<u>不得</u>。

翻译：Teachers and parents often take love as a "forbidden zone" that is absolutely off limits.

This colloquial pattern is usually used to give a warning or advice.

❶ 这种东西有毒，吃不得。
❷ 有些话题太敏感，绝对碰不得。
❸ 这种坏习惯可要不得，对你将来没有好处。

13. 之所以……，（是因为）……　　..., the reason is ...

原文：我们<u>之所以</u>选择这个单元，就是想从不同角度告诉学生爱情是什么。

翻译：The reason why we choose this unit is that we try to, from different perspectives, let students know what love is about.

Note that the first clause elaborate the result while the second clause gives the reason. This grammar is used when both the speaker and listener know the result, and the reason is to be highlighted.

理解中国　Understanding China

❶ 我之所以要学习中文，是因为我的父母都是中国人。
❷ 他之所以找不到工作，主要是因为他的学历太低。
❸ 中国经济之所以发展这么快，是因为实行了改革开放政策。

✏️ 请用"之所以……，（是因为）……"完成对话：

❶ A：为什么你要对孩子进行爱情教育？
   B：_____。

❷ A：听说你反对孩子早恋？为什么？
   B：_____。

❸ A：听说北京限制外地人在北京买房子，为什么？
   B：_____。

14. 当然　of course

原文：当然，书里也提到了盲目恋爱的危险。
翻译：Of course, this book mentions the danger of blind love.

Besides meaning certainly, 当然 can indicate a concession or a slight turn to make the previous statements not overgeneralized.

❶ 中国人一般都喜欢喝茶。当然，也有人喜欢喝咖啡。
❷ 现在中国经济发展很快。当然，发展的时候也出现了一些问题。
❸ 谈恋爱的时候感觉最重要，当然，也不能完全靠感觉。

15. 受　to receive, to suffer

原文：现在不少家庭出现婚姻危机，很多是跟他们年轻时没有受过这方面的教育有关。
翻译：In large part, marriage crisises are due to the lack of relationship education received at an early age.

The literal meaning of 受 is to receive or suffer, such as 受不了这种苦，受到了老师的表扬. In fact, most of the 受 +verb phrase can be interpreted as a passive voice structure. For example, 受欢迎(be welcome), 受影响 (be influenced) .

126

练习与活动 PRACTICE & ACTIVITIES

语音练习

1 下面的词语你能读对吗?

充满	神秘	使用	胜利	处理	青春	必要
角度	进行	启蒙	教材	禁区	举手	接受
语文	因此	引导	引入	婚姻	阳光	语言

2 节拍的读法

说汉语跟唱歌一样,也是有节拍的。每个节拍的时间大致相等。如果一个节拍中的音节少,就要说得慢一点儿;如果一个节拍中的音节多,就要说得快一些。

下面用"||"表示一个节拍,请你读一读,感觉节拍对音长和速度的影响。读的时候可以每读一个字拍一下手,拍手的速度跟读的速度应该一样。

|学生		|神秘		|一代		|家长	
|中学生		|神秘感		|新一代		|家长们	
|成熟		|没错		|角度		|影响	
|还不成熟		|没什么错		|不同角度		|带来的影响	

怎样|在|教育中|引入|爱情|话题|。
怎样|在教育中|引入|爱情话题|。
爱|是一个|放在|心里|而不是|挂在|嘴边的|东西。
爱是一个|放在心里|而不是|挂在嘴边的|东西。
爱是一个|放在心里|而不是挂在嘴边的|东西。

词语练习

1 选词填空

处理　美好　充满　平衡　心理　进行　鼓励　烦恼　主题　成熟

❶考上了中国最好的大学,这让他的心中_____自豪感。

❷这本教材根据_____分成5个单元。

❸为了更好地了解这本教材的内容,我们对主编_____了采访。

❹经过大学四年的锻炼,我变得更_____了。

❺没想到,人越大,_____就越多。

127

理解中国 Understanding China

⑥ 我刚休假回来,有很多工作需要_____。
⑦ 每次遇到困难的时候,家人总是在我身边_____我。
⑧ 祝你有一个_____的前途!
⑨ 现代社会的压力让很多人出现了_____问题。
⑩ 如果污染问题不解决,很可能让大自然失去_____。

语法与结构练习

1 用括号中的词完成句子或者对话

① 今天的讨论_____。(以……为主题)
② 中国人表达感情的时候很含蓄,_____。(因此)
③ 没想到_____,他完成了计划。(在……的情况下)
④ 他的收入太高了,_____。(相当于)
⑤ 我和我哥哥很不一样,_____。(……,而……)
⑥ 你的这篇作文真不错,_____。(当然,……)
⑦ A: 你对他还真了解。
　 B: 当然了,_____。(从……起)
⑧ A: 从你家到学校要多长时间?
　 B: _____。(Num. + 来)
⑨ A: 你觉得中西方在习惯上有哪些不同?
　 B: _____。(与A不同,B……)
⑩ A: 我觉得谈恋爱越晚越好,这样才不会影响自己的学习和工作,你说呢?
　 B: _____。(截然相反)
⑪ A: 你觉得我们的政府有什么问题?
　 B: _____。(一味地)
⑫ A: 那个地方条件怎么样?
　 B: _____。(V. + 不得)
⑬ A: 我真不理解为什么中国的父母们很少跟孩子说"爱"。
　 B: _____。(之所以……,是因为……)

2 用所给的词语改写句子

① 我觉得,爸爸是世界上最能干的人。(在……的心目中)

❷ 他没交作业，老师批评了他。(对……进行……)

❸ 他赞同提高工人工资的建议。(对……表示……)

❹ 他还年轻，不知道怎么面对这种困难。(如何)

❺ 他打工时积累了不少经验，因此毕业找工作时很顺利。(之所以……是因为……)

综合练习

1 综合填空

目前　评论　需要　除此之外　篇

"爱情单元"里一共有7_____文章，都是非常有名的作家写的。它们有的是说爱情_____尊重，有的是告诉学生爱情是什么。_____，这个单元的最后还有一个活动——"爱情，心中的玫瑰"：让学生说一个自己认为最感人的爱情故事，并写出自己的_____。另外，这一单元还有学生讨论部分，要学生对_____的早恋、网恋现象谈谈自己的看法。

2 短文阅读

阅读下面的文章，判断对错（true or false）。

从这学期开始，一本有"爱情单元"的教材开始在上海的中学第一次使用。在假期中，教材主编范教授已经在华东师范大学第一附属中学用这个单元上了一节实验课。

"那节实验课是我安排的，我想先看看学生的反应。"范教授说，"实验课老师是临时安排的，学生也是临时找的。

理解中国 Understanding China

学生一看到新书都特别感兴趣。上课的时候，大家都盯着老师仔细地听。讨论时，大部分学生都很不好意思，叫他们表达对爱情的看法时，他们还有些不习惯，但对于别人的评论，大家都特别关注，特别想知道其他人是怎么想的。"

根据《课堂上讲"爱情"还是教学生早恋？》改写

① 在教材使用之前，有的学生已经上了"爱情教育"的实验课。（　　）
② 上实验课的老师和学生很早就已经决定了。（　　）
③ 这次实验课是一个中学校长安排的。（　　）
④ 上实验课时，学生们不好意思听老师讲课。（　　）
⑤ 学生们还不习惯上课时讨论爱情。（　　）

3 短文写作

① 中学生的恋爱和成年人的恋爱有没有不同？有哪些不同？
（建议使用：与A不同，B……；在……的情况下；如何；相当于）

② 你觉得爱情教育对学生有没有帮助？为什么？
（建议使用：对……进行；因此；之所以……，是因为……；在……心目中）

4 小作文

根据你自己的经历，你觉得需不需要对孩子进行爱情教育？如果你有了自己的孩子，你会怎么做？请你以"如果我是父母"为题目，写一篇300字的文章，说明你的看法和理由。

如果我是父母

理解中国 Understanding China

5 交流与讨论

请你跟几个同学一起讨论下面的问题,把你们的主要想法写下来。

① 你最喜欢哪个爱情故事?给你的同学讲一讲。
② 你赞成中学生谈恋爱吗?你觉得什么年龄可以开始谈恋爱?
③ 你觉得有必要对学生进行性教育吗?为什么?

我的笔记

爱情不是见不得阳光的。
Means that love can be openly discussed and it should not be hidden or cause shame.

虚拟现实

热身 Warm-up

小记者

采访两三位同学或者朋友，请他们回答下面的问题。

问题 / 姓名	你每天在网上花多少时间？	你常常在网上做什么？	你在网上交朋友吗？（几个？怎么认识的？）

个人词语表

你能想到多少包含下面的字的词语？跟你的朋友一起比赛吧。

网：　　　　　恋：

爱：　　　　　电：

理解中国 Understanding China

课文 TEXT

你相信吗?两个原本不认识的人,通过[1]一个小小的电脑屏幕,可以成为恋人,甚至成为夫妻。这不是天方夜谭,而是近几年出现的一种新的社会现象——网恋。

顾名思义[2],网恋,就是通过互联网谈恋爱——两个人在网上相[3]识相知,产生好感以后建立恋爱关系。网恋的出现跟[4]互联网的普及是分不开的。据统计,截至[5]2005年12月31日,中国网民达到1.11亿,其中曾经网恋过或者正在网恋的人数超过一百万。

网恋跟传统的恋爱有哪些不同呢?首先[6],目的不同。绝大多数网恋的人并不是为了找一个结婚的对象,而是要找一个倾诉的对象,从而[7]交流感情,释放压力。其次,方式不同。网恋的双方主要通过网上聊天的方式交流,很多时候并不清楚对方的相貌,更不了解对方的家庭背景、学历、工作等信息。此外,网恋的双方没有任何承诺,也没有任何责任。只要关机,就谁也不认识谁了,所以不像现实中有那么多顾虑。

在生活压力日益增大的现代社会,人们渴望宣泄自己的情感,同时[8]又不想暴露自己的身份,网络恰恰提供了这样一种宽松的环境。上网的人都听说过这样一句话:"在网上,没有人知道你是一条狗。"没错,是这样的。坐在电脑屏幕前,敲着键盘,两个素不相识的人可以互相倾诉自己的感情,这份距离带来的美,是你跟恋人坐在公园的长凳上、走在湖边的树荫下无法体验的。由于不用面对面交流,含蓄的人变得大胆,寡言的人变得幽默,总之,在虚拟的世界里,他或她可能扮演着与现实生活完全不同的角色。然而,由于缺乏实际的接触,网恋的人们往往只能靠直觉和希望

读第一、二段课文,回答下面的问题:

1. 近几年出现的新的社会现象是什么?
2. 为什么会出现这种新的现象?这跟什么有关系?

读第三段课文,回答下面的问题:

1. 网恋跟传统的恋爱有哪些不同?
2. 除了课文中提到的,网恋还有哪些特别的地方?

读第四段课文,回答下面的问题:

1. 网恋的出现跟社会有什么关系?
2. "在网上,没有人知道你是一条狗。"你怎么理解这句话?
3. 网恋中的美,有什么特别的地方?
4. "把对方理想化"是什么意思?

来想象对方，这样的结果就是把⁹对方理想化。在这种情况下，爱情变得格外地美，可以说，是¹⁰网恋的人自己编写了一个美丽的爱情故事。

如果仅仅把网络当成一个虚拟的世界，那些美丽的爱情故事也许会继续下去。但问题是，很多人并不满足于想象中的爱情，他们渴望网恋的对象能走进他们的现实生活。然而，当¹¹虚拟变成现实的时候，网恋就不再那么美了。一个刚跟自己的"网上情人"见过面的女生失望地说："真没想到，所谓的¹² 高大英俊，其实只有一米六，还是高度近视。没有¹³ 什么比这更让人失望了。"因此，不要对网上的恋人期望过高。

不能否认¹⁴，在网上交友或者恋爱，是一种交流感情、释放压力的方式。但是，跟可能带来的问题相比，这些好处就有点儿微不足道了。有的人沉溺于¹⁵ 网恋，结果影响了现实中的婚姻生活；有的人痴迷于完美的网络伴侣，结果总觉得生活中的伴侣有太多的缺点。由于网恋造成的婚姻悲剧经常发生。一位婚姻问题专家这样评论："互联网是连接世界的，而它带来的问题却常常是关于断开的。"

网络虽然是虚拟的，但它毕竟是社会的一个侧面。在网络中，同样有真实的人和真实的事，有真爱，也有欺骗。

根据《网恋在中国成为社会问题》、《大学生网恋需正确引导》改写

读第五段课文，回答下面的问题：

1. 在什么情况下，网恋就"不再那么美了"？
2. 什么事情让课文中的女生很失望？

读最后两段课文，回答下面的问题：

1. 作者对网恋的态度是什么？（正面还是负面？）
2. 为什么网恋会造成婚姻悲剧？

词语 NEW WORDS

1	虚拟	虛擬	xūnǐ	Adj.	virtual
2	原本	原本	yuánběn	Adv.	originally
3	屏幕	屏幕	píngmù	N.	(TV or movie) screen

Understanding China 理解中国

4	恋人	戀人	liànrén	N.	lover
5	夫妻	夫妻	fūqī	N.	husband and wife, a couple
6	天方夜谭	天方夜譚	tiānfāng-yètán	IE	totally impossible thing; *The Arabian Nights*
7	现象	現象	xiànxiàng	N.	phenomenon
8	网恋	網戀	wǎngliàn	V.	online dating
9	顾名思义	顧名思義	gùmíng-sīyì	IE	as the term implies
10	互联网	互聯網	hùliánwǎng	N.	internet
11	产生	產生	chǎnshēng	V.	to give rise to, to bring about
12	好感	好感	hǎogǎn	N.	favorable impression
13	建立	建立	jiànlì	V.	to set up, to establish
14	截至	截至	jiézhì	V.	[F] by (a specified time)
15	网民	網民	wǎngmín	N.	net citizen
16	达到	達到	dádào	V.	to reach
17	亿	億	yì	Num.	hundred million
18	超过	超過	chāoguò	V.	to exceed
19	绝大多数	絕大多數	jué dàduōshù	IE	overwhelming majority, absolute majority
20	倾诉	傾訴	qīngsù	V.	[F] to pour out one's heart, to reveal one's innermost feelings
21	释放	釋放	shìfàng	V.	to release
22	相貌	相貌	xiàngmào	N.	(of a person) look, appearance
23	背景	背景	bèijǐng	N.	background
24	承诺	承諾	chéngnuò	V.	to promise to do sth
25	责任	責任	zérèn	N.	duty, responsibility
26	关机	關機	guān jī		to shut down (a computer)
27	顾虑	顧慮	gùlǜ	N.	concern, worry
28	日益	日益	rìyì	Adv.	increasingly, day by day
29	增大	增大	zēngdà	V.	to enlarge, to increase
30	宣泄	宣洩	xuānxiè	V.	to get sth off one's chest
31	暴露	暴露	bàolù	V.	to expose, to reveal
32	身份	身份	shēnfèn	N.	identity

#	简体	繁體	Pinyin	POS	Definition
33	网络	網絡	wǎngluò	N.	(computer, telecom, etc.) network
34	恰恰	恰恰	qiàqià	Adv.	exactly, precisely
35	宽松	寬鬆	kuānsōng	Adj.	spacious and comfortable
36	敲	敲	qiāo	V.	to tap (keys of a keyboard)
37	键盘	鍵盤	jiànpán	N.	keyboard
38	素不相识	素不相識	sùbùxiāngshí	IE	to be complete strangers (to each other)
39	长凳	長凳	chángdèng	N.	bench
40	树荫	樹蔭	shùyīn	N.	shade of a tree
41	体验	體驗	tǐyàn	V.	to learn through practice or personal experience
42	大胆	大膽	dàdǎn	Adj.	audacious, bold
43	寡言	寡言	guǎyán	Adj.	reticent, taciturn
44	幽默	幽默	yōumò	Adj.	humorous
45	扮演	扮演	bànyǎn	V.	to play the role of, to play the part of
46	直觉	直覺	zhíjué	N.	intuition
47	想象	想象	xiǎngxiàng	V.	to imagine
48	格外	格外	géwài	Adv.	especially
49	仅仅	僅僅	jǐnjǐn	Adv.	only, merely
50	失望	失望	shīwàng	Adj.	be disappointed (about sth./sb.)
51	所谓	所謂	suǒwèi	Adj.	so-called
52	英俊	英俊	yīngjùn	Adj.	handsome and talented
53	高度	高度	gāodù	N.	altitude
54	近视	近視	jìnshì	Adj.	near-sightedness, myopia
55	否认	否認	fǒurèn	V.	to deny
56	微不足道	微不足道	wēibùzúdào	IE	of no consequence, negligible, insignificant, not worth mentioning
57	沉溺	沉溺	chénnì	V.	to indulge in, to wallow in (usu. referring to bad habits)
58	痴迷	癡迷	chīmí	V.	to be infatuated (by), to be obsessive
59	完美	完美	wánměi	Adj.	perfect, flawless
60	伴侣	伴侶	bànlǚ	N.	companion, mate, partner

理解中国 Understanding China

61	缺点	缺點	quēdiǎn	N.	shortcoming
62	悲剧	悲劇	bēijù	N.	tragedy; sad event
63	发生	發生	fāshēng	V.	to happen, to occur
64	断开	斷開	duànkāi	V.	to separate, to break
65	真实	真實	zhēnshí	Adj.	actual, real
66	欺骗	欺騙	qīpiàn	V.	to deceive, to trick

语法与结构 GRAMMAR, PATTERN, EXPRESSION

1. 通过　　by means of, through

　　原文：两个原本不认识的人，通过一个小小的电脑屏幕，可以成为恋人。
　　翻译：Two people who didn't know each other may fall in love by means of a small computer screen.

　①　我们俩是通过朋友介绍认识的。
　②　有不少病毒（virus）是通过电子邮件传播的。
　③　通过这次参观，我们感受到了科学管理的好处。

　Note: 通过 has other meanings. For example, it can mean "to pass".

✎ 请用"通过"改写句子或者完成对话：

①　如果你知道了某人的 IP 地址，你就可以知道他在哪里。

改写：_____。

②　A：我现在很需要人帮我翻译这些文章，去哪里找呢？

　　B：这很容易，你可以_____。

③　A：你从这次汉语比赛中学到了什么？

　　B：_____。

2. 顾名思义　　as the term implies

　　原文：顾名思义，网恋，就是通过互联网谈恋爱。
　　翻译：As the term implies, 网恋 means falling in love with someone through the internet.

This pattern is often used to introduce a definition.

① 顾名思义，网络家教就是在网上提供家教服务。
② 雾都，顾名思义，就是经常有很多雾的城市。

✏️ 请用"顾名思义"解释下面的词语：

① 网友：_____

② 网婚：_____

③ 初恋：_____

3. 相 + V.　　each other, mutually

原文：两个人在网上<u>相识</u><u>相知</u>，……
翻译：*Two people meet and get to know each other through the internet, ...*

相 can modify a monosyllabic verb, meaning "each other". Additionally, the subject must in plural form or must be at least two in number. For example, 相识, 相知, 相爱, 相恋, 相守.

4. A 跟 B 是分不开的　　A is inseparable from B

原文：网恋的出现<u>跟</u>互联网的普及<u>是分不开的</u>。
翻译：*The emergence of internet love is inseparable from the popularization of the internet.*

This structure is to stress the importance of B toward A, and it can be interpreted that B is necessary condition for A.

① 他的中文进步很快，这跟他自己的努力是分不开的。
② 我的成绩跟父母的鼓励是分不开的。
③ 中国能有这么大的发展，跟改革开放是分不开的。

✏️ 请用"A 跟 B 是分不开的"改写句子或者完成对话：

① 我对音乐很感兴趣，在这方面，从小父母就对我有很大影响。

改写：_____。

② A：现在在网上买东西的人越来越多了。

B：是啊。这_____。

Understanding China

③ A：您都这么大年纪了，身体还这么好，有什么秘诀吗？

B：哈哈，我告诉你吧，_____。

5. 截至 + a specified time　　by

原文：<u>截至</u>2005年12月31日，中国网民达到1.11亿，……
翻译：<u>By</u> December 31ˢᵗ 2005, the number of Chinese internet surfers had reached 111,000,000, ...

① 截至昨天下午，共有五十个人报名。
② 截至去年年底，全国已有70多万个网站。

✎ 请用"截至"说明下面图表中的数据：

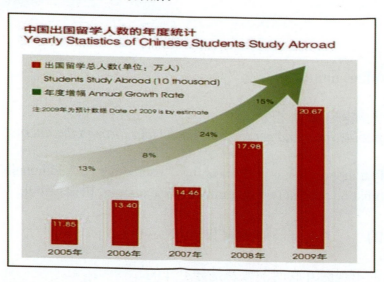

6. 首先……，其次……　　first of all, ..., secondly, ...

原文：<u>首先</u>，目的不同。<u>其次</u>，……
翻译：<u>First of all</u>, they have different goals. <u>Secondly</u>, ...

首先 is often used in the enumeration of examples and is often followed by 其次.

① 电脑给人类带来很大的影响。首先，电脑让我们的生活更方便。其次，电脑缩短了人与人之间的距离。
② 首先我要感谢大家对我的帮助，其次我要宣布一个决定。
③ 之所以污染问题这么严重，首先是因为汽车的数量增长太快，其次是一些汽车质量不合格。

✎ 请用"首先……，其次……"回答问题：

① 你为什么要学习中文？

② 怎么样才能学好中文？

7. 从而   thus, thereby

原文：（网恋的人）找一个倾诉的对象，从而交流感情，释放压力。
翻译：Internet lovers want to find a partner to pour their heart out to.

从而 links two clauses that have the same subject. In the second clause 从而 is either a consequent result or consequent action.

① 北京修建了很多地铁，从而解决了交通拥挤的问题。
② 他们使用了最新的机器设备，从而提高了工作效率。

✎ 请用"从而"完成句子：

① 中国 1978 年开始改革开放，_____，这是一个奇迹。
② 北京这几年私家车的数量增长太快，_____等问题。

8. 同时   at the same time, on the other hand

原文：人们渴望宣泄自己的情感，同时又不想暴露自己的身份，……
翻译：People wish to release their emotions, but at the same time, they don't want to reveal their identity, ...

① 这是一个很好的机会，同时也是一个巨大的挑战。
② 你的话给人很大的希望，同时也给人很大的压力。
③ 他是我们学校的老师，同时又担任电台的主持工作。

9. 把 + Sb./Sth. + Adj./N. + 化

原文：网恋的人们往往只能靠直觉和希望来想象对方，这样的结果就是把对方理想化。
翻译：Internet lovers are prone to only rely on their own intuition and expectation to envision their partner, thus creating an idealized perspective.

When Chinese words signifying "-ize" or "-ify" are used, they tend to emphasize a resultative change. They are often inserted into 把 structure.

① 一旦把伴侣理想化，就容易期望值太高。
② 我们不应该把奥运会政治化，这是不明智的。
③ 如何把电视节目大众化，是每个电视工作者都要考虑的问题。

理解中国 Understanding China

✎ 请完成下面的表格：

N./Adj.	~化	翻译
国际		We are working hard to change this old city into an internationalized city. 中文：
全球		Pollution has become a global issue. 中文：
简单		Don't simplify this serious question. 中文：

10. 是 + A + clause   it is A that ...

　　原文：<u>是</u>网恋的人自己编写了一个美丽的爱情故事。
　　翻译：*It is internet lovers themselves who compose beautiful love stories.*

　　是 can be used at the beginning of a sentence to emphasize the agent of the sentence, the agent after 是 must be stressed.

　　❶ 是他让你来的，不是我让你来的。
　　❷ 你有没有想过？是谁在你困难的时候帮助了你？

✎ 请用"是（for emphasis）"翻译下面的句子：

❶ Who paid for your tuition? It is Me!

　　中文：_____。

❷ Did it ever occur to you that it is this old man who helped you all the time?

　　中文：_____。

11. 当……的时候   when

　　原文：<u>当</u>虚拟变成现实<u>的时候</u>，网恋就不再那么美了。
　　翻译：*When this virtual world becomes reality, online dating will no longer be so beautiful.*

　　❶ 当我一个人的时候，我常常想起过去的事情。
　　❷ 当你不开心的时候，可以给我打电话。
　　❸ 也许有一天，当你不想一个人吃饭的时候，就应该结婚了。

✏️ 请用"当……的时候"说说在下面的情形中你会怎么做：

① 想家的时候

② 想宣泄的时候

12. 所谓的　　so-called

原文：<u>所谓的</u>高大英俊，其实只有一米六，……
翻译：His so-called "tall and handsome" turned out to be a lie because he was only 1.6 meters tall, ...

所谓的 is used when one wants to clarify something that is different from expectation or assumption. It is usually used along with 其实, 实际上 which indicate the truth or reality.

① 你所谓的关心，只不过是每天打一个电话罢了。
② 那个所谓的专家，其实是一个骗子。
③ 他所谓的大房子，就是一个只有一张床的房间。

✏️ 请用"所谓的"完成对话：

① A：你听说了吗？Jack 刚买了一个大房子。

　 B：我才不相信呢。_____。

② A：Amy 终于找到幸福了，真让人高兴。

　 B：有什么可高兴的？_____。

③ A：这个学期我很努力，你应该奖励我。

　 B：算了吧，_____。

13. 没有 QW 比 A 更 + Adj.　　nothing is more ... than A

原文：<u>没有</u>什么比这<u>更</u>让人失望了。
翻译：Nothing is more disappointing than this.

The purpose of the structure is to highlight A's superlative degree in relation to everything else. QW (question word) is used based on the subject that is to be compared. For example, if you compare people, then you should choose 谁 or 什么人.

① 没有谁比我更关心你。
② 没有哪儿比家里更舒服。
③ 没有什么方法比听录音更有效。

理解中国　**Understanding China**

✏️ **请用上面的语法改写句子：**

① 你知道吗？我才是最了解你的人。

　　改写：＿＿＿＿＿＿＿＿＿＿＿＿＿＿＿＿＿＿＿＿＿＿＿＿＿＿＿＿＿＿＿＿＿＿。

② 在我看来，能跟自己爱的人每天一起散步就是最幸福的事情。

　　改写：＿＿＿＿＿＿＿＿＿＿＿＿＿＿＿＿＿＿＿＿＿＿＿＿＿＿＿＿＿＿＿＿＿＿。

14. 不能否认……，但是……　　it is undeniable that ..., but ...

　　原文：<u>不能否认</u>，在网上交友或者恋爱，是一种交流感情、释放压力的方式。<u>但是</u>，……

　　翻译：It is undeniable that with internet dating, one can communicate feelings and release pressure, but ...

Through firstly making concession, this pattern offers a great way to make one's arguments easier to be accepted. 不能否认 introduces a statement that cannot be argued against, but the speaker's main point is in the second clause led by 但是.

① 不能否认，短信给我们的生活带来了很多方便，但是，短信同样也给我们的生活带来了很多麻烦。

② 不能否认，我国的经济发展很快，但是还有很多问题必须解决。

③ 不能否认，纽约人很多，也很拥挤，但是这里的生活确实很方便。

✏️ **请用"不能否认……，但是……"完成对话：**

① A：我听说汉语是世界上最难学的语言之一。我不想学了。

　　B：＿＿＿＿＿＿＿＿＿＿＿＿＿＿＿＿＿＿＿＿＿＿＿＿＿＿＿＿＿＿＿＿＿＿。

② A：现在网上不健康的东西太多了，我打算不让孩子上网了。

　　B：＿＿＿＿＿＿＿＿＿＿＿＿＿＿＿＿＿＿＿＿＿＿＿＿＿＿＿＿＿＿＿＿＿＿。

③ A：我的朋友的孩子都出国留学了，我也想让孩子出国。

　　B：＿＿＿＿＿＿＿＿＿＿＿＿＿＿＿＿＿＿＿＿＿＿＿＿＿＿＿＿＿＿＿＿＿＿。

15. V. + 于　　in, with

　　原文：有的人沉溺<u>于</u>网恋，结果影响了现实中的婚姻生活；有的人痴迷<u>于</u>完美的网络伴侣，结果总觉得生活中的伴侣有太多的缺点。

　　翻译：Indulging in internet love will probably affect real-life marriage; fascination with the perfect internet partners will make your feel that your real-life partner has too many shortcomings.

于 (classical Chinese origin) relates a verb to an action or behavior. Note that only certain verbs can be collocated with 于 in this manner.

① 有些人整天痴迷于电脑，忘记了现实生活。
② 我整天忙于工作，实在没有时间出去喝茶。
③ 不要把希望寄托于明天。

练习与活动 PRACTICE & ACTIVITIES

语音练习

1 下面的词语你能读对吗？

现象	截至	倾诉	相貌	宣泄	相识	虚拟
产生	释放	承诺	责任	直觉	近视	真实
顾虑	日益	恋人	树荫	寡言	幽默	英俊

2 停顿的读法

在第六课的练习中，我们谈到了停顿。你都学会了吗？请你自己想想下面的句子中哪些地方应该停顿。注意，停顿一定不可以破坏句子完整的意思。（Hint: 完成后可以看本课附录部分，看看自己的想法是否正确。）

① 两个原本不认识的人，通过一个小小的电脑屏幕，可以成为恋人。
② 这是近几年出现的一种新的社会现象——网恋。
③ 网恋的出现跟互联网的普及是分不开的。
④ 没有什么比这更让人失望了。
⑤ 这份距离带来的美，是你跟恋人坐在公园的长凳上、走在湖边的树荫下无法体验的。

词语练习

1 选词填空

格外　承诺　释放　宽松　责任　好感　截至　大胆　真实　原本

① 这个部门_____是由他负责的，现在换成别人了。
② _____今年六月底，共有150万游客来京旅游。
③ 运动是一种很好的_____压力的方式。

理解中国 Understanding China

④ 在网上，他变得很_____，什么都敢说。
⑤ 这个星期没有作文，我觉得_____轻松。
⑥ 经过三年的相处，我慢慢对他有了_____。
⑦ 保护环境是每个人的_____。
⑧ 这部电影是根据一个_____的故事改编的。
⑨ 我们公司_____明年向本地农村小学捐款20万元。
⑩ 我不想去军校，想去一个环境_____的学校。

2 填上正确的介词

① 没什么_____网络游戏更让我痴迷的了。
② 他们俩是_____别人的介绍认识的。
③ 他的成功_____他受的教育是分不开的。
④ 虽然当了经理，但他并不满足_____现状。
⑤ _____你觉得压力大的时候，你会怎么宣泄？

语法与结构练习

1 用括号中的词完成句子或者对话

① _____，学习中文的人数达到1000万了。（截至）
② 中国实行改革开放政策，_____。（从而）
③ 跟传统恋爱不同，网恋_____。（不是……，而是……）
④ 随着科技的发展，_____。（日益）
⑤ 你的想法_____。（恰恰）
⑥ 你不能整天_____，这样会影响你的生活。（V.+于……）
⑦ A：你在中国的时候怎么跟父母联系呢？
　B：_____。（通过）
⑧ A："初恋"是什么意思？
　B：_____。（顾名思义）
⑨ A：我终于找到工作了！
　B：_____。（跟……是分不开的）
⑩ A：丽丽说她男朋友很有钱！
　B：_____。（所谓的）
⑪ A：中国经济发展真快。
　B：没错，_____。（不能否认）

⑫ A：你想去哪儿旅游？
　　B：我想去香格里拉（Shangri-la），_____。（没有……比……更……）

2 改正下列句子中的错误

① 他们的结婚不幸福。

② 十年了，他终于结婚了他的对象。

③ 上网是跟人聊天分不开的。

④ 有人把网络看一个真实的世界，结果造成许多问题。

⑤ 他整天玩于电脑，结果耽误了学习。

⑥ 在网上他扮演着完全不同与现实生活中的角色。

综合练习

1 综合填空

差不多　其中　当作　普及　成了

随着大学里电脑和网络的_____，上网已经成了大学生生活的一部分，很多学生甚至把网恋_____上网的目的。

在一所大学的女学生宿舍里，7名学生都在谈恋爱，_____有6人是网恋。很多学生都说"上过网的同学，_____每人都有过网恋的经历"。网络_____学

理解中国 Understanding China

生们找对象的重要途径。

> 面对面　现实　压力　虚拟　痴迷　感情　暴露

网恋的出现跟互联网的普及是分不开的。很多人网恋都是想交流＿＿＿＿＿＿，释放＿＿＿＿＿＿。因为不用＿＿＿＿＿＿地交流，人们不会＿＿＿＿＿＿自己的身份。但是，我们必须清楚地认识到，网络是个＿＿＿＿＿＿世界，过分＿＿＿＿＿＿会影响＿＿＿＿＿＿生活。

2 短文阅读

阅读下面的文章，回答问题。

据8月17日《中国青年报》报道，上海一家公司在网上"建"了一所"爱情公寓"，仅一个月左右就有10万人"住"了进去，并且都是以"夫妻"的名义，其中大部分是20岁—25岁的年轻人。现在，这种在网络上的虚拟婚姻——"网婚"，正成为一种游戏，在年轻人中流行，这引起了家长和专家的担忧。

所谓"网婚"，就是男女双方在网上"结婚""同居"甚至"生孩子"。如果不满意了，还可以"离婚"，当然，还可以"再婚"。

根据《青少年痴迷"网婚"令人忧》改写

① 这所"爱情公寓"在什么地方？
② "爱情公寓"里"住"的大部分是什么人？
③ 什么是"网婚"？
④ 家长和专家对"网婚"的态度是什么？
⑤ "网婚"和现实的婚姻有哪些相同和不同的地方？

3 短文写作

① 有人说:"在网上,没有人知道你是一条狗。"你怎么理解这句话?你觉得这种情况的好处和坏处是什么?

(建议使用:首先……,其次……;不能否认……,但是……;从而;当……的时候)

② 很多人喜欢上网是因为在网上可以扮演跟现实中完全不同的角色。你在上网的时候,有没有想扮演或者扮演过跟现实中不同的角色?

(建议使用:通过;把……化;所谓的;从而)

4 小作文

有人说,网恋根本不算恋爱,只不过是一种网上游戏。也有人说,网恋给住在不同地方的人更多机会,让他们可以相识、相知甚至相恋,可以说是对传统恋爱方式的挑战。你同意哪种看法?请写一篇300字的文章说明你的看法。

理解中国 **Understanding China**

5 交流与讨论

请你跟几个同学一起讨论下面的问题，把你们的主要想法写下来。

① 你能接受"网婚"（短文阅读中提到的事情）吗？为什么？
② 有人说网络拉近了人们的距离，也有人说网络让我们越来越陌生了。你怎么看？
③ 你看过 *You Got Mail* 吗？请你跟同学谈谈这部电影。

停顿练习

① 两个 | 原本 | 不认识的人，通过一个 | 小小的 | 电脑屏幕，可以 | 成为恋人。
② 这是 | 近几年出现的 | 一种 | 新的 | 社会现象——网恋。
③ 网恋的出现 | 跟 | 互联网的普及 | 是分不开的。
④ 没有什么 | 比 | 这 | 更让人失望了。
⑤ 这份 | 距离带来的美，是你 | 跟恋人坐在 | 公园的长凳上、走在 | 湖边的树荫下 | 无法体验的。

速食年代

热身 Warm-up

头脑风暴

现代社会的一个特点就是"快",所以出现了很多跟"快"有关的事物。请你模仿"速食"的定义,给其他几个词语也找到合适的解释。

速食	也叫快餐,是指可以很快做好并食用的饭菜,大部分可以外带或外卖。快餐成本低、速度快,从20世纪初期开始流行,缺点是对人的健康有害。
速食小说	
速食音乐	
速食电视剧	
速食文化	

资料搜索

你听说过"相亲"吗?请你到网上搜索一下,然后跟同学分享你的资料。(例如:相亲的定义、形式、成功率,人们对相亲的态度等。)

课文 TEXT

在传统的中国社会,男女双方从¹相识到相恋,再到结婚,总要经历长期的交往。结婚被中国人看成终身大事,"天长地久"体现了中国人对爱情和婚姻的美好期望。

然而,随着生活节奏的加快,人们似乎不再有那么多时间去谈情说爱了。就如同²喜欢上吃麦当劳之类的³快餐一样,人们在品尝爱情的时候,把恋爱时间不断地缩短。甚至有人给这种短时间的恋爱方式起了一个具有时代特色的名字——速食爱情。

速食爱情到底有多快呢?我们就以⁴"相亲"为例吧。相亲的传统在中国有很长的历史。从最早的"媒妁之言",到后来的婚姻介绍所⁵,再到20世纪80年代出现的电视征婚[1]和电视速配[2],相亲的形式越来越多,而相亲的时间却越来越短。你相信吗?最短的相亲居然只要8分钟!

这绝不是在开玩笑。这是在北京和上海等大城市出现的一种新式的相亲,也叫"8分钟交友"。该⁶活动由8男8女参加,每位参加者⁷单独与一位异性交谈8分钟,然后换另一位异性再交谈8分钟,64分钟以后,参加者把自己中意的异性的名字告诉组织者。如果双方都有好感,组织者会把联系方式告诉他们,让他们继续交往。到目前为止,在北京组织的几次活动都非常成功。参加者绝大多数是具有高学历、高收入,工作稳定的白领。他们共同的目标是:在尽可能短的时间里、从尽可能多的候选人中找到自己的另一半。

读第一、二段课文,回答下面的问题:

1. 找出关键词(Key Words),说明传统的中国人对婚姻的看法。
2. 现代社会给谈情说爱带来了什么影响?
3. 请你用自己的话解释"速食爱情"。

读第三、四段课文,回答下面的问题:

1. "相亲"是做什么?为什么要相亲?
2. 相亲的形式有哪些?你见过这些不同形式的相亲吗?
3. 参加8分钟交友的人有哪些特点?

---

1 电视征婚: As TV became more widespread, some people started putting up personal ads on TV in the hopes of finding a mate. Information like profession, salary and requirements is usually provided.
2 电视速配: This is a type of TV show in which a certain number of unmarried male and female evaluate and look for their prospective life parterner by asking questions and other activities.

理解中国 Understanding China

　　为什么要8分钟呢？8分钟够长吗？据心理学研究显示，人们跟陌生人初次见面时，只需要30秒钟就会对她/他有一个初步的印象。而8分钟是初次交往的最佳时间长度，人们往往会在8分钟里将⁸自己最好的一面表现出来。超过8分钟，这种能力就开始下降，而短于⁹8分钟，双方会感到不能尽兴。

　　对这种"速食相亲"，不同的人有不同的看法。

　　参加过该活动的张小姐认为："无论是通过媒人还是婚姻介绍所，都是一男一女单独见面，没话找话说的时候别提多尴尬了。而8分钟交友既可以在短时间里认识很多异性，又可以避免因为没话说带来的冷场。感觉很棒！这种方式既像约会又像新奇的派对，很符合¹⁰年轻人求快求新的要求。"

　　在外企工作的小林却表示：将一生的幸福寄托在8分钟上很荒唐。凭什么¹¹在短短的8分钟里就能对一个人做出判断？有些人给人的第一印象非常好，但是进一步¹²交往，会发现有很多缺点；而有些人第一眼很难让人心动，可是时间长了，反而¹³感觉越来越好。在一个小时里，跟8个人约会，不会挑花了眼吗？而且，这种约会的目的性¹⁴太强，就好像一个人带着自己的清单，在婚姻市场上挑选满意的"商品"，这种相亲还有真爱吗？当爱情成为一场约会快餐，我们还能对幸福寄托多少希望呢？

　　8分钟交友，或许只是爱情大餐中的一道新菜；速食爱情，或许只是速食文化的一个具体表现。至于¹⁵这道菜的味道如何，恐怕只有吃菜的人自己知道了。

根据《爱情只要8分钟？》、
《单身男女尝试速食爱情 网上征婚代替电视红娘》改写

读第五、六、七段课文，回答下面的问题：

① 8分钟的好处是什么？
② 张小姐喜欢8分钟交友吗？为什么？

读第八、九段课文，回答下面的问题：

① 小林喜欢8分钟交友吗？为什么？
② 找出课文里的几个问句，说说它们的意思。
③ 在最后一段里，作者想说什么？

词语 NEW WORDS

1	速食	速食	sùshí	N.	fast food
2	经历	經歷	jīnglì	V./N.	to experience, to go through; experience
3	长期	長期	chángqī	N.	long-term, long-lasting
4	交往	交往	jiāowǎng	V.	to associate with
5	终身大事	終身大事	zhōngshēndàshì	IE	once in a lifetime event (referring to marriage)
6	天长地久	天長地久	tiāncháng-dìjiǔ	IE	(of love) as enduring as heaven and earth
7	节奏	節奏	jiézòu	N.	(of everyday life) rhythm
8	加快	加快	jiākuài	V.	to accelerate, to speed up
9	谈情说爱	談情說愛	tánqíng-shuō'ài	IE	be connected with love and romance
10	如同	如同	rútóng	V.	like, as
11	快餐	快餐	kuàicān	N.	fast food
12	品尝	品嘗	pǐncháng	V.	to taste
13	不断	不斷	búduàn	Adv.	continuously
14	缩短	縮短	suōduǎn	V.	to curtail, to shorten
15	时代	時代	shídài	N.	times
16	相亲	相親	xiāng qīn		to meet and evaluate a prospective life partner
17	媒妁之言	媒妁之言	méi shuò zhī yán	IE	matchmaker's introduction
18	征婚	徵婚	zhēng hūn		to look for a spouse, to solicit a spouse
19	速配	速配	sùpèi	V.	to match fast
20	形式	形式	xíngshì	N.	form, structure
21	居然	居然	jūrán	Adv.	[F] unexpectedly
22	该	該	gāi	Pron.	[F] this, the above-mentioned
23	参加	參加	cānjiā	V.	to join in, to take part in
24	者	者	zhě	Suf.	(indicate people)
25	单独	單獨	dāndú	Adv.	alone
26	异性	異性	yìxìng	N.	opposite sex
27	交谈	交談	jiāotán	V.	to chat, to converse

理解中国 Understanding China

#					
28	中意	中意	zhòng yì		be to one's liking
29	组织	組織	zǔzhī	V./N.	to organize; orgnization
30	成功	成功	chénggōng	V./Adj.	to succeed; successful
31	稳定	穩定	wěndìng	Adj.	stable, steady
32	白领	白領	báilǐng	N.	white collar
33	目标	目標	mùbiāo	N.	goal, aim (specific)
34	尽可能	儘可能	jǐn kěnéng	IE	as (short/much/far) as possible
35	候选人	候選人	hòuxuǎnrén	N.	candidate
36	另一半	另一半	lìngyíbàn	IE	other half
37	心理学	心理學	xīnlǐxué	N.	psychology (in an academic sense)
38	显示	顯示	xiǎnshì	V.	to show, to demonstrate
39	初次	初次	chūcì		for the first time
40	秒（钟）	秒（鐘）	miǎo(zhōng)	M.W.	second (time measure)
41	初步	初步	chūbù	Adj.	first, initial, preliminary
42	最佳	最佳	zuìjiā	Adj.	best
43	长度	長度	chángdù	N.	length
44	将	將	jiāng	Prep.	(written form of 把)
45	表现	表現	biǎoxiàn	V.	to show, to manifest
46	下降	下降	xiàjiàng	V.	to decline
47	尽兴	盡興	jìnxìng	V.	to enjoy (oneself) to the fullest
48	媒人	媒人	méirén	N.	matchmaker
49	冷场	冷場	lěng chǎng		to be in the middle of awkward silence
50	约会	約會	yuēhuì	N./V.	date; to date
51	新奇	新奇	xīnqí	Adj.	novel
52	派对	派對	pàiduì	N.	party, gathering
53	符合	符合	fúhé	V.	to conform to, to be in line with
54	求	求	qiú	V.	to seek, to pursue
55	外企	外企	wàiqǐ	N.	foreign enterprise
56	幸福	幸福	xìngfú	Adj./N.	happy; happiness
57	寄托	寄託	jìtuō	V.	to entrust to the care of sb.

58	荒唐	荒唐	huāngtáng	Adj.	absurd, ridiculous
59	凭	憑	píng	Prep.	rely on
60	判断	判斷	pànduàn	V.	to judge
61	进一步	進一步	jìnyíbù	Adv.	go a step further, further
62	反而	反而	fǎn'ér	Adv.	on the contrary
63	目的	目的	mùdì	N.	purpose (general)
64	清单	清單	qīngdān	N.	detailed list
65	挑选	挑选	tiāoxuǎn	V.	to pick, to choose
66	或许	或許	huòxǔ	Adv.	[F] perhaps, maybe
67	大餐	大餐	dàcān	N.	feast
68	道	道	dào	M.W.	(measure word for dishes, food)
69	至于	至於	zhìyú	Prep.	as for
70	味道	味道	wèidào	N.	taste
71	恐怕	恐怕	kǒngpà	Adv.	I am afraid (conjecture)

专有名词 Proper Noun

| 麦当劳 | 麥當勞 | Màidāngláo | McDonald's |

语法与结构 GRAMMAR, PATTERN, EXPRESSION

1. 从 A 到 B，再到 C   from A to B then to C

原文：男女双方从相识到相恋，再到结婚，总要经历长期的交往。
翻译：Couples must always go through a long-term courtship in order to go from getting to know each other to falling in love and then on to marriage.

① 他从小学到中学，再到大学，都是老师和同学眼中的好学生。
② 他的成功不是一天实现的，从学生到助教，再到教授，花了十年的时间。
③ 为了全面地了解中国，从经济到政治，再到历史，他全都研究了一遍。

理解中国 Understanding China

2.（就）如同……（一样）　　(just) like ...

原文：<u>就如同</u>喜欢上吃麦当劳之类的快餐<u>一样</u>，人们在品尝爱情的时候，把恋爱时间不断地缩短。

翻译：*Just like embracing fast food such as MacDonald's, when people get into a relationship, they date for shorter and shorter periods of time.*

There are two major forms to this comparison structure.
(1) 就如同 A（一样），B……

This pattern is used when one wants to introduce an unfamiliar topic B. Through firstly bring up a well-known topic A, the speaker can easily demonstrate the desired feature of B through the analogy between them, like example 3.

(2) A 就如同 B 一样，……

In this structure, A and B should belong to different categories, while they share similarity. B is usually more familiar to the listener, so it adds some explanations to A. The key component is the descriptive clause immediately following the structure because it must elaborate what is the similarity between A and B. Example 1 and 2 are used in such way.

① 对我来说，上网就如同吃饭一样，是每天必须做的事情。
② 有人说，买房子就如同找对象一样，要看缘分。
③ 就如同美国人感恩节要吃火鸡，中国人过年的时候一定要吃饺子。

✎ 请用"（就）如同……（一样）"改写或者完成句子：

① 研究发现，吃垃圾食品也会上瘾（addicted），跟吸毒差不多。

　　改写：_____。

② 欢迎来到中华宾馆，到了这里，您就到家了。

　　改写：_____。

③ 我特别喜欢上这位老师的课，上他的课_____。

④ 生活中如果没有爱，_____。

3. A（B）之类的 N.　　N. such as A (B)

原文：就如同喜欢上吃麦当劳<u>之类的</u>快餐一样，人们在品尝爱情的时候，把恋爱时间不断地缩短。

翻译：*Just like embracing fast food such as MacDonald's, when people get into a relationship, they date for shorter and shorter periods of time.*

之类的 should go before a category noun, which is exemplified by A (B).

① 妈妈每天都要做收拾房间、洗衣服之类的家务活。

158

② 我最喜欢看《超人》、《蜘蛛侠》之类的电影。
③ 他的家里摆着古画、瓷器之类的艺术品。

✎ 请用"之类的"完成句子或者对话：

① A：你喜欢什么样的运动？
   B：我呀，喜欢_____。

② A：下个月我要回国了，你说我买点儿什么带回去呢？
   B：要我说啊，_____。

③ 生病的时候，_____。

4. 以……为例   [F] take ... for example

   原文：速食爱情到底有多快呢？我们就以"相亲"为例吧。相亲的传统在中国有很长的历史。
   翻译：How fast is the fast love? Take "meeting a prospective life partner" for example. This tradition has a long history in China.

   After giving an example, some descriptions or explanations should be presented.

   ① 中国的传统建筑有很长的历史，以四合院为例，已经有八百多年的历史了。
   ② 这几年学习中文的人越来越多，以我们学校为例，去年人数超过了四百，比前年多一倍。

✎ 请用"以……为例"完成句子：

① 学中文三年了，我的水平有了很大的提高，_____。
② 我发现中国的经济确实发展了，_____。

5. ~所   所 used as a suffix

   原文：从最早的"媒妁之言"，到后来的婚姻介绍所，……
   翻译：From the earliest matchmakers' introductions to the dating service (that followed), ...

   When 所 is added as a suffix to certain verbs or nouns, it indicates a place. For example, 语言所 (language institute), 股票交易所 (stock exchange center), 研究所 (research institute), 派出所 (police station).

✎ 你还知道哪些名称中有"~所"的机构？请告诉大家。

理解中国 Understanding China

6. 该 + N.   the above mentioned

原文：该活动由 8 男 8 女参加，……
翻译：The above mentioned activity consists of eight male and eight female participants, …

该 [written] refers to what has been mentioned above. This usage of 该 is mostly found in official documents for the purpose of being succinct.

① 哥伦比亚大学是美国著名大学，该校位于纽约市曼哈顿地区。
② 信达公司已宣布破产，有关部门正在对该公司进行调查。
③ 《学汉语》是一本不错的教材，该书最大的特点是实用、好学。

7. ~ 者   者 used as a suffix

原文：每位参加者单独与一位异性交谈 8 分钟，……
翻译：Every participant individually chats with a member of the opposite sex for eight minutes, …

When 者 is added as a suffix to certain verbs, nouns, or adjectives, the resulting term refers to a person or a group of people. For example, 作者 (writer), 记者 (journalist), 申请者 (applicant), etc.

✎ 你还知道哪些带"~ 者"的词语？请告诉大家。

8. 将（1）   the preposition 将

原文：人们往往会在 8 分钟里将自己最好的一面表现出来。
翻译：During those eight minutes people will always put their best face forward.

将 has the same function with 把 within the 把 structure.

① 她打算将寻人启事贴在电线杆子上。
② 竟然有人将学校的东西拿回自己家。
③ 这本书将孩子们带进了一个童话的世界。

9. Adj. + 于   more/less + Adj. + than

原文：而短于 8 分钟，双方会感到不能尽兴。
翻译：Whereas if it is shorter than eight minutes, neither party could enjoy themselves to the fullest.

This structure, derived from classical Chinese, is one type of comparison. It has the same word order as English comparative sentences that use "than". It is most commonly used with monosyllabic adjectives.

① 律师的收入远远高于老师。
② 中国经济的发展速度高于其他发展中国家。
③ 每个人必须交50块钱，如果少于50块，就取消资格。

✏️ 请用"Adj.+ 于"改写句子或者完成对话：

① 希望今天参加活动的人不要超过20个。

改写：_____。

② A：你对工资和假期有什么要求？

B：我希望_____。

③ A：老师，什么样的学生可以申请这个奖学金？

B：只有那些GAP_____，实习时间_____的同学才可以申请。

10. 符合 sb./ sth. 的要求　　caters to sb's/ sth's requirements

原文：这种方式既像约会又像新奇的派对，很符合年轻人求快求新的要求。
翻译：This sort of feeling is both like that of a date and that of a new gathering, it caters very well to young people's need to "seek the fastest and the latest".

① 这些产品的质量很好，完全符合消费者的要求。
② 你的作文只写了一百字，不符合题目的要求。
③ 要想效益好，就得生产符合消费者要求的产品。

11. 凭什么　　how can you...

原文：凭什么在短短的8分钟里就能对一个人做出判断？
翻译：How can you possibly make a judgment about someone in just eight minutes?

凭 by itself means "rely on". For example, 凭能力，凭经验. The phrase 凭什么 is often used in arguments claiming that the opposite statements have no basis. It is strong and emotional.

① 你凭什么说我是小偷？
② 你凭什么说我不努力？我每天晚上学到12点，你知道吗？
③ 你才来了一个星期，凭什么说我们以前的做法都不对？

12. 进一步 + V.　　further

原文：有些人给人的第一印象非常好，但是进一步交往，会发现有很多缺点；……
翻译：Some people give an extremely good first impression, but upon further interaction, other people will discover that they have many faults, ...

理解中国 Understanding China

① 你们才刚刚认识，还需要进一步了解。
② 虽然人们的生活比以前好了，但是还得进一步提高生活质量。
③ 为了进一步改善教学条件，政府花了很多钱。

13. 反而　　on the contrary, instead

原文：有些人第一眼很难让人心动，可是时间长了，反而感觉越来越好。
翻译：Some people are not very attractive at first sight, but after some time, your feelings (toward them) become stronger and stronger.

反而 is used before the predicate of a sentence to indicate that the result or conclusion is contrary to the expectation. Mostly 反而 is preceded by 不仅不 , 不但没 .

① 秋天已经到了，天气不但不冷，反而更热了。
② 他听了别人的批评，不但不生气，反而很高兴。
③ 你的意见不仅不能解决问题，反而会让问题更复杂。

✎ 请用"反而"完成句子：

① 真奇怪，我一个学期没有上中文课，口语不但没有＿＿＿＿，反而＿＿＿＿。
② 我发现一件有意思的事情，便宜的东西没人买，贵的东西＿＿＿＿＿＿＿＿。
③ 研究发现，小孩冬天穿得太多＿＿＿＿＿＿＿＿＿＿＿＿＿＿＿＿。

14. ~性　　性 used as suffix

原文：这种约会的目的性太强，……
翻译：The goal-oriented nature of this kind of date is too strong, ...

When 性 is added as a suffix to certain nouns, adjectives and verbs, it indicates the nature or characteristic of sth. For example, 可能性 , 复杂性 , 危险性 , 国际性 , etc.

15. ……（A），至于……（B）　　as to, as for

原文：速食爱情，或许只是速食文化的一个具体表现。至于这道菜的味道如何，恐怕只有吃菜的人自己知道了。
翻译：Perhaps fast food love is only a concrete manifestation of fast food culture. As to how this dishes tastes, I am afraid only those who eat it (can possibly) know.

至于 brings up a previously introduced topic for discussion after topic A. Know that B should be in some way related to A.

① 他昨天晚上就走了，至于去哪儿了，我也不太清楚。
② 你尽管来纽约玩儿，至于住的问题，不用担心。

9　速食年代

✎ 请用"至于"完成句子：

① 我已经想好了，明年去中国留学，_____。
② 今天我们主要讨论环境的问题，_____，下次再讨论吧。

练习与活动 PRACTICE & ACTIVITIES

语音练习

1 下面的词语你能读对吗？

长期	终身	缩短	速食	形式	组织	初次
节奏	加快	相亲	尽可能	心理学	最佳	下降
如同	居然	异性	中意	约会	反而	至于

2 问句的读法

　　汉语中问句的读法比较复杂，要多听、多模仿才能读好。在下面的句子中，句子1是一个带有疑问词"为什么"的问题，这个时候，疑问词应该重读；句子2、3、4、5都是反问句，这些句子带有强烈的感情，朗读时除了要读出"？"的感觉，还要有"！"的感觉。请先听老师读句子，然后跟读。

① 为什么要8分钟呢？8分钟够长吗？
② 凭什么在短短的8分钟里就能对一个人做出判断？
③ 在一个小时里，跟8个人约会，不会挑花了眼吗？
④ 这种相亲还有真爱吗？
⑤ 我们还能对幸福寄托多少希望呢？

词语练习

1 选词填空

　　寄托　反而　中意　判断　新奇　符合　稳定　进一步　或许　显示

① 这几年，教师的工作变得越来越受欢迎，原因就是该工作非常_____。
② 你的背景很_____他们的要求，这次面试一定没有问题。

163

理解中国 Understanding China

③ 我们是好朋友，你不但不支持我，_____反对我，这到底是为什么？

④ 听说你要在附近买房子，找到_____的了吗？

⑤ 跟老年人相比，年轻人更喜欢_____的东西。

⑥ 调查结果_____，速食恋爱很受年轻人欢迎。

⑦ 生活应该掌握在自己手中，不能把幸福_____在别人身上。

⑧ 现在的结果还不够，我希望对这个问题做_____的调查。

⑨ _____这一次我真的错了，我得好好儿考虑一下。

⑩ 怎么能在8分钟里_____一个人是好是坏？这简直太荒唐了。

语法与结构练习

1 用括号中的词完成句子或者对话

① _____，至少需要三五年时间。（从……到……，再到……）

② A：大夫，生病的时候不应该吃什么？
   B：_____。（……之类的……）

③ 我真没想到，_____。（居然）

④ A：听说现代人的观念都在改变。
   B：没错，_____。（以……为例）

⑤ A：找对象的时候你有什么特殊要求吗？
   B：_____。（Adj. + 于）

⑥ 如果你想毕业前找到工作，_____。（尽可能）

⑦ 分居两地这么多年，我们的感情不但没有变淡，_____。（反而）

⑧ 对于王厂长贪污（corruption）的事情，我们只有初步的了解，至于他究竟贪污了多少钱，_____。（进一步）

⑨ A：我觉得你今天一定考不好。
   B：_____。（凭什么）

⑩ 我决定下星期去旅游，_____。（至于）

⑪ 都已经这么晚了，_____。（恐怕）

2 用所给的词语改写句子

① 小王总是把别人的事情放在第一位，所以大家都很尊敬他。（将）

❷ 这是一种新式的活动，这种活动主要是面对年轻人的。（该）

❸ 他特别喜欢看奇幻类的书，比如 Harry Potter and the Sorcerer's Stone 这样的书。（之类）

❹ 每个人的文章一定不能比200字少。（Adj. + 于）

3 改正下列句子中的错误

❶ 我喜欢好笑之类的电影。

❷ 少于8岁的孩子不适合这个游戏。

❸ 现代人没有那么多时间谈恋爱，反而喜欢速食爱情。

❹ 他不在宿舍，关于去哪儿了，我不知道。

综合练习

1 综合填空

以……为例　如同　该　至于　符合　者

现在的年轻人不再愿意花很多时间谈情说爱，他们喜欢_____快餐一样的爱情。这样的爱情到底有多快？_____"相亲"_____，目前最短的一种只要8分钟！最近，在北京、上海这样的大都市出现了一种新式的相亲，_____活动由8对男女参加，每位参加_____跟不同的异性交谈，然后选择自己中意的人。

理解中国　Understanding China

对这种速食爱情，有人认为很_____年轻人求新求快的要求，有的人却表示担心。不过，速食爱情只是速食文化的一个具体表现。_____这种爱情到底结果如何，只有试过的人才知道。

> 心动　上班族　方式　速配　合适

北京的孟小姐是一名白领，虽然已经到了结婚的年龄，但由于工作忙，一直没有交到_____的男朋友。不过她参加了一个_____活动，在两个小时内认识了8位优秀男士。孟小姐说，这种相亲_____还是挺好玩儿的，其中有几位确实令她_____。8分钟约会很有意思，对于工作紧张、朋友圈子固定的_____来说是一个广交朋友的好方式。

2 短文阅读

阅读下面的文章，回答问题。

北京姑娘郑小姐通过上网聊天认识了在美留学的陈先生。在见面后的第三天，陈先生娶了郑小姐。很快，郑小姐也去了美国。但与陈先生共同生活了一段时间后，他们结婚前"缺乏必要的了解和感情基础"的问题逐渐出现，很快他们就分居了。如同当年的网恋一样，他们的离婚也很迅速。郑小姐离婚时表示愿意赔偿陈先生两万美元，但陈先生则表示不要郑小姐的任何赔偿。

根据《"国际网恋"见面3天便结婚 结婚4年后就分手》改写

❶ 郑小姐和陈先生是怎么认识的？
❷ 他们是什么时候结婚的？
❸ 婚后，他们出现了什么问题？为什么会出现这样的问题？
❹ 最后他们怎么解决双方的问题？

3 短文写作

① 你能不能接受"8分钟交友"这样的相亲方式?为什么?
（建议使用：如同；至于；尽可能；反而）

② 科技的发展让生活节奏越来越快,你觉得我们的生活应该"慢一点儿"吗?为什么?
（建议使用：以……为例；Adj. + 于；符合；进一步）

理解中国 Understanding China

4 小作文

我们了解了速食文化,知道了8分钟交友,在这个追求速度的年代,"快"就等于机会,等于比别人好。你觉得爱情能不能"速食""速成"?写一篇300字的文章说明你的看法。

爱情能不能"速食"?

5 交流与讨论

请你跟几个同学一起讨论下面的问题，把你们的主要想法写下来。

① 你会参加电视速配活动吗？为什么？
② 你最喜欢哪种交友方式？说说你的理由。
③ 中国有个词叫"一见钟情"（fall in love at the first sight），你觉得"一见钟情"和"速食爱情"一样吗？为什么？

第四单元　家庭面面观

家，是一个永恒的话题。爱华对中国人的家庭生活也有浓厚的兴趣。他知道中国人重视家、重视家人的关系、重视家族的传统，同时，他也发现随着经济的发展，中国人对家的理解也在变化。这个单元的文章介绍了最近十几年出现的家庭新情况。

常回家看看

热身 Warm-up

问问自己

我们都有父母，我们都爱自己的父母。你了解你的父母吗？请你填写下面的表格。

	爸爸/父亲	妈妈/母亲
生日		
结婚纪念日		
出生地		
最喜欢吃的饭菜		
最喜欢看的电影		
最喜欢做的事情		
最想去的地方		

资料搜索

"孝"是中国传统文化中的核心观念之一。请你跟中国朋友谈谈，或者到网上找一找关于"孝"的解释和故事。然后跟全班一起分享。

理解中国 Understanding China

课文 TEXT

找点儿空闲，找点儿时间
领着孩子，常回家看看
带上笑容，带上祝愿
陪同爱人，常回家看看

妈妈准备了一些唠叨
爸爸张罗了一桌好饭
生活的烦恼，跟妈妈说说
工作的事情，向爸爸谈谈

常回家看看，回家看看
哪怕给妈妈刷刷筷子洗洗碗
老人不图儿女为家做多大贡献
一辈子不容易，就图个团团圆圆

常回家看看，回家看看
哪怕给爸爸捶捶后背揉揉肩
老人不图儿女为家做多大贡献
一辈子总操心，只图个平平安安

读这首歌词，回答下面的问题：

❶ 这首歌是唱给哪些人听的？
❷ 这首歌的主要意思是什么？

　　几年前，一首名叫《常回家看看》的歌红遍¹中国大江南北。这首歌，歌词简单，却让无数人潸然泪下，特别是那些出门在外的孩子和他们家中的父母。因为这首歌唱出了世间最²伟大、最纯粹、最无私的爱——父母之爱。

　　在中国，那些年迈体弱，身边没有子女照顾的老人还有另外一个名字——"空巢老人"。就如同长大的鸟儿要离开父母的巢一样，越来越多的年轻人在长大以后纷纷离开父母，只留给父母一个空空的巢。据统计，中国目前至少有两千万老人独守空巢。其中，在城市里，空巢老人的比例超过30%。可见³，

读第一、二段课文，回答下面的问题：

❶ "空巢老人"是一些什么样的老人？为什么叫他们"空巢老人"？
❷ 为什么说空巢现象已经是不可回避的现象？

空巢现象已经成为一个不可回避、必须解决的社会问题。

空巢家庭大量出现，原因是多种多样的：在城市里，独生子女政策使得⁴一个家庭只能有一个孩子，一旦⁵孩子到外地上学或者工作，父母只能独守空巢。在农村，虽然某些符合条件的家庭可以不止⁶有一个孩子，但是子女们普遍外出打工经商，也只能在逢年过节时回家探亲，以致⁷父母多数时候无人陪伴。除此之外，越来越多的子女追求独立的生活，选择"自立门户"，还有，上一代人的生活方式不为⁸下一代所接受，双方要求有独立的空间，这些都是造成空巢家庭日益增多的原因。

空巢老人的生活现状让人担忧：很多人体弱多病，有的甚至无法自理，许多人在经济、医疗、生活上没有保障。虽然国家已经通过各种方式为空巢老人提供帮助，但是由于社会保障体系的建立需要时间，所以很多问题仍然得不到解决。其实，空巢老人面临的最大问题是精神和情感上⁹的，特别是在退休以后，很多老人感到失落、孤独、心情郁闷，这时候最需要的是亲人的陪伴，但是孩子却不在身边，享受"天伦之乐"几乎是遥不可及的事情。

进入20世纪90年代以后，空巢已经不再只是老年人的问题了，50岁左右的中年人也成了空巢一族。据调查，有相当¹⁰一部分大学生毕业以后在外租房，不愿跟父母合住。他们的理由是，这样可以"摆脱父母，寻找自由"。据预测，在未来十年中，中年空巢家庭将¹¹达到城市人口的80%。

离开父母，独立生活，是每个人成长的必经阶段，它标志着一个人独立意识开始增强，是一件好事。做¹²父母的应该清楚：这是迟早的事情，也是对孩子有好处的事情。所以，父母们要注意调整心态，提高心理承受能力。另一方面，做子女的要多体谅父母，常回

读第三、四段课文，回答下面的问题：

1. 哪些原因造成了空巢家庭越来越多？
2. 空巢老人的难处有哪些？他们需要什么？
3. "天伦之乐"是什么样的快乐？

读第五、六段课文，回答下面的问题：

1. 20世纪90年代以后，空巢问题有了什么变化？
2. 父母和孩子应该怎么做，才能让空巢问题不会变得更严重？
3. "百善孝为先"是什么意思？你同意吗？

理解中国 Understanding China

家看看，多跟父母谈心沟通，这样双方才会有更多的共同话题，家庭才会更加和谐美满。

"百善孝为先"。出门在外的游子们，<u>无论如何</u>[13]，不要忘记常回家看看。

根据《"空巢老人"渴望精神慰藉 期盼子女常回家看看》、《经济困难无人照顾 三大问题困扰"空巢老人"》改写

词语 NEW WORDS

1	空闲	空閒	kòngxián	N.	free time, leisure
2	领	領	lǐng	V.	to take, to lead
3	笑容	笑容	xiàoróng	N.	smile, smiling expression
4	祝愿	祝願	zhùyuàn	N.	wish
5	贡献	貢獻	gòngxiàn	N.	contribution
6	一辈子	一輩子	yíbèizi	N.	all one's life
7	团圆	團圓	tuányuán	V.	to reunite
8	红	紅	hóng	V.	to become popular
9	遍	遍	biàn	Adv.	all over (a place)
10	大江南北	大江南北	dàjiāng-nánběi	IE	North and South of Yangtze river
11	潸然泪下	潸然淚下	shānrán-lèixià	IE	to break into tears, to shed silent tears
12	出门在外	出門在外	chūmén-zàiwài	IE	away from home
13	伟大	偉大	wěidà	Adj.	great, mighty
14	纯粹	純粹	chúncuì	Adj.	pure, sheer
15	无私	無私	wúsī	Adj.	selfless, unselfish
16	年迈体弱	年邁體弱	niánmài-tǐruò	IE	[F] old and infirm
17	空巢	空巢	kōngcháo	N.	empty nest
18	纷纷	紛紛	fēnfēn	Adv.	one after another, in succession
19	守	守	shǒu	V.	[F] to keep watch, to protect
20	比例	比例	bǐlì	N.	ratio, proportion, percentage
21	回避	迴避	huíbì	V.	to avoid, to dodge

	简体	繁體	Pinyin	词性	English
22	大量	大量	dàliàng	Adj.	by large number, in great quantity
23	独生子女	獨生子女	dúshēng-zǐnǚ	N.	only child
24	使得	使得	shǐdé	V.	to make, to enable
25	一旦	一旦	yídàn	Conj.	in a single day, once
26	外地	外地	wàidì	N.	place other than where one resides
27	不止	不止	bùzhǐ	Adv.	not limited to, not merely
28	普遍	普遍	pǔbiàn	Adj.	common
29	外出	外出	wàichū	V.	to go on business (especially out of town), to go out
30	经商	經商	jīng shāng		to engage in trade, to be in business
31	探亲	探親	tàn qīn		to go home to visit family members
32	逢年过节	逢年過節	féngnián-guòjié	IE	on festival days
33	以致	以致	yǐzhì	Conj.	so that, as a result that
34	无	無	wú	V.	[F] without
35	陪伴	陪伴	péibàn	V.	[F] to accompany (sb), to keep (sb) company
36	追求	追求	zhuīqiú	V.	to pursue
37	独立	獨立	dúlì	Adj.	independent
38	自立门户	自立門戶	zìlì ménhù	IE	establish one's own independence
39	为	爲	wéi	Prep.	by
40	现状	現狀	xiànzhuàng	N.	current situation
41	担忧	擔憂	dānyōu	V.	to worry (at high level)
42	自理	自理	zìlǐ	V.	to provide for oneself, to take care of oneself
43	医疗	醫療	yīliáo	N.	medical treatment
44	体系	體系	tǐxì	N.	system
45	退休	退休	tuì xiū		to retire
46	失落	失落	shīluò	Adj.	feeling of being alone or abandoned
47	孤独	孤獨	gūdú	Adj.	lonely, solitary, lonesome
48	郁闷	鬱悶	yùmèn	Adj.	gloomy, depressed
49	天伦之乐	天倫之樂	tiānlúnzhīlè	IE	family happiness
50	遥不可及	遙不可及	yáobùkějí	IE	unreachable
51	相当	相當	xiāngdāng	Adv.	quite, fairly, considerably

理解中国 Understanding China

52	合住	合住	hézhù	V.	to live together (not romantic in nature)
53	摆脱	擺脫	bǎituō	V.	to cast off
54	寻找	尋找	xúnzhǎo	V.	[F] to seek, to look for
55	预测	預測	yùcè	V.	to predict, to forecast
56	未来	未來	wèilái	N.	future
57	将	將	jiāng	Adv.	[F] be about to, be going to
58	必经	必經	bìjīng	Adj.	must go through
59	阶段	階段	jiēduàn	N.	stage, phase
60	增强	增強	zēngqiáng	V.	to strengthen, to heighten
61	迟早	遲早	chízǎo	Adv.	sooner or later
62	心态	心態	xīntài	N.	mindset
63	承受	承受	chéngshòu	V.	to bear, to endure
64	体谅	體諒	tǐliàng	V.	to show understanding and sympathy by putting oneself in sb else's position
65	谈心	談心	tán xīn		to have a heart-to-heart talk
66	和谐	和諧	héxié	Adj.	harmonious
67	美满	美滿	měimǎn	Adj.	perfectly satisfactory
68	善	善	shàn	N.	good, virtue

语法与结构 GRAMMAR, PATTERN, EXPRESSION

1. V. + 遍   all over, across (a region)

原文：一首名叫《常回家看看》的歌红遍中国大江南北，……
翻译：A song named 常回家看看 is popular all over China, ...

V. + 遍 is a classical Chinese usage. The verbs that can be used are mostly monosyllabic like 吃，喝，玩，走，打，游 etc.

① 今年夏天，我打算吃遍北京。
② 我有一个梦想，就是要走遍全世界。

请用"V. + 遍"改写或者完成句子：

① 在中国生活了三年，几乎每个城市她都去过了。

改写：_____。

② 我有一个梦想，就是要_____。

2. 最……，最……，最……　　trilogy (rhetoric expression)

原文：这首歌唱出了世间最伟大、最纯粹、最无私的爱——父母之爱。
翻译：This song sang the world's greatest, purest, most selfless love: parental love.

Trilogy is a very powerful rhetoric expression. In the example sentence, three adjectives follow the same adverb 最, making them parallel.

① 小王是我们办公室来得最早、走得最晚、干得最多的好员工，我们要向他学习。
② 这是至今我看到过的表演最精彩、情节最紧张、制作最精美的电影。

✏️ 请用"最……，最……，最……"完成任务：

① 介绍你最喜欢看的一本书

② 介绍你最崇拜的一个人

3. ……，可见……　　it is clear that ..., you can see that ...

原文：在城市里，空巢老人的比例超过30%。可见，空巢现象已经成为一个不可回避、必须解决的社会问题。
翻译：Among the city-dwelling elderly, empty nesters exceed 30%. It is clear that the empty nest phenomenon has already become a unavoidable social problem.

可见 is used to signal that a conclusion is to be made based on previous evidence.

① 他每天给你送花写信，可见他很喜欢你。
② 越来越多的外国公司在中国建厂，可见中国的经济地位越来越重要。
③ 现在连老人也开始上网，可见网络已经非常普及。

✏️ 请用"可见"完成句子：

① 据统计，现在美国48个州都已经有了孔子学院，_____。

② _____，可见学好汉语不容易。

③ 上个月我们调查了1000个中国家庭，上到90岁的老人，下到5岁的小孩，都听说过我们的产品，_____。

理解中国　Understanding China

4. 使得　to make, to cause

原文：独生子女政策使得一个家庭只能有一个孩子，……
翻译：The "one child" policy made it such that a family can only have one child, ...

使得 introduces a result which stems from the previous condition, situation, etc.

① 近几年本科生大量增加，这使得就业形势越来越严峻。
② 电脑和网络的普及使得整个世界都变小了。

✏️ 请用"使得"完成句子：

① 一些人沉溺于网络世界，＿＿＿＿＿＿＿＿＿＿＿＿＿＿＿＿＿＿＿＿＿＿＿。
② 现代社会生活节奏太快，＿＿＿＿＿＿＿＿＿＿＿＿＿＿＿＿＿＿＿＿＿＿＿。
③ 科技的迅速发展＿＿＿＿＿＿＿＿＿＿＿＿＿＿＿＿＿＿＿＿＿＿＿＿＿＿＿。

5. 一旦　once, if one day

原文：一旦孩子到外地上学或者工作，父母只能独守空巢。
翻译：Once children leave home for study or work, their parents are left to home alone.

① 我已经习惯了发短信，一旦哪天不发，总感觉少了点儿什么。
② 孩子一旦离开父母，就必须学会自己飞翔。
③ 你还是把钱都带上吧，一旦有个什么事情，也好应付。

✏️ 请用"一旦"改写或者完成句子：

① 每天上课听写已经成了习惯，＿＿＿＿＿＿＿＿＿＿＿＿＿＿＿＿＿＿＿。
② 别担心，如果真的有一天他离开你了，他的钱都是你的。

　　改写：＿＿＿＿＿＿＿＿＿＿＿＿＿＿＿＿＿＿＿＿＿＿＿＿＿＿＿＿＿。
③ 如果房价大跌，很多人一夜之间就会变成穷光蛋。

　　改写：＿＿＿＿＿＿＿＿＿＿＿＿＿＿＿＿＿＿＿＿＿＿＿＿＿＿＿＿＿。

6. 不止　not limited to, more than

原文：在农村，虽然某些符合条件的家庭可以不止有一个孩子，……
翻译：In the countryside, although a family is not limited to one child, ...

① 这个学期你已经迟到了不止一次了。
② 他不止一次跟我说过想找个女朋友。

③ 能用中文演讲的学生不止他一个。

7. 以致　　as a result, consequently

原文：也只能在逢年过节时回家探亲，<u>以致</u>父母多数时候无人陪伴。
翻译：By and large, (they) only return home to visit parents and relatives on holidays. As a result, most of the time, their parents lack company.

以致 can be used when a undesirable result is introduced based on previous statements. It can be followed by a verb phrase or a complete sentence.

① 他东挑西挑，以致挑花了眼。
② 这个孩子缺少父母和老师的指导，以致走上了弯路。
③ 他没有及时回复公司的邀请，以致失去了一个黄金机会。

✎ 请用"以致"完成句子：

① 他常年在外工作，_____。
② 这次失恋让她对爱情失去了信心，_____。
③ 在这个学校学习的压力太大，_____。

8. A 为 B 所 + V.　　(passive voice)

原文：上一代人的生活方式不<u>为</u>下一代<u>所</u>接受，……
翻译：The older generation's life style is not accepted by the younger generation, ...

Active voice: B + V + A (大家接受你的看法。)
Passive voice: A 为 B 所 + V (你的看法为大家所接受。)

This pattern comes from classical Chinese, and verbs that can be used tend to be formal and two-syllable. In less formal contexts, 为 can be substituted with 被. The negative form is: A 不为 B 所 + V.

① 这部电影为大家所熟知。
② 这个经验已经为事实所证明。
③ 我的很多想法不为父母所接受。

理解中国 Understanding China

✏️ 请用"A 为 B 所 + V."改写句子：

① 中国人喜欢喝茶，但是现在年轻人已经可以接受星巴克咖啡了。

改写：_____。

② 西式快餐在中国很受欢迎，特别是小孩子。

改写：_____。

9. N. + 上   上 indicate a certain aspect

原文：空巢老人面临的最大问题是精神和情感<u>上</u>的，……
翻译：The biggest problem faced with empty nesters is mental and emotional, ...

上 can be used after a noun to indicate a certain aspect.

① 我们两个人的差异主要是生活习惯上的，很快就能互相适应。
② 你必须从思想上重视这个问题。

10. 相当   quite, considerably, rather

原文：有<u>相当</u>一部分大学生毕业以后在外租房，……
翻译：Quite a few college students rent places to live outside of their home as soon as they graduate, ...

相当 indicates the "degree" of something. It is a weaker indication than terms 很 and 非常. It modifies adjectives, as well as certain verbs and phrases.

① 他们家相当有钱。
② 他相当喜欢学中文，所以经常去中国旅行。
③ 美国的大学生有相当一部分是靠贷款上学的。

11. 将（2）   be going to, be about to

原文：在未来十年中，中年空巢家庭<u>将</u>达到城市人口的80%。
翻译：Over the next ten years, the percentage of middle-aged empty nest families within the urban population will reach 80%.

① 明年的世界汉语大会将在北京召开。
② 照这样下去，你的中文将越来越好。
③ 如果环境问题不解决，来这里旅游的人将越来越少。

✎ 请用"将"改写、完成句子或者对话：

① 我们打算明年五月在纽约开设新的公司。

　　改写：_____。

② A：王经理，请问您的公司在未来十年有什么计划？

　　B：_____。

③ 据报道，政府从明年开始_____。

12. 做……的　　being ..., as ..., holding the position of ...

原文：做父母的应该清楚：这是迟早的事情，……
翻译：As parents, they should be clear that this is going to happen sooner or later, ...

做……的 indicates one's position or identity. For example, 做孩子的, 做老师的, 做领导的, 做长辈的, etc.

13. 无论如何　　in any event, in any case

原文：出门在外的游子们，无论如何，不要忘记常回家看看。
翻译：Those who work or study away from home, in any case, should not forget to go home often.

① A：张老板，明天我家里有事，请假一天。
　　B：不行，明天有非常重要的客人，你无论如何都要来。
② 环境问题关系到我们的下一代，我们无论如何都要解决好。

✎ 请用"无论如何"改写、完成句子或者对话：

① 不管明天你多忙，有多么重要的事情，都要来我家吃饭。

　　改写：_____。

② A：老板，这个报告我下个星期给你可以吗？最近实在太忙了。

　　B：不行，_____。

③ 星期四就要考试了，_____。

理解中国　Understanding China

练习与活动 PRACTICE & ACTIVITIES

语音练习

1 下面的词语你能读对吗？

笑容	经商	追求	现状	体系	相当	寻找
祝愿	纯粹	无私	使得	外出	合住	迟早
团圆	以致	担忧	忧郁	预测	和谐	承受

2 重读与停顿的读法

重读和停顿都是非常重要的朗读技巧。重读，目的是突出你想要强调的部分；停顿，可以让你的话更容易被理解。下面的句子特别需要适当的重读和停顿，前三个句子标出了需要重读和停顿的地方，后面三个句子请你自己判断。

① 几年前，一首名叫 P 《▼常回家看看》的歌 P ▼红遍 P 中国▼大江南北。
② 就如同 P 长大的鸟儿 P 要离开父母的▼巢一样，▼越来越多的年轻人 P 在长大以后 P 纷纷离开父母。
③ ▼上一代人的生活方式 P ▼不为 P ▼下一代所接受。
④ 这首歌唱出了世间最伟大、最纯粹、最无私的爱——父母之爱。
⑤ 那些年迈体弱、身边没有子女照顾的老人还有另外一个名字——"空巢老人"。
⑥ 子女们普遍外出打工经商，也只能在逢年过节时回家探亲，以致父母多数时候无人陪伴。

词语练习

1 选词填空

> 陪伴　空闲　提前　迟早　承受　孤独　贡献　纷纷　追求　担忧　体谅

① 如果你有什么特殊情况不能来上课，必须_____告诉老师。
② 我要当科学家，为人类的发展做出自己的_____。
③ 如果有子女在身边_____，老人就不会觉得_____。
④ 听说小王刚刚生了孩子，同事们_____前来祝贺。
⑤ A：小王，这个星期你父母来，你早点儿回家，陪陪他们。
　　B：谢谢您这么_____我。我下个星期一定把时间补上。

⑥ 既然你们分手是_____的事情，还不如现在就分开。
⑦ 大学生出现心理问题，大部分是因为_____不了学习或者生活的压力。
⑧ 我们俩的_____差别太大，看来我们不能继续在一起了。
⑨ _____时间，我喜欢看看书、看看电影或者和朋友聊聊天。
⑩ 这个地方的经济虽然发展了，但是环境的问题让人_____。

语法与结构练习

1 用括号中的词完成句子或者对话

① 一年没见，你瘦了不少，_____。（可见）
② 他一天到晚打工，_____。（以致）
③ 旅行的时候_____。（一旦）
④ 网恋这种新式的恋爱方式_____。（为……所……）
⑤ A：他刚才打电话找我借钱，你说借给他吗？
　 B：你最好别借，_____。（不止）
⑥ A：请问政府明年打算如何解决交通问题？
　 B：_____。（将）
⑦ A：听说你去旅行了，有什么感受？
　 B：_____。（相当）
⑧ A：过年了，你又要给孩子准备压岁钱了。
　 B：是啊，_____。（做……的）

2 用所给的词语改写句子

① 自己一个人待着的时候，他喜欢听古典音乐。（独……）

② 很多人因为没有好好儿利用大学四年的时间而找不到理想的工作。（以致）

③ 经过报道后，很多人都了解了这件事情。（为……所……）

理解中国 Understanding China

④ 我的梦想是去欧洲所有的国家旅行。（~遍）

3 改正下列句子中的错误

① 我喝了遍这个地方的所有酒吧。

② 我跟父母吵架了，因为他们不体谅。

③ 空巢家庭的现象越来越红。

④ 常回家看看会使得解决空巢老人的问题。

综合练习

1 综合填空

> 比例　上升　普遍　甚至　空间　需求　水平

最近10年来我国空巢家庭的数量一直出现_____的趋势。1993年，我国空巢家庭在有老人的家庭中占的_____只有16.7%，而2003年为25.8%。在一些大城市，空巢家庭问题更为突出。

"我国经济实力的提高从两方面造成了'空巢家庭'的迅速增多。"中国老龄科学研究中心研究员徐勤表示，在现代化过程中，工作变化日益频繁，人口流动加速，使得大家庭结构向小家庭转变。物质生活_____提高后，人们更加追求丰富的精神生活，老少两代人都要求有独立的活动_____和更多的自由，传统的大家庭居住方式已经不适应人们的_____，小家庭被_____接受。专家们认为，我国实行计划生育政策已二十多年，二三十年后，随着独生子女们逐渐进入中年，他们的父母进入老年，"空巢家庭"将越来越多。"可以预计，'空巢家庭'将是21世纪我国城市_____许多农村地区老年人家庭的主要模式（model）。"

186

2 短文阅读

阅读下面的文章，回答问题。

尊敬（respect）老人是中华民族的传统美德（virtue）。中国人讲究敬老，从孝敬自己的父母开始，然后到尊敬天下人的父母。所谓"老吾老，以及人之老"，就是要求人们把别人的父母也当作自己的父母一样看待，这样才会有真正的爱和关心。

如果您因工作要留在北京而不能回家陪伴父母，如果您能体会到做父母的无法在春节享受天伦之乐的伤心，如果您希望当您的父母孤独时也能有人及时送去一份关心，请您加入到"96156亲情陪伴大年夜"的义工（volunteer）队伍中来，就像和自己的父母吃年夜饭一样，让更多的老人能够在这个春节有亲情的陪伴。

根据《陪空巢老人过年体现尊老》改写

① "老吾老，以及人之老"是什么意思？
② 文章希望什么人参加这个活动？
③ 文中的"96156亲情陪伴大年夜"是一个什么活动？

3 短文写作

① 你认为"空巢老人"的增加会带来哪些社会问题？
（建议使用：使得；可见；一旦；相当）

理解中国 Understanding China

❷ 空巢问题应该由谁来解决？政府，还是个人？
（建议使用：做……的；为……所……；不止；无论如何）

4 小作文

在中国人的传统观念中，"孝"是非常重要的。父母老了以后，孩子必须照顾父母，如果有人把父母送到养老院（nursing home），会被认为是"不孝"。在你熟悉的文化中，是不是也有这种观念？对你来说，如果你老了，你觉得孩子怎么做是"孝"？怎么做是"不孝"？写一篇300字的文章，说明你的看法。

5 交流与讨论

请你跟几个同学一起讨论下面的问题，把你们的主要想法写下来。

① 子女怎么做算是孝顺父母？
② 如果你的父母年迈体弱，你和他们又不在同一个城市居住，你会怎么办？
③ 你会唱哪些跟父母之爱有关的歌曲？

11 留守家庭

热身 Warm-up

个人意见

三四个同学一起讨论，说说你对下面几个问题的看法。

如果你的男/女朋友要到国外留学，你不能跟他/她一起去，对你来说：

① 你觉得他/她最长可以去多长时间？
② 你打算怎么跟他/她保持联系？
③ 你会不会担心他/她喜欢上别的人？
④ 你会不会喜欢上别的人？
⑤ 你会因为这件事情跟他/她分手吗？

个人词语表

你能想到多少包含下面的字的词语？跟你的朋友一起比赛吧。

____守：　　　　　　　　____居：

____方：　　　　　　　　____求/求____：

课文 TEXT

　　留守家庭，其实算不上新词。在传统意义上，它是指夫妻一方到国外去工作或者求学，另一方在国内留守。近年来，留守家庭的含义有了扩展。一些夫妻为了家庭，一方到外地谋求发展，另一方则在家"坚守岗位"。他们分居两地，各自生活，往往几个星期、几个月，甚至几年才能团聚一次。现在，这种新型[1]的"留守家庭"出现[2]了增长的趋势。

妻子不在身边的日子

　　32岁的小李是一个"留守丈夫"。妻子小华本来是当地一家工厂的销售主管，业务能力很强。后来，一家外企看中[3]了小华，以[4]高薪等优厚待遇为条件吸引小华去外地工作。跟丈夫商量以后，小华接受了聘请，而小李则在家留守。由于[5]平时工作繁忙的缘故，夫妻俩只有在年终的时候才能团圆。

　　说起留守生活，小李十分感慨。他说："刚开始几天还觉得挺好的，自己一个人，耳边也没有人唠叨了，多自由呀！跟老婆打电话的时候，我还说没事。可时间长了，就觉得不是那么回事[6]了。就拿吃饭来说吧，以前老婆在家的时候每天都吃早饭，可现在一个人嫌[7]麻烦，干脆不吃了；午饭在单位食堂随便吃点儿；最难对付的是晚饭，都说[8]一个人不愿意做饭吃饭，这话一点儿不假。"

　　"既然这样，为什么不让妻子回来呢？"对这个问题，小李有自己的看法："俗话说，'鱼和熊掌不能兼得'。家庭和事业有时候就是矛盾的。想以后生活得好一点儿，现在就得牺牲一些。幸福的生活哪有从天上掉下来的？况且[9]，我们现在还没孩子。就算是为[10]孩子着想，我们俩现在多付出点儿，也值得。不是有这么一句话吗？'你想得到，就得先失去。'"

读第一段课文，回答下面的问题：

① 近年来，"留守家庭"的含义有什么变化？
② "留"和"守"是什么意思？

读第二、三、四段课文，回答下面的问题：

① 为什么小华愿意到外地工作？
② 说起留守生活，小李的感觉是什么？他为什么要谈吃饭的事情？
③ 为什么小李不让妻子回来？

理解中国 Understanding China

丈夫不在身边的日子

小平，一个典型的"留守妻子"。她的丈夫<u>因为</u>[11]工作<u>的关系</u>被派到千里之外的城市工作。因为路途遥远，经常是一个月甚至几个月才能回一次家。有人问她："跟丈夫在家相比，你的生活有什么改变吗？""基本上没什么变化，"小平说，"也许这就是男女的不同<u>之</u>[12]处。妻子不在家，男人可能会邋遢随便一些，房间不收拾、被子不叠、碗筷不洗；但是如果丈夫不在家，妻子的生活节奏基本上和以前一样。不同的是，丈夫不在家，好像没有安全感似的，毕竟，丈夫是家里的顶梁柱。当然，从另一个方面说，这也是<u>对</u>[13]我们夫妻感情<u>的考验</u>和对生活能力的锻炼。"

父母不在身边的日子

随着越来越多的农民进入城市，在农村也出现了一个特殊的未成年人群体——留守儿童。他们一般跟父母中的一方，或者跟祖辈甚至其他亲戚一起生活。对他们来说，跟父母聚少离多、隔代教育是最大的问题。

新型留守家庭的好与坏

交通的便利和观念的改变，让留守家庭一年比一年多。<u>在一定程度上</u>[14]它改变了传统家庭的存在方式。有一点值得注意，在那些<u>敢于</u>[15]"走出去"的人中，女性<u>占</u>[16]了很大的比例。这说明，一直以"相夫教子"为责任的妻子也走出了一条新路。

当然，留守家庭带来的问题也不可忽视：距离难免会对分居两地的夫妻的感情产生影响，婚姻质量会受到影响。据统计，分居的夫妻更容易出现婚外情，<u>由此</u>[17]也会导致离婚率上升。对留守的孩子来说，由于缺乏家庭的温暖和父母的教育，他们在成长的过程中往往会出现各种各样的问题。

根据《新留守家庭挑战传统：丈夫在外是考验也是磨砺》改写

读第五段课文，回答下面的问题：

① 小平的丈夫为什么不在家？
② 小平觉得自己的生活有什么改变？

读第六、七、八段课文，回答下面的问题：

① 留守儿童遇到的最大问题是什么？
② 留守家庭给社会带来了哪些改变？哪些问题？

词语 NEW WORDS

#					
1	留守	留守	liúshǒu	V.	to stay behind (to take care of things)
2	意义	意義	yìyì	N.	meaning, significance
3	求学	求學	qiúxué	V.	to pursue one's studies, to seek knowledge
4	近年	近年	jìnnián	N.	the past few years, in recent years
5	含义	含義	hányì	N.	meaning, connotation
6	扩展	擴展	kuòzhǎn	V.	to expand, to extend
7	谋求	謀求	móuqiú	V.	to seek, to pursue
8	坚守	堅守	jiānshǒu	V.	to stick to (your post), to hold down (the fort)
9	分居	分居	fēn jū		(of married couple) to live apart
10	各自	各自	gèzì	Adv.	respectively
11	团聚	團聚	tuánjù	V.	to reunite, to have a reunion
12	型	型	xíng	Suf.	type, size
13	出现	出現	chūxiàn	V.	to appear, to arise, to emerge
14	趋势	趨勢	qūshì	N.	trend
15	销售	銷售	xiāoshòu	V.	[F] to sell
16	主管	主管	zhǔguǎn	N.	person in charge
17	业务	業務	yèwù	N.	profession, business
18	看中	看中	kàn zhòng		to take strong interest in
19	高薪	高薪	gāoxīn	N.	high salary
20	优厚	優厚	yōuhòu	Adj.	generous (salary), liberal (benefit)
21	商量	商量	shāngliang	V.	to discuss, to talk over
22	聘请	聘請	pìnqǐng	V.	[F] to offer (a position)
23	繁忙	繁忙	fánmáng	Adj.	[F] busy
24	缘故	緣故	yuángù	N.	reason
25	年终	年終	niánzhōng	N.	end of the year, year-end
26	感慨	感慨	gǎnkǎi	V.	to sigh with emotion (perhaps regretfully, nostalgically)
27	唠叨	嘮叨	láodao	V.	to nag
28	老婆	老婆	lǎopo	N.	wife

理解中国　Understanding China

#	Simplified	Traditional	Pinyin	POS	Definition
29	嫌	嫌	xián	V.	to dislike, to mind
30	单位	單位	dānwèi	N.	unit, work place
31	对付	對付	duìfu	V.	to deal with, to cope with
32	熊掌	熊掌	xióngzhǎng	N.	bear's paw (a delicacy)
33	兼得	兼得	jiāndé	V.	to get or have two things at the same time
34	矛盾	矛盾	máodùn	Adj.	conflicting
35	牺牲	犧牲	xīshēng	V.	to sacrifice
36	况且	況且	kuàngqiě	Conj.	moreover, besides
37	着想	著想	zhuóxiǎng	V.	to consider (the interests of sb or sth), to have consideration (for sb or sth)
38	付出	付出	fùchū	V.	to pay, to expend (energy, life, etc.)
39	典型	典型	diǎnxíng	Adj.	typical
40	派	派	pài	V.	to send, to appoint
41	千里之外	千里之外	qiānlǐ zhīwài	IE	beyond one thousand *li*
42	路途	路途	lùtú	N.	road, path
43	遥远	遙遠	yáoyuǎn	Adj.	distant, faraway
44	邋遢	邋遢	lāta	Adj.	slovenly, sloppy
45	收拾	收拾	shōushi	V.	to put in order, to tidy
46	被子	被子	bèizi	N.	quilt
47	叠	疊	dié	V.	to fold up
48	碗筷	碗筷	wǎnkuài	N.	bowls and chopsticks
49	安全感	安全感	ānquángǎn	N.	sense of safety
50	顶梁柱	頂梁柱	dǐngliángzhù	N.	pillar, backbone
51	考验	考驗	kǎoyàn	N.	ordeal, trial, test
52	群体	群體	qúntǐ	N.	group
53	祖辈	祖輩	zǔbèi	N.	grandparents
54	隔代	隔代	gédài	N.	inter-generation
55	便利	便利	biànlì	Adj.	convenient
56	一定	一定	yídìng	Adj.	certain
57	程度	程度	chéngdù	N.	extent, degree
58	敢于	敢於	gǎnyú	V.	[F] to dare to, to have the courage to

59	占	占	zhàn	V.	to occupy
60	相夫教子	相夫教子	xiàngfū-jiāozǐ	IE	staying at home to take care of the family (wife)
61	忽视	忽視	hūshì	V.	to ignore, to neglect
62	婚外情	婚外情	hūnwàiqíng	N.	extramarital affair
63	由此	由此	yóucǐ	Conj.	from this
64	导致	導致	dǎozhì	V.	to cause, to lead to
65	率	率	lǜ	Suf.	rate, proportion, ratio
66	上升	上升	shàngshēng	V.	to rise, to go up
67	温暖	溫暖	wēnnuǎn	Adj.	warm

语法与结构 GRAMMAR, PATTERN, EXPRESSION

1. ~型　　type, size

原文：这种新型的"留守家庭"出现了增长的趋势。
翻译：*This new type of "stay-at-home family" is on the rise.*

When 型 is added as a suffix to certain nouns or adjectives, it indicates type or size.

（1）-type: 新型、流线型 (streamline)、车型、血型
（2）-size: 大型、中小型、巨型

2. 出现……的趋势　　be a ... trend

原文：这种新型的"留守家庭"出现了增长的趋势。
翻译：*This new type of "stay-at-home family" is on the rise.*

❶ 这几年学习中文的美国学生出现了增长的趋势。
❷ 前几年选择电脑专业的人很多，不过今年出现了下滑的趋势。
❸ 我认为，世界经济发展出现了几个新的趋势：……

3. 看中　　take a strong interest in

原文：一家外企看中了小华，……
翻译：*A foreign company took an interest in Xiaohua, ...*

❶ 走进商店，我马上就看中了那件白色的衬衣。

理解中国 Understanding China

②听说你被中央电视台看中了，恭喜你啊。
③我看中的是你的人，不是你的钱。

4. 以……为条件　　by/with... as terms (for sth.)

原文：（外企）以高薪等优厚待遇为条件吸引小华去外地工作。
翻译：(The foreign company) attracted Xiaohua to work away from home by providing good benefit such a high salary as part of the job.

①他以给我买车为条件希望我不要出去工作。
②有的学校以降低学费为条件吸引外地学生。
③不管什么时候，都不应该以自己的幸福为条件换取利益。

✎ 请用"以……为条件"完成句子：

① 今天老板＿＿＿＿＿＿＿＿＿＿＿＿＿＿＿＿＿＿＿＿＿希望我不要离开公司。
② 如果我是校长，我打算＿＿＿＿＿＿＿＿＿＿＿＿＿＿＿吸引更多的外国学生。
③ 去年有人＿＿＿＿＿＿＿＿＿＿＿＿＿＿＿＿＿＿＿想买我的这幅字画,但是我没卖。

5. 由于……的缘故　　because of ...

原文：由于平时工作繁忙的缘故，夫妻俩只有在年终的时候才能团圆。
翻译：Because of (their) usual busy work, the husband and wife are able to reunite only at the end of each year.

①由于压力太大的缘故，他放弃了这次出国的机会。
②由于太紧张的缘故，他竟然把台词忘记了。
③由于准备奥运会的缘故，很多人暂时停掉了自己的工作。

6. 不是那么回事　　unlike one's expectation

原文：时间长了，就觉得不是那么回事了。
翻译：As time passed, I felt different than I had felt before.

This colloquial expression is used to state that the assumption or initial thought is different from the truth.

①你以为学中文很容易，其实不是那么回事。
②原来以为他是真的喜欢我，现在我才知道不是那么回事。
③广告上说这种产品很好，用了以后才知道根本不是那么回事。

7. 嫌　　dislike, mind

原文：现在一个人嫌麻烦，干脆不吃了；……
翻译：*Now, as a single individual, I do mind the trouble of cooking, and I simply don't eat, ...*

嫌 is used to introduce the reason why the subject does not like the object. The most used structure is A 嫌 B + reason.

① 他嫌这里太脏了，要求搬到别的地方。
② 不要总是嫌收入低，要知道，现在找个工作太难了。
③ 那个手机他嫌太贵，所以买了一个二手的。

✎ 请用"嫌"完成句子或者对话：

① A：听说你跟男朋友分手了？
   B：是的。＿＿＿＿＿＿＿＿＿＿＿＿＿＿＿＿＿＿＿＿＿＿＿＿＿＿＿＿＿。
② 我妈不同意我跟 Jack 谈恋爱，＿＿＿＿＿＿＿＿＿＿＿＿＿＿＿＿＿＿。
③ A：Amy 为什么总是找不到工作？
   B：别提了。＿＿＿＿＿＿＿＿＿＿＿＿＿＿＿＿＿＿＿＿＿＿＿＿＿＿。

8. 都说……　　everyone says/agrees that...

原文：都说一个人不愿意做饭吃饭，这话一点儿不假。
翻译：*Everyone agrees that no one wants to cook and eat by oneself. That is completely true.*

This phrase introduce a commonly accepted statement, but the following clause should indicate the speaker's opinion, either agree or disagree with the statement.

① 都说一个人在国外生活不容易，还真是这么回事。
② 都说养孩子难，有了孩子才知道确实不容易。
③ 都说钱是万能的，我看，不见得。

9. 况且　　moreover, besides

原文：想以后生活得好一点儿，现在就得牺牲一些。……况且，我们现在还没有孩子。
翻译：*If we want to live better later, we must sacrifice some thing now, ... besides, we still don't have children.*

理解中国 **Understanding China**

This conjunction word introduces a supporting evidence or reason for the conclusion. It is used because the speaker wants to makes the conclusion sound stronger. In such sense, it is okay to interchange with 而且.

① 你第一次来中国，况且只学过一点儿中文，不习惯这里的生活是很正常的。
② 中国的私家车数量增长很快，况且道路条件本来就不好，出现交通问题是难免的。
③ 你整天忙于工作，况且也没有人照顾你，很容易生病。

✎ 请用"况且"完成对话：

① A：你为什么不回家过节呢？
　 B：_____，_____，所以我干脆不回去了。

② A：你们为什么分手了？她不是挺好的吗？
　 B：唉。_____，_____，所以还是分开了。

10. 为……着想　　consider (the interest of)..., give consideration to...

原文：就算是为孩子着想，我们俩现在多付出点儿，也值得。
翻译：*It is worthwhile to expend a lot (of effort) if we consider the interest of the children.*

① 他总是为别人着想，很少为自己考虑。
② 我提出这个建议完全是为学校的发展着想。
③ 父母这么安排也都是为你着想，你不要误解。

11. 因为……的关系　　because of issues relating to...

原文：她的丈夫因为工作的关系被派到千里之外的城市工作，……，经常是一个月甚至几个月才能回一次家。
翻译：*Because of issues relating to his job, her husband was sent to a city far away from home, ..., often, he could not return home to visit until one or even two months had passed.*

When this structure is used, you do not need to specify what the reason is. Instead, you only need to insert a noun like 天气, 时间, and the listener will be able to interpret based on common knowledge.

① 因为时间的关系，我们今天只能谈到这里了，明天继续吧。
② 因为天气的关系，飞机无法起飞。
③ 因为钱的关系，这个工程不得不停下来。

✏️ 请用"因为……的关系"完成句子：

① _____，我们打算推迟这次计划。

② _____，妈妈不得不出去找工作。

12. 之   particle 之

原文：也许这就是男女的不同之处。
翻译：Probably it is due to the difference between men and women.

之 is a classic Chinese particle, commonly used in classical Chinese and written modern Chinese. It is equivalent to 的, but this does not mean one can always replace 的 with 之. The structure is relatively fixed and is usually part of four-character pattern.

The major function of 之 is to indicate a descriptive phrase. For example, 家园之感 (feel of home), 中国之旅 (trip to China), 无价之宝 (priceless treasures), 教师之家 (teacher's home).

13. 对……的考验   a test of sth. for sb.

原文：这也是对我们夫妻感情的考验和对生活能力的锻炼。
翻译：This is also a trial and excerise of couples' feelings and life skills.

① 这次比赛，是对我能力和心理的考验。
② 来北京学习，不仅是对我的中文能力的考验，也是对我独立能力的考验。
③ 把每一次面试都当成一次对自己的考验，你就能越来越成熟。

✏️ 请用"对……的考验"完成句子：

① 自己一个人去外国学习，_____。

② 跑10000米，_____。

③ 明天的面试_____。

14. 在一定程度上   to a certain extent

原文：（留守家庭一年比一年多）在一定程度上它改变了传统家庭的存在方式。
翻译：The increase of new type of left behind family, to a certain extent, is destroying the traditional family structure.

The phrase is used to make the statement not overgeneralized.

① 修建地铁可以在一定程度上解决交通问题。
② 他的看法在一定程度上是有道理的。

理解中国　Understanding China

❸ 竞争越来越激烈，在一定程度上也是好事情。

15. 敢于 + V.（non-monosyllabic）　　dare to, have the courage to

原文：在那些敢于"走出去"的人中，女性占了很大的比例。
翻译：Women have made up a large percentage of those people who had the courage to leave.

❶ 一个领导，要敢于承担责任。
❷ 现在，敢于选择独身的女性越来越多。
❸ 我喜欢你这种敢于尝试、敢于探索的精神。

✏ 请用"敢于 + V."完成句子：

❶ 如果你想成功，_____。

❷ 想更快地提高中文水平，就要_____。

16. 占　　make up

原文：在那些敢于"走出去"的人中，女性占了很大的比例。
翻译：Women have made up a large percentage of those people who had the courage to leave.

（1）占 + Num.（的比例）
❶ 在北京大学，女生占百分之四十。

（2）占 + 很大 / 很小 / 一定的比例
❷ 在老年人中，缺少子女照顾的老人占不小的比例。
❸ 在年轻人中，没有手机的只占很小的比例。

✏ 请用"占"介绍下面的图表：

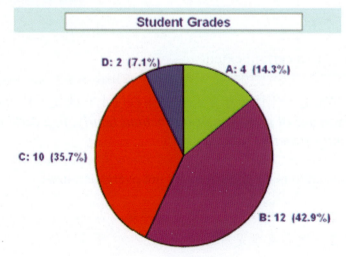

17. **由此**　because of this

原文：距离难免会对分居两地的夫妻的感情产生影响，……<u>由此</u>也会导致离婚率上升。

翻译：Distance affects feelings between husbands and wives who live far away, ... because of this the divorce rate rises.

This conjunction is used immediately after the first clause, and introduce a result by leading a verb phrase.

① 他们在婚后财产问题上有分歧，由此导致了感情危机。
② 手机越来越普及，由此带来了不少社会问题。
③ 汽车的降价让人们更容易买车，但是由此造成的污染问题确实值得我们深思。

✎ 请用"由此"完成句子：

① 很多人沉溺于网络世界，＿＿＿＿＿＿＿＿＿＿＿＿＿＿＿＿＿＿。
② 孩子长大以后纷纷离开父母，＿＿＿＿＿＿＿＿＿＿＿＿＿＿＿＿。
③ 现代生活节奏日益加快，＿＿＿＿＿＿＿＿＿＿＿＿＿＿＿＿＿。

练习与活动 PRACTICE & ACTIVITIES

语音练习

1 下面的词语你能读对吗?

留守	坚守	出现	趋势	收拾	程度	上升
求学	谋求	分居	团聚	熊掌	牺牲	收拾
意义	业务	缘故	唠叨	老婆	商量	对付

2 问句的读法

在第九课我们谈到了汉语里的问句的读法。下面几个句子可以让你再体会一下普通问句和反问句的不同。（请你自己确定哪些句子是反问句，哪些是普通问句。）

① 既然这样，为什么不让妻子回来呢？
② 幸福的生活哪有从天上掉下来的？

201

理解中国 Understanding China

③ 不是有这么一句话吗？你想得到，就得先失去。
④ 跟丈夫在家相比，你的生活有什么改变吗？
⑤ 你真的愿意自己一个人到那么远的地方工作吗？

词语练习

1 选词填空

> 忽视　聘请　派　谋求　繁忙　唠叨　率　矛盾　典型　趋势

① 因为工作关系，她丈夫常常被_____到外地工作。
② 出国留学不像以前那么热了，出现了下降的_____。
③ 由于能力突出，他被另外一家公司_____为销售经理。
④ 如果事业和家庭出现_____，我会毫不犹豫地选择家庭。
⑤ 一回家，妈妈就_____个不停，好像有说不完的话。
⑥ 他之所以跳槽，是为了_____更高的职位。
⑦ 不管工作有多忙，都应该找时间陪陪孩子，一定不能_____他们。
⑧ 在新经济政策的影响下，近几年的失业_____下降了。
⑨ 为了拿到第一手的资料，他采访了几个_____的留守家庭。
⑩ _____的工作让我没有时间跟家人在一起，我觉得很苦恼。

语法与结构练习

1 用括号中的词完成句子或者对话

① _____，我看不是那么回事。（都说……）
② 北京的人这么多，_____你出门当然要小心了。（况且）
③ _____，我没和他去旅行。（因为……的关系）
④ 发展公共交通可以_____。（在一定程度上）
⑤ 私家车越来越多，_____。（由此）
⑥ A: 你觉得这些房子怎么样？
　 B: _____。（看中）
⑦ A: 现在很多大学生都喜欢去南方工作。
　 B: 是啊，很多南方的公司_____。（以……为条件）
⑧ A: 小王的太太怎么搬到上海去了？
　 B: _____。（由于……的缘故）

⑨ A：他说你上大学等于浪费家里的钱。
　　B：_____。（不是那么回事）

⑩ A：他为什么才工作几天就换工作了？
　　B：_____。（嫌）

⑪ A：听说你们学校学习中文的学生越来越多了？
　　B：_____。（占）

2 用所给的词语改写句子

① 现在出国留学的人不如以前那么多了。（出现……的趋势）

② 在所有人中，不想参加会议的人有一半。（占）

③ 这就是两个公司不一样的地方。（不同之处）

④ 他们对事业和家庭的看法存在差异，这种差异带来的矛盾越来越多。（由此）

3 改正下列句子中的错误

① 她嫌学习环境。

② 因为钱关系，我不去旅行了。

③ 不能只想自己，还要着想其他人。

④ 这就是两个国家不同之处的地方。

⑤ 科技日益发展，由此生活节奏越来越快。

理解中国 Understanding China

❻ 只有敢于_____，才能成功。

综合练习

1 综合填空

> 缘故　耽误　面对　采访　数量　普遍

一个学校里"留守儿童"居然占了70%！记者在紫云县火花乡_____时了解到，该乡"留守儿童"现象非常_____，成了一个必须_____的社会问题。

火花乡有31户人家、165人，其中有27户是父母都在别的城市打工，留在家的全是孩子和50岁以上的老人。

这些"留守儿童"中，由于缺少父母教育的_____，有80%以上的成绩较差，大多数讨厌学习、喜欢撒谎（lie），有一些不好的习惯。

火花小学的曹校长说："农村留守儿童的_____是非常惊人的，……他们的父母正年轻，是城市打工的主要人群。父母们在农村没有发展的机会，在外打工却又很可能会_____了孩子的教育，害了一代人。"

2 短文阅读

阅读下面的文章，回答问题。

想出国的人大多知道"F2"的含义，即恋人中的一方获得了签证，然后结婚将另一方带出去。以前大多数双双出国的恋人都是男方"F"女方，然而近些年来女方"F"男方的情况日渐增多。据调查，差不多有半数的留守家庭熬不过半年就支离破碎了。

为爱情"出走"他乡

"千万里我追寻着你，可是你却并不在意，你不像是在我梦里，在梦里你是我的惟一。"这是小宋最近最爱哼唱的一首歌。小宋今年25岁，相恋3年的女友即将去美国用5年时间读下博士学位。由于一去就是5年，再加上听说在美国的华人留学生中，女孩子都十分"抢手"，小宋十分不放心女友一个人前往异国他乡。但小宋自己的英语不是很好，申请奖学金基本无望，如果自费出国，就要面临很大经济压力。为了继续和女友的这段感情，他经过慎重考虑，决定充当"陪读"，让女友把自己"F"出去。他对记者说："我是很执着的!"

但是小宋也有担心:"到美国后的前一年里,我基本除了'家里蹲'大学,什么学校也不大可能申请得下来。"

"得到"与"失去"的天平

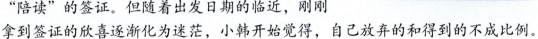

同为"男陪读",小韩要考虑的问题更多。小韩在国内的一家高科技公司工作,收入不菲。两年前,小韩就开始和女友商议出国的问题,后来女友拿下了美国一所大学的全额奖学金,小韩也在这个时候和女友领了结婚证,办下了去美国"陪读"的签证。但随着出发日期的临近,刚刚拿到签证的欣喜逐渐化为迷茫,小韩开始觉得,自己放弃的和得到的不成比例。

"如果我留在国内,以我目前的薪水状况,虽然不能发大财,但是也能在国内过得非常舒适,至少生活会很有乐趣。可是现在这一走,就等于放弃了这两年的全部心血。美国现在经济形势又不好,我目前既没有硕士学历又没有语言优势,到那边养家糊口都很难,估计也找不到什么体面工作。如果继续上学,读完了也快30岁了,那时候再回国的话,就失去了太多东西,又要从原点开始。"谈到自己即将开始的美国"家庭妇男"生活,小韩并不乐观。

根据《留守家庭多数感情变故 "陪读先生"遭遇尴尬》改写

❶ "陪读"是什么意思?F2是什么意思?
❷ 小宋为什么要出国陪读?他说的"执着"是什么意思?
❸ 小韩为什么不是那么高兴?他有什么担忧?
❹ 像小宋、小韩这样的陪读先生,有哪些共同之处?

3 短文写作

❶ 如果你是上题文章里的陪读先生,你会有什么想法?

(建议使用:看中;以……条件;嫌;都说……;为……着想)

理解中国 Understanding China

❷ 如果你的家庭跟工作发生矛盾，你会怎么选择？
（建议使用：因为……的关系；在一定程度上；况且；毕竟；敢于）

4 小作文

中国中央电视台（CCTV）做过一个关于"留守生活"的电视采访节目。里面展示了一个留守家庭的生活，除此之外，还可以让我们更了解中国人、特别是农村人的生活。请你先看这个节目[1]（前面20分钟就可以），然后从这个节目中选择你最感兴趣的内容、话题写一篇文章。

---

1 http://bugu.cntv.cn/news/legal/jinrishuofa/classpage/video/20110308/100675.shtml

5 交流与讨论

请你跟几个同学一起讨论下面的问题,把你们的主要想法写下来。

① 如果你的工作很好,而你的他/她要去别的城市工作,你会怎么办?
② 找几个朋友辩论一下这个话题:如果两个人分居两地,恋爱能长久吗?
③ 男人和女人在事业和家庭的选择上存在不同吗?如果存在不同,有什么不同?

12 丁克一族

▶ 热身 Warm-up

你说我说

下面的这些说法都跟"孩子"有关，你能理解它们的意思吗？请你跟同学讨论一下。

A：孩子是夫妻感情的"第三者"。
B：孩子是夫妻关系的纽带。
C：孩子是让夫妻成长、成熟的最好课堂。
D：孩子是夫妻感情的润滑剂。
E：孩子是夫妻矛盾的导火线。

问问自己

你现在有孩子吗？你以后打算要孩子吗？如果你还没有考虑过这个问题，那请你认真地想一想，然后完成下面的表格。

为什么要孩子？	为什么不想要孩子？

你的决定是：

A. 肯定会要孩子
B. 肯定不会要孩子
C. 还没有考虑好，再想想
D. 跟丈夫／妻子讨论以后再决定

课文 TEXT

"丁克"这个词来自英文DINK，是"Double Income No Kids"的缩写。"丁克家庭"是指夫妻均[1]有收入且自愿不生育子女的家庭。近几年，这种全新的家庭模式开始为一部分中国人所接受，这些人也被称作"丁克族"。

据调查，丁克家庭自20世纪80年代后期开始在中国出现并逐渐增多。目前选择丁克家庭的夫妻超过60万，集中在北京、上海和广州等大城市。丁克族具有三大[2]特点：高学历、高收入和年轻化。

丁克们为什么不想要孩子？许多人简单地认为他们就是为了自由。但事实上，原因并非那么简单。丁克族之所以拒绝生养孩子，原因大致有以下几种：

一、有了孩子，忽视爱人。

有这种想法的人以[3]年轻女性居多。在她们看来，有了孩子，就将永远地告别浪漫的"二人世界"。有人甚至开玩笑说："从某种意义上来说[4]，孩子是夫妻感情的第三者。"一旦有了孩子，就必然要在[5]孩子身上投入很多精力，难免会忽视自己的爱人，从而影响婚姻质量。如果夫妻双方在[6]教育孩子上存在分歧，会给家庭带来很多麻烦。

二、生养孩子，过程辛苦。

怀孕和生育很辛苦，抚养孩子就更不用说了[7]。在大学当老师的杨小姐说出了许多女性的心声："养孩子太不容易了！不像养宠物，不想养的时候可以送人。有了孩子，夫妻俩整天都得围着孩子转；等到孩子上学了，就得担心孩子的学校好不好、功课怎么样；好不容易[8]等到孩子上大学了，又得担心他毕业后能不能找个好工作；有了工作又得担心他干得怎么样；此外，还得为孩子的婚事操心。总之，操心简直是没

读第一、二段课文，回答下面的问题：

1. "丁克族"是指哪些人？
2. 丁克家庭在中国是什么时候开始出现的？在哪里较多？为什么这些地方丁克家庭较多？
3. 丁克族有哪些特点？

读第三、四段课文，回答下面的问题：

1. 人们对丁克族有什么样的看法？
2. 为什么有人认为有了孩子会忽视自己的爱人？
3. 你同意"有了孩子，就没有二人世界了"这种看法吗？

读第五、六段课文，回答下面的问题：

1. 生养孩子，有哪些辛苦的事情？
2. 为什么很多职业女性不要孩子？

完没了。"

三、工作繁忙，无暇考虑。

现代社会紧张繁忙，女性承受着巨大的压力，这也是许多女性不愿生育的重要原因。一位名叫默默的职业女性无奈地说："不是我不喜欢小孩，而是实在没法儿要。我工作的领域竞争激烈，整天忙忙碌碌，还要经常加班熬夜，根本就没有时间考虑这件事儿。我是一个责任<u>心</u>⁹很强的人，如果有了孩子就一定要照顾好，这是<u>对</u>¹⁰孩子<u>负责</u>。要是有了孩子却照顾不好，那还不如不要。"

四、不忍心让孩子受罪。

刚结婚的赵小姐已经打算不要孩子了。她说："你看看现在的大学生，为了找份工作忙得焦头烂额。每次看到他们，我就想：以后我的孩子是不是也得这样？那么辛苦？现在的竞争太激烈了，从小到大都得<u>为</u>¹¹学业、事业、地位<u>而</u>努力。看看现在的孩子，小小年纪就没有周末，背着书包去上<u>这个</u>¹²班<u>那个</u>班，真让人心疼。既然这样，<u>何必</u>¹³非要生个小家伙出来让他受罪呢？"

五、对婚姻缺乏信心。

有些夫妻<u>对</u>¹⁴婚姻的稳定性<u>没有把握</u>，害怕将来会发生变故，就干脆不要孩子。他们说："夫妻两人感情和睦，能白头偕老，已经算幸运了，哪能奢望再有个孩子呢？没有孩子的话，即使夫妻不幸分手，也<u>不至于</u>¹⁵给下一代造成什么影响。"

有专家认为，近年来丁克家庭越来越多，一方面反映出中国人的观念更<u>为</u>¹⁶开放和多元化；另一方面也反映出现代人承受的社会压力日益增大。个人发展和养育后代这两个问题越来越难平衡，甚至成为矛盾。许多人在权衡以后，选择加入丁克一族，就是希望从养育后代的压力中解脱出来。

根据《丁克一族：为自由而断后？》、《"丁克"圆桌谈》改写

读第七、八、九段课文，回答下面的问题：

❶ 为什么有人觉得小孩子会"受罪"？受什么罪？
❷ 对婚姻缺乏信心的夫妻，担心的是什么事情？
❸ 丁克家庭的增多，反映出哪些社会现实问题？

词语 NEW WORDS

#					
1	缩写	縮寫	suōxiě	N.	abbreviation
2	均	均	jūn	Adv.	[F] both, all
3	且	且	qiě	Conj.	[F] and, also, both
4	自愿	自願	zìyuàn	V.	to volunteer
5	生育	生育	shēngyù	V.	[F] to give birth to
6	全新	全新	quánxīn	Adj.	brand new, completely new
7	模式	模式	móshì	N.	model (for imitation)
8	称作	稱作	chēngzuò	V.	to be called, to be addressed as…
9	后期	後期	hòuqī	N.	late period
10	逐渐	逐漸	zhújiàn	Adv.	gradually, by degrees
11	集中	集中	jízhōng	V.	to concentrate
12	事实上	事實上	shìshíshang	IE	in fact
13	并非	並非	bìngfēi	Adv.	definitely not, actually not
14	大致	大致	dàzhì	Adv.	[F] roughly, more or less
15	居多	居多	jūduō	V.	to be in the majority
16	永远	永遠	yǒngyuǎn	Adv.	forever
17	告别	告別	gàobié	V.	to say goodbye to
18	浪漫	浪漫	làngmàn	Adj.	romantic
19	开玩笑	開玩笑	kāi wánxiào	IE	to joke, to make fun of
20	第三者	第三者	dìsānzhě	N.	illicit lover
21	必然	必然	bìrán	Adj.	inevitable, certain
22	投入	投入	tóurù	V.	to invest in, to put into
23	精力	精力	jīnglì	N.	energy, vigor
24	存在	存在	cúnzài	V.	to exist
25	分歧	分歧	fēnqí	N.	[F] (of opinion, position) difference, divergence
26	怀孕	懷孕	huái yùn		to be pregnant
27	抚养	撫養	fǔyǎng	V.	(a child) to foster, to raise, to bring up
28	宠物	寵物	chǒngwù	N.	pet

理解中国　Understanding China

29	围	圍	wéi	V.	to surround
30	转	轉	zhuàn	V.	to turn, to rotate
31	功课	功課	gōngkè	N.	school work, homework
32	好不容易	好不容易	hǎobùróngyì	IE	not easily
33	操心	操心	cāo xīn		to be concerned with, to take trouble with
34	没完没了	沒完沒了	méiwán-méiliǎo	IE	unending, be endless
35	无暇	無暇	wúxiá	V.	[F] to have no time, to be too busy
36	紧张	緊張	jǐnzhāng	Adj.	tightly scheduled
37	职业	職業	zhíyè	Adj.	professional
38	女性	女性	nǚxìng	N.	[F] female, woman
39	无奈	無奈	wúnài	V.	to have no choice but to...
40	实在	實在	shízài	Adv.	really, truly, indeed
41	领域	領域	lǐngyù	N.	field, realm, domain
42	竞争	競爭	jìngzhēng	V.	to compete
43	激烈	激烈	jīliè	Adj.	intense, acute, fierce
44	熬夜	熬夜	áo yè		to stay up late or all night, to burn the midnight oil
45	负责	負責	fù zé		to be responsible for, to be in charge of
46	忍心	忍心	rěn xīn		to do sth. one is reluctant to, to have the heart to
47	受罪	受罪	shòu zuì		to endure hardship or rough conditions
48	焦头烂额	焦頭爛額	jiāotóu-làn'é	IE	in bad shape, in a stressful situation
49	事业	事業	shìyè	N.	career
50	地位	地位	dìwèi	N.	status
51	背	背	bēi	V.	to carry on the back
52	心疼	心疼	xīnténg	V.	(for sb.) to make one's heart ache, to feel sorry
53	何必	何必	hébì	Adv.	[rhetorical] what is the point of (doing sth.)
54	小家伙	小傢伙	xiǎojiāhuo	N.	little baby
55	害怕	害怕	hàipà	V.	to be afraid of, to be sacred of

56	变故	變故	biàngù	N.	[F] unforeseen event, accident
57	和睦	和睦	hémù	Adj.	(of a relationship) harmonious
58	白头偕老	白頭偕老	báitóu–xiélǎo	IE	(blissfully) grow old together
59	幸运	幸運	xìngyùn	Adj.	fortunate, lucky
60	哪	哪	nǎ	Pron.	how could (in rhetorical question)
61	奢望	奢望	shēwàng	V.	to hope (for sth. unrealistic, not likely to be realized)
62	不幸	不幸	búxìng	Adj.	unfortunate, despairing and painful
63	不至于	不至於	búzhìyú	V.	not to such an extent as to
64	多元化	多元化	duōyuánhuà	V./Adj.	to diverse; diversified
65	后代	後代	hòudài	N.	later generations, descendants
66	权衡	權衡	quánhéng	V.	to weight the pros and cons
67	解脱	解脫	jiětuō	V.	to free oneself (from/of sb./sth.)

语法与结构 GRAMMAR, PATTERN, EXPRESSION

1. 均   both, all

   原文："丁克家庭"是指夫妻均有收入且自愿不生育子女的家庭。
   翻译："DINK family" refers to a family where the husband and wife both have incomes and, of their own volition, do not have children.

   均 is only used in written language and it often modifies a monosyllabic verb.

   ① 参加这次比赛的同学均为（wéi=是）研究生。
   ② 这个公司的产品质量、售后服务均处于领先地位。
   ③ 中美两国均为（wèi=for）世界和平做出了自己的努力。

✎ 请用"均"改写句子：

   ① 【在申请信里写】我们俩都是北京大学的学生。

   改写：_____。

理解中国 Understanding China

② 【在联合国发言】中国和美国都是世界上最重要的国家之一。

改写：＿＿＿＿＿＿＿＿＿＿＿＿＿＿＿＿＿＿＿＿＿＿＿＿＿＿＿＿＿＿＿＿＿＿。

③ 【写自传】我以前两次申请到美国读书，但是都被拒绝了。

改写：＿＿＿＿＿＿＿＿＿＿＿＿＿＿＿＿＿＿＿＿＿＿＿＿＿＿＿＿＿＿＿＿＿＿。

2. Num. + 大 + N.　　Num. + great/main + N.

原文：丁克族具有三大特点：高学历、高收入和年轻化。
翻译：DINKs have three main distinctive characteristics: a high (level of) education, a high (level of) income, and youth.

In modern Chinese, measure words always follow numerals. When using 大 to summarize certain characteristics, measure words are omitted.

① 短信有三大优点：快捷、方便、含蓄。
② 到国外留学至少有两大好处：一是可以学习语言，二是可以开阔眼界。
③ 现在中国存在的四大社会问题是：人口、交通、教育和腐败问题。

3. （以）……居多　　(be) in the majority, (be) mostly, most (be)

原文：有这种想法的人以年轻女性居多。
翻译：The people who hold this view are mostly young women.

① 据统计，喜欢上网聊天的人群以女生居多。
② 参加这次比赛的以老年人居多。
③ 在出国留学的学生当中，（以）有钱人的孩子居多。

✎ 请用"（以）……居多"改写句子：

① 参加八分钟交友的人主要是三十多岁的白领。

改写：＿＿＿＿＿＿＿＿＿＿＿＿＿＿＿＿＿＿＿＿＿＿＿＿＿＿＿＿＿＿＿＿＿＿。

② 购买这个品牌的消费者大部分都是亚洲顾客。

改写：＿＿＿＿＿＿＿＿＿＿＿＿＿＿＿＿＿＿＿＿＿＿＿＿＿＿＿＿＿＿＿＿＿＿。

③ 有这种病的人，基本上都是老年人。

改写：＿＿＿＿＿＿＿＿＿＿＿＿＿＿＿＿＿＿＿＿＿＿＿＿＿＿＿＿＿＿＿＿＿＿。

4. 从某种意义上来说　　on some level, in some way

原文：有人甚至开玩笑说："从某种意义上来说，孩子是夫妻感情的第三者。"
翻译：There are even some people who joke, " In some ways, the child is the paramour between the husband and wife. "

This phrase introduces an opinion looking from a unusual/uncommon perspective.

① 失恋是挺让人难过的事情，不过，从某种意义上来说，也是好事，因为你可以从中发现自己的不足，然后重新开始。
② 人人都想过幸福轻松的生活，其实，从某种意义上来说，苦难也是一种财富。

✎ 请用"从某种意义上来说"谈一谈下面的话题：

① 失败
② 老师和学生的关系

5. 在 sth. 上 / sb. 身上投入……　　invest...in sb./sth.

原文：一旦有了孩子，就必然要在孩子身上投入很多精力。
翻译：Once you have a child, you certainly must invest a lot of energy in (your) child.

① 想说好中文，就得在中文学习上投入时间和精力。
② 现在政府在教育上的投入不够。
③ 为了培养孩子，父母在孩子身上投入了很多很多。

✎ 请用"在 sth. 上 / 在 sb. 身上投入……"完成句子：

① 为了让我上最好的大学，我的父母＿＿＿＿＿＿＿＿＿＿＿＿＿＿＿＿＿＿＿＿。
② 为了提高居民的生活质量，政府＿＿＿＿＿＿＿＿＿＿＿＿＿＿＿＿＿＿＿＿。

6. 在……上存在分歧　　have different opinions on...

原文：如果夫妻双方在教育孩子上存在分歧，会给家庭带来很多麻烦。
翻译：If the parents have different opinions on how to best educate a child, it could become very troublesome for the family.

① 中国和美国在贸易问题上还存在不少分歧。
② 两个公司的代表在价格问题上还存在一些分歧。
③ 不同年龄的人，在很多问题上都会存在分歧。

理解中国　**Understanding China**

7. A……，B 就更不用说了　　A..., let alone B

原文：怀孕和生育很辛苦，抚养孩子<u>就更不用说了</u>。
翻译：*It is very hard to be pregnant and to give birth, let alone to raise a child.*

① 在纽约生活，每个月吃饭就要花 400 块，住房就更不用说了。
② 中文的发音不容易，汉字就更不用说了。
③ 这家饭店的菜很差，服务就更不用说了。

✎ 请用"就更不用说了"完成句子：

① 现在找个工作真难，连_____都找不到，_____。
② 我们这种工作平时就忙，_____。
③ 在纽约买房子？那不是天方夜谭吗？连_____都买不起，_____。

8. 好不容易（才）……　　not easily...

原文：<u>好不容易</u>等到孩子上大学了，又得担心他毕业后能不能找个好工作。
翻译：*Even after the child finally makes it to college, the parents still have to worry about the child finding a good job after graduation.*

好不容易 can be used in two kinds of contexts.

(1) It can be used to comment on something that is very difficult to complete or realize. For example, 你们家真难找，我找了一个多小时，好不容易才找到.

(2) It introduces a statement that is used as the reason to persuade the listener. For example, 你好不容易才来一次，在我们家多住几天吧.

More examples:

① 我找了好几个地方，好不容易才找到你要的那本书。
② 朋友给他介绍了好几个对象，最后好不容易他才看中一个。
③ 最近实在太忙了，好不容易才休息一天，我要好好儿睡一觉。

✎ 请用"好不容易（才）……"完成句子或者对话：

① 昨天晚上我花了三个小时，_____。
② A：别生气，不就是丢了一张 CD 吗？
　 B：一张 CD？_____，所以我干脆不回去了。
③ A：我一定要跟她离婚！
　 B：唉，你们俩_____，怎么能说离就离呢？

9. ~心   sense of...

原文：我是一个责任<u>心</u>很强的人，……
翻译：*I am a person with a strong sense of responsibility, ...*

Like 感, when 心 is added as a suffix to certain verbs or nouns, it indicates a sense. For example, 责任心 (sense of responsibility), 公德心 (sense of social morality), 好奇心 (curiosity), 爱心 etc.

10. 对……负责   be responsible for...

原文：如果有了孩子就一定要照顾好，这是<u>对</u>孩子<u>负责</u>。
翻译：*If you have a baby, you should take responsibility for it's well-being.*

① 夫妻双方都要对家庭负责。
② 你已经是成人了，应该对自己做的事情负责。
③ 你这样做，不仅是对你自己负责，也是对别人负责。

11. 为……而 + V.   do sth for...

原文：从小到大都得<u>为</u>学业、事业、地位<u>而</u>努力。
翻译：*From youth to adulthood, children must work hard for their studies, career and social status.*

The pattern indicates for what purpose someone does something. It is usually found in written language.

① 现在的大学生也要为找工作而发愁。
② 我从小就打算为建设祖国而努力学习。
③ 不少人为世界和平而牺牲。

12. 这（个）A 那（个）A   this (A) and that (A)

原文：（孩子们）背着书包去上<u>这个</u>班<u>那个</u>班，真让人心疼。
翻译：*Carrying their backpack from one class to another really makes parents feel for them.*

① 我每天忙这个忙那个，时间很快就过去了。
② 你整天这个屋那个屋地跑，不累吗？
③ 当了县长以后，他就这个村那个村到处跑，很快就跟当地农民建立了密切的关系。

理解中国　Understanding China

13. 何必　　[rhetorica] what is the point of, why bother

原文：既然这样，<u>何必</u>非要生个小家伙出来让他受罪呢？
翻译：From all this, why would I have a baby just to have it suffer these difficulty?

① 都是朋友，何必客气呢？
② 他还是个孩子，不要跟他生气，何必呢？
③ 你打个电话给我就行了，何必亲自跑过来呢？

✏️ 请用"何必"改写或者完成句子：

① 明天只是一次小考，不用那么紧张。

　　改写：_____。

② 这么简单的问题问秘书就行了，_____？

③ 你这辆车挺好的啊，_____？

14. 对……（没）有把握　　be (not) certain about...

原文：有些夫妻<u>对</u>婚姻的稳定性<u>没有把握</u>。
翻译：Some couples are not certain about the stability of their marriage.

① 听说这次考试很难，你对这次考试有把握吗？
② 这次比赛我准备得不太好，所以对获胜没有把握。
③ 对没有把握的事情，我一般不会去做。

15. 不至于　　not to such an extent as to...

原文：即使夫妻不幸分手，也<u>不至于</u>给下一代造成什么影响。
翻译：Even if a couple divorces, it is not likely to be as bad as the affect on the next generation (had the couple had children).

① 虽然我们家没有什么钱，可也不至于出去要饭吧。
② 虽然你是新手，但是不至于连倒车都不会吧？
③ 今天的考试很难，但是我还不至于不及格。

✏️ 请用"不至于"改写或者完成句子：

① 虽然我的工资不高，不过还是有钱请你吃饭的。

　　改写：_____。

218

❷ 虽然你的英文没有那么好，但是也＿＿＿＿＿＿＿＿＿＿＿＿＿＿＿＿＿＿＿＿＿＿＿＿。

❸ 这次我的考试成绩不太好，＿＿＿＿＿＿＿＿＿＿＿＿＿＿＿＿＿＿＿＿＿＿＿＿＿＿＿。

16. 为（1）

原文：一方面反映出中国人的观念更为开放和多元化，……

翻译：On one hand, it reflects that China's notion are becoming more open and diverse, ...

为, meaning 是, originated from classical Chinese. It is usually used with a monosyllabic adverb, such as 极(extremely), 甚(very), 颇(rather), 尤(especially), 广(broadly), 深(deeply). For example, 极为重要, 甚为方便, 颇为出色, 尤为明显, 广为传播, 深为感动, etc.

练习与活动 PRACTICE & ACTIVITIES

语音练习

1 下面的词语你能读对吗？

缩写	生育	称作	逐渐	存在	操心	承受	受罪
均	全新	集中	事实上	精力	竞争	激烈	心疼
自愿	居多	永远	宠物	职业	女性	幸运	权衡

2 有感情地说

不管哪种语言，说的时候都要有感情。不同的句子，要说出不同的感情。请你根据自己的理解有感情地说出下面的句子。注意在合适的地方停顿、重读。

❶ 从某种意义上来说，孩子是夫妻感情的第三者。

从某种意义上来说，孩子是夫妻感情的第三者！！

❷ 操心简直是没完没了。

操心简直是没完没了！！

❸ 每次看到他们，我就想：以后我的孩子是不是也得这样？那么辛苦？

每次看到他们，我就想：以后我的孩子是不是也得这样，那么辛苦。

❹ 既然这样，何必非要生个小家伙出来让他受罪呢？

既然这样，何必非要生个小家伙出来让他受罪呢？！

理解中国 Understanding China

⑤ 能白头偕老，已经算幸运了，哪能奢望再有个孩子呢？
   能白头偕老，已经算幸运了，哪能奢望再有个孩子呢？！

词语练习

1 选词填空

> 奢望　熬夜　激烈　心疼　辛苦　自愿　害怕　浪漫　幸运　负责

① 在竞争_____的社会，孩子们承受的压力越来越大。
② 能找到工作就不容易了，我哪敢_____找一份高收入的工作？
③ 妈妈太_____，又要工作又要照顾家人，我真想帮帮她。
④ 多少年来，我一直想要找一个对家庭_____的对象。
⑤ 看到他病倒了，我别提有多_____了。
⑥ 这世界上还没有什么让他_____的事。
⑦ 很多大学生_____到农村的小学去教书，这是值得尊敬的做法。
⑧ 我喜欢看_____的爱情电影，而男朋友却喜欢看战争类的电影。
⑨ 他真_____，丢了的钱包竟然找到了。
⑩ 你看起来很没精神，昨晚一定_____了吧。

语法与结构练习

1 用括号中的词完成句子或者对话

① 网络交友_____。（不为……所 + V.）
② 喜欢 Hello Kitty 的人_____。（以……居多）
③ 我们的一生，_____。（从某种意义上来说）
④ 做了一个晚上，_____。（好不容易）
⑤ 我已经决定，我要_____。（为……而……）
⑥ _____，所以决定放弃。（对……没有把握）
⑦ A：咱们明天出去玩儿吧。
   B：出去玩儿？_____。（A……，B 就更不用说了）
⑧ A：我昨天又熬夜了。
   B：_____。（何必）
⑨ A：每次回家，_____。（这个……那个……）
   B：咱妈都是为你好。

⑩ A：我不想选这个课了，考试太难。
　B：_____。（不至于）

2 用所给的词语改写句子

① 中国和韩国都是东亚国家。（均）

② 他也不知道这件事情成功的可能性有多大。（对……没有把握）

③ 大学期间，她花了很多时间参加各种社会活动。（在……上投入……）

④ 他是一个很负责的人。（~心）

⑤ 他们在孩子的教育问题上看法不一样。（在……上存在分歧）

3 改正下列句子中的错误

① 她是一个有负责心的人。

② 要是考试太难了，我也不至于考得不好。

③ 我找了一天才找到这个饭馆，真是好不容易。

理解中国 Understanding China

④ 经过几十年的发展，北京的环境更为好。

⑤ 我连电脑都买不起，手机就更不用说了。

综合练习

1 综合填空

一味地　影响　况且　接受　麻烦　典型　大多

20世纪80年代后，丁克这种家庭模式为越来越多的人所_____，和_____的家庭结构不同的是，丁克家庭只由夫妻二人组成。目前在大城市，选择这种家庭模式的夫妻已超过了60万，他们_____是高学历、高收入的年轻人，做出这样的选择不是_____追求自由，而是有多方面的考虑。在丁克族看来，生养孩子既复杂又_____，不仅会_____夫妻的感情，还不利于事业的发展。_____，孩子生下来后，自己也没有信心给孩子一个美好的未来。

具有　占　比例　为　上升　居多　显示　相比

究竟是在二人世界中享受浪漫的爱情更好，还是在三口之家中享受天伦之乐更好？

最近的一项调查结果_____：家庭模式的选择一降三升，与1997年相同的调查结果_____，选择核心家庭（core family，夫妻二人加子女）的人数比例下降了11.3%，而选择丁克家庭、独身和大家庭（三代人共同生活）的人数比例分别_____了1.1%、3.9%和6.1%。

其中选择丁克家庭的人群_____三个特点：年轻化、高学历和高收入。在18—34岁的采访对象中选择丁克家庭的_____10.4%，明显高于35—54岁的采访对象。在不同学历的人群中，选择丁克家庭的人以大学以上

学历者＿＿＿＿＿，达到10.3%。收入越高者，选择丁克家庭的比例越高，家庭月均收入在5000元以上的采访者中的＿＿＿＿＿达到13.7%，而在1500元以下的人群中仅＿＿＿＿＿5.5%。

2 短文阅读

阅读下面的文章，回答问题。

养个孩子还是养个宠物？

做任何事之前，总得先弄清楚为什么去做，合算不合算，然后才能放心去做。现在我们来计算一下生个孩子的收益（gain）和支出（expenses），然后决定养个孩子还是养个宠物。

养个孩子的收益	养个孩子的支出
首先，有些乐趣： 在孩子很小的时候，养孩子和养宠物的乐趣差不多。在孩子长大时有做朋友的乐趣。在自己老的时候有被看望和有人陪伴的乐趣。	**首先，经济上的支出：** 平时每月500到1000肯定少不了，孩子上幼儿园、小学、中学、大学，特别是上外国大学，钱多得算不过来，反正养一个孩子，与在市内买一套大房子所需要的费用差不多。
其次，大概有些经济收益： 还是拿自己的情况来说比较有现实意义：我老爸老妈把我养到20岁，按当前的物价来计算，20万怎么都少不了，而我现在每年给父母的所有东西的价值，可能都赶不上20万的年利息（interest），所以从经济收益来说，我父母是亏大啦。不过，如果做儿女的有能力并且愿意多给父母一些，情况可能就不一样了。	**其次，精力上的：** 养孩子可不能光花钱不出力，虽然花钱请个保姆（babysitter）或请父母帮忙可以省点儿力气，可是还有很多的事情要自己做，在孩子身上恐怕得投入工作之外时间的1/3到1/2。

理解中国　**Understanding China**

最后，养孩子是延续人类生命的义务：	再次，是感情上的投入：
这个说法是正确的，但是考虑到中国人口这么多，这个义务基本上毫无价值，所以也没有什么意义。	这笔帐更难算清楚，反正估计在这方面也是亏的多赚的少。

根据《养个孩子的收益 VS 养个孩子的支出》改写

❶ 作者觉得养孩子"合算"吗？
❷ 作者的哪些观点你同意/不同意？为什么？

3 短文写作

❶ 热身练习一里谈到很多关于孩子的说法，请你选择一个谈谈你的看法。
（建议使用：从某种意义上来说；Adv. + 为 + Adj.；何必；不至于）

❷ 你会不会因为父母的压力或者社会的压力而生孩子？说说你的看法。
（建议使用：以……居多；存在分歧；就更不用说了；好不容易）

4 小作文

有人说家庭一定要有孩子才稳定,因为三角形是最稳固的。你觉得呢?你理想的家庭模式是什么样的?写一篇 300 字的文章说明你的看法。

理解中国　Understanding China

5 交流与讨论

请你跟几个同学一起讨论下面的问题，把你们的主要想法写下来。

① 你有没有丁克一族的朋友？你怎么看他们的生活？
② 很多职业女性都因为担心失去工作而不要孩子，你认为这样做有必要吗？为什么？
③ 现在有一个新词叫"被丁克"，特别是那些低收入的家庭——他们因为没有能力负担生养孩子的费用，所以就干脆不要孩子了。你怎么看这个问题？

我的笔记

第五单元　社会万象

爱华在中国的生活马上就要结束了，最近他在整理自己的日记，发现有三个话题他特别感兴趣——80后、三大件和超女。他觉得，这三个词从不同角度反映了中国的变化和发展趋势。在这个单元里，让我们一起来解读这三个关键词。

80后的皇帝

热身 Warm-up

问问自己

回忆一下你的父母是怎么教育你的，回答下面的问题，然后跟同学分享。

	爸爸/父亲	妈妈/母亲
有没有打过你？如果有，那是因为什么事情？		
如果你想买一个很贵的玩具，会给你买吗？		
会要求你考试必须得A（或者90分以上）吗？		
会要求你学钢琴、小提琴之类的技能吗？		
允许你参加跟学习无关的活动吗？		

小记者

请你采访两三位从中国来的朋友，请他们回答下面的问题。

问题 姓名	你是不是独生子女？（有兄弟姐妹吗？）	你觉得当独生子女有什么好处？	你觉得当独生子女有什么不好的？

理解中国　Understanding China

课文 TEXT

　　说起皇帝，我们的脑子里立刻会出现电视剧里的那些皇帝的形象，他们锦衣玉食、一呼百应，真是威风。不过，随着时代的发展，皇帝这个词已经不<u>属于</u>[1]现代社会了。然而，有趣<u>的是</u>[2]，进入20世纪80年代以后，中国却出现了一批"小皇帝"。

　　其实，这些小皇帝，并不是传统意义上的皇帝，他们只是一些独生子女，准确地说，他们是实行计划生育以后出生的独生子女。

　　为什么把这些80后的独生子女称作小皇帝呢？主要是因为他们在家里处于绝对的核心地位。他们是家庭的宠儿，家里人对他们简直是百依百顺，言听计从。引用一位妈妈的话说："家里就这么一个孩子，我和他爸都把孩子当宝贝；两家的老人更是把孩子当心肝儿，所以，孩子的任何要求我们都会尽力满足。"瞧，这就是皇帝的待遇。

　　为什么他们可以享受皇帝<u>般的</u>[3]待遇呢？我们从历史中可以找到一些答案。回顾历史，不难发现，中国<u>历来</u>[4]就有"重生"的观念，传统的农业经济决定了生儿育女的重要性，<u>加之</u>[5]封建社会缺乏社会保障，很多人有"养儿防老"的想法，所以，父母对孩子从来都是格外地宠爱。在计划生育政策实行以后，城市里的家庭只能生一个孩子，家长们自然会对这个孩子投入百分之二百的精力和感情。

　　遗憾的是，皇帝般的待遇似乎并没有让小皇帝们更为出色。<u>相反</u>[6]，他们被认为大多娇生惯养、好吃懒做、以自我为中心，不懂得怎么与别人相处……甚至有人批评这一代人<u>无一例外都</u>[7]患上了"四二一综合症"[1]。由于独生子女被认为有这样那样的问题，

读第一、二段课文，回答下面的问题：

① 你在电视剧里看过皇帝的形象吗？他们的生活是什么样的？
② 中国什么时候出现了"小皇帝"？他们是真的皇帝吗？

读第三、四段课文，回答下面的问题：

① 为什么这些孩子会被称作小皇帝？
② 为什么这些孩子在家里可以享受皇帝般的待遇？跟哪些原因有关？

---

[1] 四二一综合症："一"指独生子女，"二"指独生子女的父母，"四"指独生子女的父母的父母。

一些公司在招聘的时候甚至谢绝那些是独生子女的应聘者。

独生子女真的那么糟糕吗？中国青少年研究中心对三千多名独生子女及其家长进行了调查。调查的结论是：独生子女表现出许多好的素质，比如，社会道德感强，兴趣爱好广泛，富有[8]同情心。但他们在独立性、勤劳节俭的生活习惯、面对挫折的能力等方面存在着一定的不足。该调查结果被认为是对独生子女比较客观的评价。如今，不少教育专家也已经达成共识[9]，认为独生子女和非独生子女之间并不存在本质的区别。

其实，当皇帝也并不是件轻松的事情。这些独生子女们往往承载着两辈人、三个家庭的希望。他们从五六岁开始就要学习承受巨大的压力，就要努力在各方面出类拔萃。家长们让孩子参加各种各样的补习班，恨不得[10]让他们琴棋书画[1]无所不[11]能。很多家长承认，他们是在强迫孩子实现自己没有实现的梦想。有的家长从小就对孩子们进行纪律、竞争、举止等方面的素质培养。比如，为了教孩子们自律，早晨的时候给孩子一块儿糖，并且答应他，如果能忍住不吃的话，下午会再奖励他们一块儿。你能想象吗？四岁，他们就要学习控制自己的欲望；四岁，他们就要学会从一数到一百。

如今，80后独生子女这个特殊的群体已经成为全社会关注的焦点之一，因为在他们身上寄托着中国的未来、中国的希望。可喜的是，在2008年5·12汶川地震发生后，以及保护奥运圣火的过程中，这一群80后年轻人的表现，充分体现了爱国、奉献的精神。他们也在用行动告诉每一个人，他们不是"垮掉的一代"。

根据《第一批独生子女"入世"能否承担起社会责任》、《百度百科：80后》改写

读第五、六段课文，回答下面的问题：

1. 这些小皇帝有什么问题吗？为什么他们会被批评？
2. "四二一综合症"是什么病？
3. 独生子女跟非独生子女真的有区别吗？

读第七、八段课文，回答下面的问题：

1. 为什么说这些小皇帝也不轻松？他们有什么压力？
2. 80后的独生子女在哪些事情上的表现让人高兴？
3. 你了解"汶川地震"和"保护奥运圣火"的事情吗？（可以在网上查一查）

---

1 琴棋书画：Lute-playing, chess, calligraphy, and painting, these four skills were regarded the necessary accomplishments of a scholar.

理解中国 Understanding China

词语 NEW WORDS

#	简体	繁體	Pinyin	Type	Meaning
1	皇帝	皇帝	huángdì	N.	emperor
2	电视剧	電視劇	diànshìjù	N.	TV play
3	锦衣玉食	錦衣玉食	jǐnyī-yùshí	IE	beautiful dresses and nice food (live an extravagant life)
4	一呼百应	一呼百應	yìhū-bǎiyìng	IE	a hundred responses to a (single) call
5	威风	威風	wēifēng	Adj.	awe-inspiring
6	属于	屬於	shǔyú	V.	to be classified as, to be part of, to belong to
7	有趣	有趣	yǒuqù	Adj.	interesting, amusing
8	批	批	pī	M.W.	group, batch
9	准确	準確	zhǔnquè	Adj.	accurate, exact
10	核心	核心	héxīn	N.	core
11	宠儿	寵兒	chǒng'ér	N.	[F] child of fortune, favorite
12	百依百顺	百依百順	bǎiyī-bǎishùn	IE	docile and obedient
13	言听计从	言聽計從	yántīng-jìcóng	IE	always listen to sb's words and follow his counsels
14	引用	引用	yǐnyòng	V.	to quote, to cite
15	宝贝	寶貝	bǎobèi	N.	treasured object, darling, baby
16	心肝儿	心肝儿	xīngānr	N.	(term of endearment mostly used with one's small children) darling
17	尽力	盡力	jìn lì		to do all one can, to try one's best
18	般	般	bān	Suf.	just like, kind
19	回顾	迴顧	huígù	V.	to reflect, to retrospect, to look back
20	历来	歷來	lìlái	Adv.	[F] (has always been like this) from the past, through all the ages
21	重生	重生	zhòng shēng		to think having children is important
22	农业	農業	nóngyè	N.	agriculture, farming
23	决定	決定	juédìng	V./N.	to decide; decision
24	加之	加之	jiāzhī	Conj.	moreover, furthermore
25	封建	封建	fēngjiàn	N.	feudalism
26	宠爱	寵愛	chǒng'ài	V.	to favor, to love ardently
27	自然	自然	zìrán	Adv.	naturally, certainly

28	遗憾	遺憾	yíhàn	Adj.	unfortunate
29	出色	出色	chūsè	Adj.	excellent, outstanding
30	娇生惯养	嬌生慣養	jiāoshēng-guànyǎng	IE	pampered and indulged since childhood
31	好吃懒做	好吃懶做	hàochī-lǎnzuò	IE	love eating but hate working
32	自我	自我	zìwǒ	Pron.	self, ego
33	懂得	懂得	dǒngde	V.	to understand, to know
34	相处	相處	xiāngchǔ	V.	to get along (with one another)
35	批评	批評	pīpíng	V.	to be critical of sb or sth, to criticize
36	例外	例外	lìwài	N.	exception
37	患	患	huàn	V.	[F] to contract (an illness)
38	综合症	綜合癥	zōnghézhèng	N.	syndrome
39	谢绝	謝絕	xièjué	V.	to refuse or decline politely
40	应聘	應聘	yìngpìn	V.	to apply for (a job)
41	名	名	míng	M.W.	(indicate number of people)
42	结论	結論	jiélùn	N.	final conclusion or judgement
43	道德	道德	dàodé	N.	morals, ethics
44	广泛	廣泛	guǎngfàn	Adj.	broad, wide-ranging
45	富有	富有	fùyǒu	V.	[F] to be rich in, to be full of
46	同情	同情	tóngqíng	V.	to sympathize
47	勤劳	勤勞	qínláo	Adj.	diligent, industrious
48	节俭	節儉	jiéjiǎn	Adj.	[F] thrifty
49	挫折	挫折	cuòzhé	N.	frustration, setback
50	不足	不足	bùzú	N.	shortcoming, shortage
51	客观	客觀	kèguān	Adj.	objective
52	评价	評價	píngjià	V.	to appraise, to evaluate
53	达成	達成	dáchéng	V.	to reach (an agreement)
54	共识	共識	gòngshí	N.	common understanding
55	本质	本質	běnzhì	N.	essence, nature
56	区别	區別	qūbié	N./V.	[F] difference; to differentiate

理解中国 Understanding China

57	承载	承載	chéngzài	V.	[F] to stand, to bear
58	出类拔萃	出類拔萃	chūlèi-bácuì	IE	excel from one's fellow beings
59	补习	補習	bǔxí	V.	to take lessons after school or work
60	恨不得	恨不得	hènbude	IE	one wishes one could
61	琴	琴	qín	N.	(general name for a type of traditional musical instruments, similar to zither)
62	棋	棋	qí	N.	Chinese chess
63	书	書	shū	N.	calligraphy
64	画	畫	huà	N.	paintings
65	无所不能	無所不能	wúsuǒbùnéng	IE	there is nothing one cannot do
66	承认	承認	chéngrèn	V.	to acknowledge, to admit
67	强迫	強迫	qiǎngpò	V.	to compel, to force
68	纪律	紀律	jìlù	N.	discipline, rule
69	举止	舉止	jǔzhǐ	N.	behavior, manner
70	自律	自律	zìlù	V.	to discipline oneself
71	糖	糖	táng	N.	candy
72	忍	忍	rěn	V.	to endure, to tolerate
73	奖励	獎勵	jiǎnglì	V.	to encourage
74	控制	控制	kòngzhì	V.	to control, to dominate
75	欲望	欲望	yùwàng	N.	desire, wish
76	焦点	焦點	jiāodiǎn	N.	focus
77	可喜	可喜	kěxǐ	Adj.	gratifying, heartening
78	地震	地震	dìzhèn	N.	earthquake
79	圣火	聖火	shènghuǒ	N.	Olympic Flame
80	爱国	愛國	ài guó		to be patriotic
81	奉献	奉獻	fèngxiàn	V.	to sacrifice
82	行动	行動	xíngdòng	N.	act, behavior
83	垮掉	垮掉	kuǎdiào	V.	to collapse, to break down

语法与结构 GRAMMAR, PATTERN, EXPRESSION

1. 属于　　belong to

　　原文："皇帝"这个词已经不属于现代社会了。
　　翻译：The word "emperor" does not belong to modern society.

　①　这些资料属于学校，不属于个人。
　②　离婚以后，我们的房子属于谁？

属于 also can indicate something can be categorized as a certain group.

　③　四合院属于中国传统建筑。
　④　快餐属于速食文化。

2. Adj./V. 的是，……　　what ... is ...

　　原文：有趣的是，进入20世纪80年代以后，中国却出现了一批"小皇帝"。
　　翻译：Interestingly, after 1980s, a group of "little emperors" occur in China.

This structure often occurs at the beginning of a sentence, as a separate phrase, to give a comment or description about the later clause.

　①　遗憾的是，皇帝般的待遇似乎并没有让小皇帝们更为出色。
　②　可喜的是，在2008年5·12汶川地震发生后，……
　③　让人想不到的是，她竟然离家出走了。

✎ 请用"Adj./V. 的是，……"翻译或者改写下面的句子：

　①　Surprisingly, the assassin did not kill the emperor, as he had promised.

　　中文：_____。

　②　我们市内的污染越来越严重，这一点我们必须重视。

　　改写：_____。

　③　这几年的空气质量越来越糟糕，这太让人担心了。

　　改写：_____。

3. N. + 般的……　　[poetic expression] just like, same as

　　原文：为什么他们可以享受皇帝般的待遇呢？
　　翻译：Why can they enjoy the emperor-like treatment?

235

理解中国 Understanding China

① 她的报告结束以后，台下响起暴风雨般的掌声。
② 希望我们能够保持朋友般的关系。
③ 我最喜欢看宝贝那天使般的笑容。

✎ 请给右边的词语找到合适的修饰语（答案不唯一）：

梦境般的	日子
初恋般的	温暖
神仙般的	世界
春天般的	美女
天使般的	味道

4. **历来**   from past down to present

原文：中国历来就有"重生"的观念，……
翻译：China's traditional culture has always paid much attention to having children, ...

① 美国人历来重视自由。
② 中国历来就有尊老爱幼的传统。
③ 我们学校历来注意培养学生的思考能力。

✎ 请用"历来"介绍下面的内容：

① 你们国家的一个传统

② 你们家的一个传统习惯

5. **加之**   [written] moreover, plus

原文：传统的农业经济决定了生儿育女的重要性，加之封建社会缺乏社会保障，很多人有"养儿防老"的想法，……
翻译：Traditional agricultural economics underlies the importance of having children. Moreover, with the lack of a social security system, many people have the concept "raise children to provide against old age", ...

加之 indicates a further reason or condition.

① 夏天天气炎热，加之噪声不断，让人不能入睡。
② 汽车数量不断增多，加之缺乏有效的控制，污染问题越发严重。
③ 老年人本来就容易感到孤独，加之儿女不在身边，所以患抑郁症的老人越来越多。

✏️ 请用"加之"回答下面的问题：

① 为什么现在丁克家庭越来越多了？
_____

② 为什么到国外留学的中国学生日益增多？
_____

③ 为什么现在的污染一天比一天厉害？
_____

6. 相反   on the contrary

原文：皇帝般的待遇似乎并没有让小皇帝们更为出色。相反，他们被认为大多娇生惯养、好吃懒做、以自我为中心，……

翻译：Treatment as emperors didn't make these only children become more outstanding. On the contrary, they became spoiled, lazy, and self-centered, ...

When 相反 is used to make a contrast, there should be two words or phrases that are contradictory in the two clauses.

① 遇到困难的时候，他没有害怕，相反，他更有勇气了。
② 政府的经济政策没有提高人们的生活水平，相反，让人们的生活质量下降了。
③ 多读一些课外书不会影响学习，相反，还可以帮助学生了解世界，丰富他们的精神。

✏️ 请用"相反"完成句子：

① 中国人喜欢喝热水，_____。
② 我的努力没有让我得到更好的成绩，_____。
③ 真奇怪，吃了药以后我的病_____。

7. 无一例外（都）……   without exception

原文：有人批评这一代人无一例外都患上了"四二一综合症"。

翻译：Some people criticized that those children, almost without exception, suffer from "four-two-one syndrome".

① 今天参加比赛的人无一例外都来自三年级。
② 昨天没有来上课的同学无一例外都必须写检查。
③ 对这个建议，同学们无一例外都举双手表示赞同。

理解中国 Understanding China

8. 富有 + N.   [written] be rich in, be full of

原文：（独生子女）社会道德感强，兴趣爱好广泛，富有同情心。
翻译：Only children have a strong sense of moral values, wide scope of interests and are full of sympathy.

① 富有创造性
② 富有实践经验
③ 富有活力

9. 达成共识   reach an agreement

原文：不少教育专家也已经达成共识，……
翻译：Many education experts already reached an agreement that, ...

① 中美两国政府已经达成共识：发展是最重要的事情。
② 对于污染问题，各国政府已经达成共识。
③ 恐怖问题应该怎么解决，民主党和共和党还没有达成共识。

10. 恨不得 + V.   how one wishes on could..., be dying to

原文：家长们让孩子参加各种各样的补习班，恨不得让他们琴棋书画无所不能。
翻译：Parents made their children take different classes and wished that their children would do well in every aspect.

This pattern is used to indicate strong feelings or emotion, therefore it usually involves extreme or impossible statement.

① 我真想我的女朋友，我恨不得现在就去加州看她。
② 我受够了，我恨不得现在就跟你离婚。
③ 他恨不得有十张嘴，把心里的话一下子都说出来。

✎ 请用"恨不得"完成句子：

① 今天老师又批评我了，_____。
② Jack 太讨厌了，我恨死他了。_____。
③ 为了学好中文，_____。

11. 无所不 + V.   nothing not...

原文：家长们让孩子参加各种各样的补习班，恨不得让他们琴棋书画无所不能。

238

翻译：Parents made their children take different classes and wished that their children would do well in every aspect.

无所不 + V. is a classical Chinese pattern meaning everything will be included. For example, 无所不知(什么都知道), 无所不会(什么都会), 无所不谈(什么都谈), 无所不在(在每个地方)。

练习与活动 PRACTICE & ACTIVITIES

语音练习

1 下面的词语你能读对吗？

电视剧	准确	加之	相处	挫折	不足	区别
属于	有趣	绝对	决定	谢绝	结论	欲望
宝贝	心肝儿	宠爱	宠儿	富有	纪律	节俭

2 长句的读法

想读好长句，要注意几点：停顿、重音、节拍。在读之前，应该先看懂句子，想清楚在哪里停顿，哪些地方要重读，哪里应该快，哪里应该慢，然后再开始读。

① 说起皇帝，我们的脑子里立刻会出现电视剧里的那些皇帝的形象，他们锦衣玉食、一呼百应，真是威风。

② 由于独生子女被认为有这样那样的问题，一些公司在招聘的时候甚至谢绝那些是独生子女的应聘者。

③ 他们在独立性、勤劳节俭的生活习惯、面对挫折的能力等方面存在着一定的不足。

④ 如今，80后独生子女这个特殊的群体已经成为全社会关注的焦点之一，因为在他们身上寄托着中国的未来、中国的希望。

⑤ 在2008年5·12汶川地震发生后，以及保护奥运圣火的过程中，这一群80后年轻人的表现，充分体现了爱国、奉献的精神。

理解中国　Understanding China

词语练习

1 选词填空

> 回顾　历来　自然　客观　属于　例外　评价　相处　区别　遗憾

① 夫妻俩两地分居，时间长了＿＿＿＿会产生矛盾。
② 非常＿＿＿＿，您提出的要求我们无法满足，您还是考虑别的公司吧。
③ 为了更好地了解这个问题，我们有必要＿＿＿＿一下历史。
④ 四合院＿＿＿＿典型的中国古代建筑。
⑤ 中国人＿＿＿＿有"养儿防老"的传统观念。
⑥ 我的同屋性格温和，是个很好＿＿＿＿的人。
⑦ 她每天都是第一个到教室，从来没有＿＿＿＿。
⑧ 没有了解事情真相以前，我拒绝对这件事进行＿＿＿＿。
⑨ 我喜欢去自然风景好的地方旅游，因为每个大城市都没有什么＿＿＿＿。
⑩ 你的分析很有道理，也很＿＿＿＿。

2 成语填空

> 锦衣玉食　一呼百应　百依百顺　出类拔萃　无所不能

① 现在的手机功能太多了，简直＿＿＿＿＿＿。
② 那些从小过着＿＿＿＿＿＿的生活的孩子，长大以后肯定不能适应艰苦的生活。
③ 别看她现在对你＿＿＿＿＿＿，等她得到你的财产了，估计情况就不一样了。
④ 看，这才是真正的领导，任何时候都能＿＿＿＿＿＿。
⑤ 其实没有必要总是＿＿＿＿＿＿，差不多就行了。

语法与结构练习

1 用括号中的词完成句子或者对话

① 如果抓住机会就能获得成功，＿＿＿＿＿＿＿＿＿＿。（相反）
② 这几天我的朋友们＿＿＿＿＿＿＿＿＿＿。（无一例外都……）
③ 我们公司要招聘的是＿＿＿＿＿＿＿＿＿＿。（富有）
④ 每次快到期末考试时，＿＿＿＿＿＿＿＿＿＿。（恨不得）
⑤ 我真想有一天能过上＿＿＿＿＿＿＿＿＿＿的生活。（……般的）
⑥ 我和好朋友 Amy 认识三年了，＿＿＿＿＿＿＿＿＿＿。（无所不 + V.）

❼ 找工作的时候,有没有工作经验＿＿＿＿＿＿＿＿＿＿＿＿＿＿＿＿＿＿＿。(决定)

❽ 这次考试有点儿难,但是＿＿＿＿＿＿＿＿＿＿＿＿＿＿＿＿＿＿＿＿＿。(不至于)

❾ A: 你说吧,我们的财产应该怎么分?

　 B: ＿＿＿＿＿＿＿＿＿＿＿＿＿＿＿＿＿＿＿＿＿＿＿＿＿＿＿＿＿＿＿。(属于)

❿ A: 他的心情好像很不好,怎么了?

　 B: ＿＿＿＿＿＿＿＿＿＿＿＿＿＿＿＿＿＿＿＿＿＿＿＿＿＿＿＿＿＿＿。(自然)

⓫ A: 你来这儿已经有段时间了,想家吗?

　 B: ＿＿＿＿＿＿＿＿＿＿＿＿＿＿＿＿＿＿＿＿＿＿＿＿＿＿＿＿＿＿＿。(恨不得)

2 用下面的词语组成句子

❶ 努力　两国政府　达成　经过　已经　共识

❷ 的焦点　成为　社会　关注　经济的发展　环境问题　了　随着

❸ 独生子女　巨大　承受　父母　往往　的　来自　压力　着

综合练习

1 综合填空

缺陷　客观　以　评价　结构　心目　相当于　同时

1979年,中国政府实行了一项具有深远意义的人口政策:一对夫妇只能生一个孩子。这项与改革开放几乎＿＿＿＿＿＿开始的政策,到现在已经有30多个年头了。

现在70%的教师对学生不满,原因是老师认为学生们都是独生子女,不知道怎么与人合作、＿＿＿＿＿＿自我为中心、追求享受、怕吃苦。听上去这些＿＿＿＿＿＿似乎可以代表所有人＿＿＿＿＿＿中独

理解中国 Understanding China

生子女的形象。然而，上面的说法却不够_____。

要_____"小皇帝们"，就不得不回顾独生子女出生和成长的社会背景。从1979年开始，中国社会的意识形态、思想观念、经济水平甚至整个社会_____都发生了巨大的变化。2002年，中国国内生产总值超过10万亿元。这个数字，_____1978年的27个中国的GDP。

经济的繁荣、思想的解放和科技水平的巨大飞跃，使第一代独生子女一出生就踏上比他们的父辈和祖辈高得多的起点，也在他们身上留下了深深的时代烙印。

2 短文阅读

阅读下面的文章，回答问题。

不要太强调独生子女的"独"

——访北京教科院冉乃彦

记　者：现在，不少人认为独生子女娇生惯养、不能吃苦、依赖性强等等。您是如何看待这些说法的呢？

冉乃彦：其实，不少教育专家已经达成一个共识，认为独生子女与非独生子女之间并不存在本质的区别。我个人也认为，独生子女并不像大家所认为的那样，是"垮掉的一代"，这种观点相对不太客观。事实上，在很多独生子女身上，有着很多优点。

记　者：但在实际生活中，人们的担心并不是没有根据的，对吗？

冉乃彦：对，大家之所以觉得独生子女娇生惯养、不能吃苦，就是大家在平时的生活中有这样一种感觉和印象。的确，我们在生活中会经常看到一些独生子女很娇气，但这并不能说明我们的独生子女天生就这么娇气，没准儿娇气的孩子中有很多是非独生子女呢。所以，我们应该问自己，是不是我们在对孩子的教育方面出了些问题。

记　者：那您觉得对独生子女的教育目前存在什么样的问题呢？

冉乃彦：现在很多家庭都只有一个孩子，所以把所有的希望和关爱都集中到这个孩子身上，这就会形成对孩子的一种溺爱。目前的家庭教育中，家长对孩子包办过多、满足过多、期望过高，这些在教育中都是不得当的。另外，家长望子成龙、望女成凤的思想也促使大家普遍存在重智力教育、轻道德教育的趋势。虽然大家平时口头上也在强调德育教育，但还是有不少人把让孩子考高分、上大学放到了第一位。特别要强调一点，家长作为孩子的第一位老师，对孩子的影响是很深远的。如果孩子因为家庭溺爱而养成惟我独尊等不好的习惯，就很容易影响孩子以后的成长。

记　者：除了家庭方面的原因，学校方面有什么值得注意的地方吗？

冉乃彦：就孩子的教育而言，家庭、学校、社会是一个都不能少。由于现在的独生子女在家里都是含在嘴里怕化了，捧在手里怕摔了，这种特殊地位使得现在的老师们不再随意批评学生，因为他们不敢去批评。于是，教育专家们担心了，因为这种无批评的教育是不可行的。没有批评，孩子可能就认识不到自己的错误，从而一错再错，而且没有受过批评的孩子，他们的心理承受能力比较差。所以，老师们应该学会正确对待这些"独苗"，学会科学地批评。

记　者：您觉得在独生子女的教育方面应该把握怎样的方向和原则呢？

冉乃彦：独生子女有自己的特点，比如他们交流欲望比较强，这样我们的教育就该因势利导，带孩子们多去了解外边的世界。但是，我认为不要过分强调独生子女的"独"，这样大家就觉不出有什么特殊了，也就会很平和（mild）地去对待独生子女教育。

根据《9000万独生子女：垮掉的一代？》改写

1. 冉乃彦认为独生子女：
   A. 是垮掉的一代　　　　　　　　　B. 有很多优点
   C. 和非独生子女彻底不同　　　　　D. 不喜欢交流

2. 下面哪项是独生子女教育存在的问题？
   A. 家长对孩子的期望值太低　　　　B. 忽视道德教育
   C. 忽视孩子的需求　　　　　　　　D. 家长自己教育孩子

3. 根据上面的采访，现在的老师为什么不随意批评学生？
   A. 老师太忙了　　　　　　　　　　B. 学生都非常好
   C. 老师不敢　　　　　　　　　　　D. 学校不允许

4. "不要过分强调独生子女的'独'"这句话的意思是：
   A. 为独生子女多生几个弟弟妹妹　　B. 父母应该多陪伴孩子
   C. 把独生子女当成普通的孩子进行教育　　D. 应该让独生子女多交朋友

理解中国　**Understanding China**

3 短文写作

① 你觉得课文中提到的独生子女的问题是谁造成的？是父母吗？
（建议使用：……的是；属于；加之；自然）

② 如果你是父母，你会让孩子实现你自己没有实现的理想吗？
（建议使用：历来；相反；恨不得；无所不……）

4 小作文

"70后""80后""90后"，这些词代表了不同时代的人具有的不同特色。你自己是哪个年代的人？你觉得这些不同年代的人有哪些不同？请你写一篇300字的文章说明自己的看法。

我是＿＿＿后

13　80后的皇帝

理解中国　Understanding China

5　交流与讨论

请你跟几个同学一起讨论下面的问题，把你们的主要想法写下来。

① 在你的国家有没有类似"小皇帝"的问题？
② 问问你的中国朋友，看看他们对独生子女有什么看法。
③ 你觉得对独生子女的教育要特别注意什么？

我的笔记

三 大 件

热身 Warm-up

集思广益

下面的这些东西，你能说出它们的名字吗？你知道它们是用来做什么的吗？

你知道下面这些词是什么意思吗？问问你的中国朋友或者到网上查一查，然后告诉你的同学。

大白兔奶糖：

大哥大：

圣斗士：

丢沙包：

小记者

跟你的父母聊一聊你们家在过去30年里的变化。比如，哪些东西消失了？哪些成了常用品？然后跟你的同学一起分享一下。

理解中国　Understanding China

课文 TEXT

　　如今，"三大件"这个词听起来有些遥远、陌生，还带着¹那么点儿怀旧的色彩。但是，谁都不该忘记三大件，因为它不但反映了一个家庭的生活水平，更是中国人特殊的记忆，是中国经济发展的缩影，体现了一代代中国人对财富的梦想和对幸福的追求。三大件在不同的历史时期有不同的内涵，从三大件的变迁可以看出中国经济发展的轨迹。

读第一段课文，回答下面的问题：

❶ "三大件"是个老词还是个新词？
❷ 为什么作者认为不应该忘记三大件？

20世纪70年代：手表、自行车、缝纫机

　　从1949年到1978年改革开放，是中国经济摆脱落后、开始发展的时期。这个时期，中国的老百姓基本上都在"勒紧腰带过日子"，属于典型的高积累、低消费阶段。国家基本控制了居民所有的生活消费，全体中国人几乎无一例外地依靠"票证"生活。当时，人们省吃俭用以²维持基本的生活，他们最大的财富梦想不过是拥有一辆自行车、一块手表和一台缝纫机，也就是俗称的"老三件"。另外，再算上收音机，合称"三转一响"。

读第二段课文，回答下面的问题：

❶ "勒紧腰带过日子"是什么意思？"票证"是做什么用的？
❷ 为什么70年代的三大件也叫"三转一响"？

20世纪80年代：彩电、冰箱、洗衣机

　　1978年以后，中国进入了改革开放时期。在这一时期发生了中国历史上一次重要的消费革命。1984年是一个重要的历史转折点。1984年之前，人们的消费大都是为了解决温饱问题；1984年以后，中国进入以追求质量、档次为内容的消费阶段。随着收入水平的提高和选择空间的增大，消费者的要求也不断提高。这一阶段是中国居民向小康生活迈进的重要环节，"新三大件"成为³当时社会的宠儿，拥有彩电、冰箱、洗衣机是每个家庭的梦想。

读第三段课文，回答下面的问题：

❶ 什么是"小康生活"？
❷ "社会的宠儿"是什么意思？

20世纪90年代：空调、电脑、录像机

　　进入90年代，随着社会主义市场经济的建立和

发展，中国人的生活"芝麻开花节节高"[1]，家庭建设又向新的现代化目标迈进，三大件又变成了空调、录像机、电脑。不过，当时的电脑还是"286"，没有鼠标，速度慢得像蜗牛。

21 世纪：房子、车子、票子

经过三十多年的改革开放，中国的经济总量日益增加，综合实力日益增强。2010 年，中国的人均国民生产总值超过四千美元，整体上已进入[4]世界中下收入国家行列[5]，经济规模位居[5]世界第二。与此同时[6]，"新三大件"的概念也逐渐形成，但是这新三大件的内容没有公认的版本，可谓见仁见智。说得最多的算是"房子、车子、票子"了。房子和车子没有争议，另外提的最多的无非[7]是保险、子女教育、旅游等，归根结底，都是票子。新的三大件中，房子绝对是重中之重。

在这个阶段，由于[8]全球化浪潮的影响，中国的社会结构、经济结构以及人们的生活方式都发生了巨大的转变。其中，社会结构从金字塔型向橄榄型转变，中产阶级的数量迅速增加。中国的中产阶级主要由两部分人组成：一部分是出生于 20 世纪 70 年代末的那批独生子女，他们接受的是完全不同于[9]父辈的消费观念，他们更愿意对未来投资，对日新月异的消费潮流更为敏感；另一部分是比他们更为年长的一代人，这些人正进入事业的收获期[10]，"品质生活"是他们的追求，也是他们的标签。这两代人将成为中国未来消费的主力。

新中国 50 多年的经济发展历史，实际上是消费结构不断升级的过程。而作为财富象征的"三大件"的更替，不仅反映了百姓生活水平的提高，也折射出一个国家和民族的历史巨[11]变。

根据《"三大件"的演进与消费结构升级》、《百度百科：三大件》改写

读第四、五段课文，回答下面的问题：

❶ "芝麻开花节节高"在课文里是什么意思？
❷ 21 世纪的新三大件指什么？

读第六、七段课文，回答下面的问题：

❶ 中国的社会结构发生了什么转变？
❷ 中国未来消费的主力是哪些人？这些人有什么特点？

---

1 芝麻开花节节高：Rise joint by joint like sesame flowers on the stem.

理解中国 **Understanding China**

词语 NEW WORDS

#	简体	繁体	拼音	词性	英文
1	怀旧	懷舊	huáijiù	V.	to reminisce past times or old acquaintances
2	色彩	色彩	sècǎi	N.	color, hue
3	缩影	縮影	suōyǐng	N.	epitome, miniature
4	财富	財富	cáifù	N.	[F] wealth, riches
5	梦想	夢想	mèngxiǎng	N.	dream, wish
6	内涵	內涵	nèihán	N.	intension, connotation
7	变迁	變遷	biànqiān	N.	transition, changes
8	轨迹	軌跡	guǐjì	N.	track, path
9	缝纫机	縫紉機	féngrènjī	N.	sewing-machine
10	落后	落後	luòhòu	V./Adj.	to fall behind; underdeveloped
11	勒	勒	lēi	V.	to tighten
12	紧	緊	jǐn	Adj.	tight
13	腰带	腰帶	yāodài	N.	belt, waistband
14	过日子	過日子	guò rìzi	IE	to live, to pass the days
15	居民	居民	jūmín	N.	resident
16	消费	消費	xiāofèi	V.	to consume
17	全体	全體	quántǐ	N.	all, entire, whole
18	票证	票證	piàozhèng	N.	ration, coupon
19	省吃俭用	省吃儉用	shěngchī-jiǎnyòng	IE	to live a frugal life
20	以	以	yǐ	Conj.	in order to
21	维持	維持	wéichí	V.	to keep, to maintain
22	俗称	俗稱	súchēng	V.	to be commonly called, to be commonly referred to as
23	收音机	收音機	shōuyīnjī	N.	radio
24	合称	合稱	héchēng	V.	to be together called
25	革命	革命	gémìng	N.	revolution
26	转折点	轉折點	zhuǎnzhédiǎn	N.	turning point
27	温饱	溫飽	wēnbǎo	N.	subsistence problem (clothing and food)

28	档次	檔次	dàngcì	N.	grading, grade (of a product, hotel, etc.)
29	内容	內容	nèiróng	N.	content
30	小康	小康	xiǎokāng	Adj.	a better off life
31	迈	邁	mài	V.	to step, to stride
32	环节	環節	huánjié	N.	link, sector
33	录像机	錄像機	lùxiàngjī	N.	VCR
34	社会主义	社會主義	shèhuì zhǔyì	IE	socialism
35	市场经济	市場經濟	shìchǎng jīngjì	IE	market economy
36	芝麻	芝麻	zhīma	N.	sesame
37	开花	開花	kāi huā		to bloom
38	鼠标	鼠標	shǔbiāo	N.	mouse (for computers)
39	蜗牛	蝸牛	wōniú	N.	snail
40	总量	總量	zǒngliàng	N.	total, aggregate
41	综合	綜合	zōnghé	V.	to synthesize
42	实力	實力	shílì	N.	actual strength
43	人均	人均	rénjūn	V.	per capital
44	国民生产总值	國民生產總值	guómín shēngchǎn zǒngzhí	IE.	gross domestic product (GDP)
45	整体	整體	zhěngtǐ	N.	as a whole
46	规模	規模	guīmó	N.	scale
47	位居	位居	wèijū	V.	to be located at (position)
48	与此同时	與此同時	yǔ cǐ tóngshí	IE.	at the same time
49	概念	概念	gàiniàn	N.	concept
50	形成	形成	xíngchéng	V.	to form; to take shape
51	公认	公認	gōngrèn	V.	to be universally/generally acknowledged
52	版本	版本	bǎnběn	N.	edition
53	可谓	可謂	kěwèi	V.	one may well say, it may be said
54	见仁见智	見仁見智	jiànrén-jiànzhì	IE	different people, different views
55	争议	爭議	zhēngyì	N.	controversy
56	无非	無非	wúfēi	Adv.	nothing but, no more than

理解中国 Understanding China

#	简体	繁體	Pinyin	POS	English
57	归根结底	歸根結底	guīgēn–jiédǐ	IE	in the final analysis
58	重中之重	重中之重	zhòng zhōng zhī zhòng	IE	the priority among priorities
59	全球化	全球化	quánqiúhuà	N.	globalization
60	浪潮	浪潮	làngcháo	N.	wave, tendency
61	转变	轉變	zhuǎnbiàn	V.	to convert, to transform
62	金字塔	金字塔	jīnzìtǎ	N.	pyramid
63	橄榄	橄欖	gǎnlǎn	N.	olive
64	中产阶级	中產階級	zhōngchǎn jiējí	IE	middle class
65	由	由	yóu	Prep.	by
66	组成	組成	zǔchéng	V.	to be consist of, to be composed of
67	投资	投資	tóuzī	V./N.	to invest, to put capital into…; investment
68	日新月异	日新月異	rìxīn-yuèyì	IE	change with each passing day, sth. new each day
69	敏感	敏感	mǐngǎn	Adj.	sensitive, susceptible
70	年长	年長	niánzhǎng	Adj.	[F] old
71	期	期	qī	N.	stage, phase
72	品质	品質	pǐnzhì	N.	character; quality
73	标签	標簽	biāoqiān	N.	label, tag
74	升级	升級	shēng jí		to go up (in grade, etc.), to upgrade
75	更替	更替	gēngtì	V.	to replace, to change
76	折射	折射	zhéshè	V.	to reflect
77	民族	民族	mínzú	N.	nation; nationality
78	巨	巨	jù		huge

语法与结构 GRAMMAR, PATTERN, EXPRESSION

1. 带着……色彩　　have ... flavor

原文：如今，"三大件"这个词听起来有些遥远、陌生，还带着那么点儿怀旧的色彩。
翻译："Three big things" nowadays sounds a little outdated and strange, and has a bit of a nostalgic flavor to it.

252

❶ 这篇文章里用的词语带有浓厚的地方色彩。
❷ 他的文章带有强烈的个人色彩。
❸ 这部电影带有明显的西部色彩。

2. 以　　[written] in order to

原文：当时，人们省吃俭用<u>以</u>维持基本的生活，……
翻译：At that time, people lived frugally in order to maintain basic way of life, ...

以 can link an action and its purpose. This usage mostly occurs in formal settings.

❶ 很多外国公司都在中国进行本地化，以吸引更多的中国消费者。
❷ 他想申请北京的暑期班以更快地提高中文水平。
❸ 政府正在加大对贫困地区的投入以平衡东西部的差距。

✎ 请用"以"完成句子：

❶ 中国政府从1980年开始实行计划生育＿＿＿＿＿＿＿＿＿＿＿＿＿＿＿＿＿。
❷ 当地政府决定减免投资者的税款＿＿＿＿＿＿＿＿＿＿＿＿＿＿＿＿＿。
❸ 学校去年开始改造学生宿舍＿＿＿＿＿＿＿＿＿＿＿＿＿＿＿＿＿。

3. A 成为 B 的宠儿　　A becomes B's favorite

原文："新三大件"<u>成为</u>当时社会的<u>宠儿</u>，……
翻译：The new "three big things" became society's favorite item at that time, ...

❶ Ipod 成为了全世界年轻人的宠儿。
❷ 如今，BP机已经不再是人们的宠儿，手机取而代之。
❸ 个性化的文具成了年轻一代的宠儿。

4. 进入……行列　　join/step into ... rank

原文：整体上已<u>进入</u>世界中下收入国家<u>行列</u>，……
翻译：China's overall economic ability has already caused China to join the ranks of those countries with a middle level average income, ...

❶ 这家公司最近发展很快，已经进入了世界五百家大型企业的行列。
❷ 上个学期他的成绩一般，这个学期他进入了优秀学生的行列。
❸ 中国如果想进入经济发达国家的行列，还需要继续努力。

理解中国　Understanding China

5. A 位居……　　A's position is ...

原文：经济规模<u>位居</u>世界第二。
翻译：China's economic scale ranks second the world.

❶ 中国人口数量位居世界第一。
❷ 他在比赛中输给了我，位居第二。

✎ 请用"进入……行列"和"位居"说明下面的图表：

REPUTATION RANK	INSTITUTION	COUNTRY / REGION	REPUTATION	change
1	Harvard University	United States		100.0
2	Massachusetts Institute of Technology	United States		85.0
3	University of Cambridge	United Kingdom		80.7
4	University of California Berkeley	United States		74.7
5	Stanford University	United States		71.5
6	University of Oxford	United Kingdom		68.6
7	Princeton University	United States		36.6
8	University of Tokyo	Japan		33.2
9	Yale University	United States		28.3
10	California Institute of Technology	United States		23.5

TOP UNIVERSITIES BY REPUTATION 2011

6. 与此同时　　at the same time

原文：<u>与此同时</u>，"新三大件"的概念也逐渐形成，……
翻译：At the same time, the concept of a new "three big things" was forming, ...

Note that 此 refers to previously mentioned content.

❶ 今天我坐火车回北京，与此同时，我的爱人也从太原往北京走。
❷ 私家车数量不断增长，与此同时，汽车保险也越来越火。
❸ 国内正在过年，与此同时，我们海外的学生也聚在一起庆祝新年。

7. 无非　　nothing but..., no more than...

原文：提的最多的<u>无非</u>是保险、子女教育、旅游等，……
翻译：What have been mentioned most are no more than insurance, children's education, tourism, ...

① 你说了这么多理由，无非是想请几天假。
② 我辛辛苦苦地抚养你长大，无非是想让你成为有用的人。

8. 由于……的影响　　because of the influence of...

原文：由于全球化浪潮的影响，中国的社会结构、经济结构以及人们的生活方式都发生了巨大的转变。

翻译：Because of the influence of globalization, China's social structure, and economic structure as well as lifestyle are changing.

① 由于天气的影响，飞机只好推迟起飞。
② 由于父母的影响，我喜欢上了书法。
③ 由于电脑病毒的影响，我的电脑彻底不能使用了。

9. "于" 表示比较　　于 indicate comparison

原文：他们接受的是完全不同于父辈的消费观念，……

翻译：What they received is completely different from the older generation's consume perspective, ...

① 这次考试不同于以前，题量和难度都大了很多。
② 学习语言不同于学习数学，跟其他人的交流是很重要的。
③ 你的汉语水平远远高于其他同学。

10. ~ 期　　stage, phase

原文：这些人正进入事业的收获期，……

翻译：These people begin to step in harvesting period in their career, ...

When 期 is added as a suffix to certain verbs or nouns, it indicates period, stage or phase. For example, 成熟期 (mature period), 实习期 (practice period), 假期 (vacation), 青春期 (adolescence).

11. 巨 ~　　huge

原文：而作为财富象征的"三大件"的更替，……也折射出一个国家和民族的历史巨变。

翻译：As symbol of wealth, "the three big things"'s update reflect a country's huge changes.

巨, meaning huge, can be used as a prefix and followed by a monosyllabic noun. For example, 巨石, 巨著, 巨人.

理解中国　Understanding China

练习与活动 PRACTICE & ACTIVITIES

语音练习

1 下面的词语你能读对吗？

怀旧	轨迹	居民	消费	小康	形成	全球
色彩	缩影	俗称	转折	主义	综合	总值
遥远	内容	录像机	人均	争议	蓝领	组成

2 多音节词的读法

　　汉语里的三音节词一般都是一个双音节词加上一个单音节词。在这种情况下，停顿就非常重要。在读这样的词时，一定要在双音节词的前后停顿，否则听起来很奇怪。请你读读下面的三音节词。

缝纫机	收音机	录像机
全球化	转折点	节节高
过日子	洗袜子	开玩笑

汉语里还有些四个音节的词，读这样的词时，通常在第二个字之后停顿。

勒紧腰带	省吃俭用	社会主义	市场经济
与此同时	见仁见智	归根结底	重中之重
中产阶级	日新月异	改革开放	综合实力

词语练习

1 选词填空

　　档次　升级　投资　落后　环节　怀旧　综合　敏感　遥远　形成

① 随着改革开放的深入，越来越多的外国人愿意到中国来＿＿＿＿＿＿＿＿。

② 对很多中国人来说，西藏是个＿＿＿＿＿＿＿＿而神秘的地方。

③ 我们提出的这个观点不是一夜之间＿＿＿＿＿＿＿＿的，是经过了多年的研究后提出的。

④ 这是一部＿＿＿＿＿的电影，讲的是18世纪的故事。
⑤ 在竞争激烈的现代社会，如果企业不进步就必然会＿＿＿＿＿。
⑥ 这是个复杂的过程，每一个＿＿＿＿＿都需要非常细心地完成。
⑦ 随着经济的发展，人们的消费＿＿＿＿＿也不断提高。
⑧ 学校不仅要教知识，还要培养学生的＿＿＿＿＿素质。
⑨ 调查结果表明，北京的消费者更重视品质，对商品的价格并不＿＿＿＿＿。
⑩ 只要有网络，这个电脑软件可以每天自动＿＿＿＿＿。

2 组词练习

缩~：　　　　　　　幸~：　　　　　　　合~：
转~：　　　　　　　巨~：　　　　　　　~期：
~有：　　　　　　　~称：　　　　　　　~儿：
~子：　　　　　　　~量：

语法与结构练习

1 用括号中的词完成句子或者对话

① 政府实行了很多优惠政策吸引国外投资，＿＿＿＿＿＿＿＿＿＿＿＿＿＿＿＿。（以）
② 经济全球化日益深入，＿＿＿＿＿＿＿＿＿＿＿＿＿＿＿＿＿＿。（与此同时）
③ ＿＿＿＿＿＿＿＿＿＿＿＿＿＿，国外的公司纷纷放弃了投资计划。（由于……的影响）
④ ＿＿＿＿＿＿＿＿＿＿＿＿＿＿＿＿＿＿＿＿，代沟当然会产生。（不同于）
⑤ 在现在的大学校园里，＿＿＿＿＿＿＿＿＿＿＿＿＿＿。（……成为……的宠儿）
⑥ A：怎么现在中国20多岁的年轻人大部分是独生子女？
　 B：＿＿＿＿＿＿＿＿＿＿＿＿＿＿＿＿＿＿＿＿＿＿＿＿＿。（出生于）
⑦ A：听说你们学校的教学质量提高了？
　 B：＿＿＿＿＿＿＿＿＿＿＿＿＿＿＿＿＿＿＿＿＿＿。（进入……的行列）
⑧ A：你知道老的"三大件"是什么吗？
　 B：＿＿＿＿＿＿＿＿＿＿＿＿＿＿＿＿＿＿＿＿＿＿。（不过是……）
⑨ A：你最近看了什么电影？
　 B：＿＿＿＿＿＿＿＿＿＿＿＿＿＿＿＿＿＿＿＿＿＿＿。（带着……色彩）

理解中国 Understanding China

综合练习

1 根据课文内容判断对错

1. 新中国建设初期，市民买东西都需要"票证"。☐
2. 1978年以后，中国进入了改革开放时期。☐
3. 1978年中国人解决了温饱问题。☐
4. 中国的中产阶级是消费的主力。☐
5. 20世纪70年代末出生的独生子女不喜欢消费。☐
6. 现在，老年人追求"品质生活"。☐
7. 在经济发展的同时，人们的生活方式也在变化。☐

2 短文阅读

阅读下面的文章，回答问题。

改革开放以来，中国人的衣食住行真是今非昔比。现在不但物质生活水平提高了，在生活方式、消费观念、思维方式等各个方面都发生了可喜的变化，下面列举了一些有趣的变化，从中可见一斑。

（1）住房装修像宾馆：有的家庭装修一套住房要花上好几万元甚至更多，比三星级宾馆还要豪华。

（2）三人两个卫生间：以前一座楼才一个公用厕所，早上起来排队倒马桶都成了一道风景。现在，家家有卫生间还不算，有的在主人卧室里还有一个卫生间。

（3）一家两台大彩电：有的一家还不止两台，省得一家人争频道。

（4）出门跟着轮子转：以车代步已经不再是什么稀罕的事情了。

（5）电话装在兜里边：移动电话已不是"大款"身份的象征，连收破烂儿的、蹬三轮车的也有手机，而且款式越来越小巧玲珑，不必专门提个"大哥大"包，只要装在衣服兜里即可。

（6）衣着越来越大胆：现在无论男女老少，什么样的奇装异服都敢穿着"招摇过市"。

（7）奶奶也把婚纱穿：年轻人结婚进影楼、拍婚纱照已屡见不鲜，连"金婚""银婚"的老太太也浓妆艳抹补拍婚纱照。

（8）客人来了不做饭：以前家庭主妇最头疼的是家里来客人，要买、洗、烧，忙活大半天还怕招待不周。现在招待客人往往是上饭店，差的也上"大排档"。在家也可以，只需一个电话，热菜便会送上门。

（9）除夕围炉上酒店：千百年来除夕之夜都是回家吃团圆饭，如今除夕之夜各大酒家爆满，还要提前订桌呢。

（10）退休大妈会"操盘"：退休老人炒股票的不在少数，有的还成了高手，讲起来一套一套的。

（11）男女征婚"网"上见：传统的"媒婆"已失业，大家干脆在电视上、互联网上"推销"自己。

（12）婚前先把"合同"签：现在的年轻人又浪漫又实在，既有鲜花、美酒、烛光晚餐，又有 AA 制甚至"财产公证"等等，以防日后不测。

（13）买车买房敢贷款：超前消费就是超前享受，容易被年轻人接受，所以贷款买房买车行情看涨。

（14）大学毕业自己干：以前上了大学就是"国家干部"，就有了终身的"铁饭碗"。时代在发展，人们的就业观念也在改变，现在有的大学生毕业后连工作都不找，干脆自己当起"小老板"。

（15）休闲花钱买流汗：各种健身器材进入家庭，花钱买流汗方兴未艾，双休日各运动场馆挤满了人。

（16）走出国门看新鲜：节假日外出旅游成为时尚，很多人还开始到新加坡、马来西亚、泰国等国家"开洋荤"。

❶ 请给短文中提到的 16 个方面分类

衣：

食：

住：

行：

婚：

玩儿：

观念：

❷ 这 16 个方面中，哪些是你没有想到的？

理解中国 Understanding China

3 小作文

对一个人、一个国家、一个社会来说,30年中可能发生巨大的变化。你觉得再过30年,我们的生活会有什么改变?请你模仿短文阅读中的文章,写一篇300字的文章,把你的预测写出来。

三十年后的今天

4 交流与讨论

请你跟几个同学一起讨论下面的问题，把你们的主要想法写下来。

❶ 向你的同学介绍一下你们国家在过去 30 年里的变化。
❷ 在过去 10 年里，对人类社会影响最大的事情、东西有哪些？
❸ 如果说你的国家也有"三大件"的话，它们是什么？它们有变化吗？

超 女

▶ 热身 Warm-up

资料搜索

你听说过"李宇春(Li Yuchun)"这个人吗?请你到网上搜一下有关她的信息,然后跟同学们分享。

我找到的	
同学找到的	

小记者

请你采访两三位从中国来的朋友,请他们回答下面的问题。

问题 姓名	你听说过超女之类的比赛吗?	你参加过超女之类的比赛吗?	你对超女这个活动有什么看法?

15 超女

课文 TEXT

2004年，一个名为¹"超级女声"的节目一夜之间红遍中国大江南北。2005年，该节目更为火爆——15万人积极参与，900万短信投票，4亿观众狂热收看，再加上平面、电视、网络三大媒体的报道，创下了中国传媒史上的奇迹。有人说，你可以对2005年的娱乐新闻一无所²知，但是不能不知道李宇春——这个二十岁刚出头，看起来颇为中性的年度总冠军。她不仅登上了《时代周刊（亚洲版）》的封面，还毫无³争议地成为流行文化的一代偶像。

这到底是一个什么样的节目？其实，超女就是一个选拔女歌手的电视比赛。比赛分为预选、晋级、总决赛三个阶段。预选赛也叫"海选"，每个选手有30秒的时间演唱自己最拿手的歌曲，然后由评委点评，决定选手的去留。晋级和总决赛阶段，均由观众短信投票决定选手去留。这样一个简单的娱乐节目为何⁴能吸引众多的观众，成为当年最热门的话题之一呢？

首先，无门槛的报名方式极大地⁵鼓励了选手的参与。该节目对选手的专业素质没有任何要求，不分唱法、不计年龄、不论外形、不问地域，只要是喜欢唱歌的女性，均可免费报名。正因如此，它吸引了数以万计不惜⁶长途跋涉前来报名参赛的各地选手。就算是中国最负盛名的"CCTV全国青年歌手电视大奖赛"，也无法与之相提并论。海选，给每个人同样均等的机会，让她们去实现自己的梦想，这正是⁷该节目让万千选手着迷的主要原因。15岁的贾茹说，在电视领域，她们从来都是"门槛"外面的人，如果没有"无门槛"的"超级女声"，她们可能一辈子都没机会走上舞台，特别是在电视上表现自己。

其次，超女给了普通人实现梦想的机会。张娟从小就是个不起眼的女孩，高考时只考上了当地一所普

读第一、二段课文，回答下面的问题：

1. 从哪些数字中我们可以看出"超女"这个节目的火爆？
2. "超女"到底是个什么样的活动？

读第三、四段课文，回答下面的问题：

1. "无门槛"的意思是什么？
2. 张娟为什么要参加超女这个活动？她的经历告诉我们什么？

理解中国 Understanding China

通大学。毕业后找到了一份薪水一般的工作，每天过着朝九晚五的生活，唯一的乐趣就是闲时唱唱歌。是超女这个比赛让她的生活重新有了色彩。她说，参加超级女声的原因，一是渴望被人注意，二是希望改变自己，打破现状，让自己的生活充满生气。"第一次站在摄像机前，心里虽然怕得要死，声音小得像蚊子，但还是很开心，因为自己的愿望正在成为现实。"

再次，短信投票的方式极大地调动了观众参与的热情。这种做法把决定权交给每一位普通的观众，让非专业的老百姓真正地感受到了"参与"的含义。超女，倡导的是一种"全民娱乐"的精神。正如[8]一位导演所说，超级女声印证了嘉宾、明星个体闪亮的时代已经过去，坐在电视机前的观众成了节目的主体。好节目一定是从观众中来，又回到观众中去的。

在整个活动中，最有热情的算是选手们忠实的"粉丝"了。为了支持自己心中的偶像，他们不仅自己投票，还向家人、朋友甚至路人拉票，请求他们为自己的偶像发一条短信。"超女迷"还为偶像制作各种各样的纪念品、宣传单、个人主页，有的还不远千里到其他城市为自己的偶像呐喊助威。对此，很多家长表示担忧。

在一些学者眼里，"超女"的意义已经远远[9]超出了娱乐和文化的范畴，它是二十年来的新的中国梦的最佳的反映。这个中国梦的核心是凭自己的力量争取成功。跟过去强调凭借集体的力量争取成功的做法相比，超女无疑[10]是一个巨大的转变。

根据《"超级女声"时代：一场"无门槛"的狂欢》、《绝不可以低估"超女"的意义》改写

> 读第五、六、七段课文，回答下面的问题：
>
> ❶ 为什么说超女让普通观众感受到了"参与"的含义？
> ❷ "嘉宾、明星个体闪亮的时代已经过去"，这句话是什么意思？
> ❸ 粉丝们为了自己的偶像做了哪些事情？
> ❹ 超女反映了什么样的"中国梦"？

词语 NEW WORDS

#					
1	为	為	wéi	V.	[F] be
2	超级	超級	chāojí	Adj.	super
3	火爆	火爆	huǒbào	Adj.	popular, hot
4	投票	投票	tóu piào		to vote
5	狂热	狂熱	kuángrè	Adj.	extremely fervent
6	平面	平面	píngmiàn	N.	flat
7	报道	報道	bàodào	V.	to report
8	创下	創下	chuàngxià		to set (a record)
9	传媒	傳媒	chuánméi	N.	media
10	奇迹	奇跡	qíjì	N.	miracle
11	娱乐	娛樂	yúlè	N.	entertainment
12	一无所知	一無所知	yì wú suǒ zhī	IE	know nothing about…
13	出头	出頭	chūtóu		little over (used after numbers like 10 or multiples of 10)
14	颇	頗	pō	Adv.	[F] very much, really
15	中性	中性	zhōngxìng	Adj.	neutral
16	年度	年度	niándù	N.	year
17	总	總	zǒng	Adj.	final, chief, general
18	冠军	冠軍	guànjūn	N.	championship
19	登	登	dēng	V.	to get onto; to climb
20	周刊	週刊	zhōukān	N.	(magazine) weekly
21	版	版	bǎn	M.W.	page of a newspaper
22	封面	封面	fēngmiàn	N.	cover (of a magazine/book)
23	毫无	毫無	háowú		having no… at all, without any…
24	偶像	偶像	ǒuxiàng	N.	idol, object of idolatry or blind worship
25	选拔	選拔	xuǎnbá	V.	to select, to choose (outstanding people)
26	预选	預選	yùxuǎn	V.	primary elections
27	晋级	晉級	jìn jí		[F] to rise to a higher rank, to be prompted to the next level (e. g. in a competition)

理解中国 Understanding China

#	简体	繁體	Pinyin	POS	Meaning
28	决赛	決賽	juésài	N.	final (contest)
29	选手	選手	xuǎnshǒu	N.	player, participant
30	演唱	演唱	yǎnchàng	V.	to sing (in a performance)
31	拿手	拿手	náshǒu	Adj.	be good at doing sth.
32	评委	評委	píngwěi	N.	judge
33	点评	點評	diǎnpíng	V.	to comment (on)
34	众多	眾多	zhòngduō	Adj.	(of people) numerous, in great numbers
35	门槛	門檻	ménkǎn	N.	threshold
36	计	計	jì	V.	to give thought to
37	外形	外形	wàixíng	N.	appearance
38	地域	地域	dìyù	N.	region, area
39	免费	免費	miǎn fèi		to be free of charge
40	报名	報名	bào míng		to register, to sign up
41	数以万计	數以萬計	shùyǐwànjì	IE	tens of thousands
42	不惜	不惜	bùxī	V.	not hesitate, not stint
43	跋涉	跋涉	báshè	V.	to trek, to trudge
44	负	負	fù	V.	to enjoy (a good reputation)
45	盛名	盛名	shèngmíng	N.	a good reputation
46	大奖赛	大獎賽	dàjiǎngsài	N.	great prix competition
47	相提并论	相提並論	xiāngtí-bìnglùn	IE	to put [place] on a par with...
48	均等	均等	jūnděng	Adj.	equal
49	不起眼	不起眼	bù qǐyǎn	IE	not eye-catching, unconspicuous
50	朝九晚五	朝九晚五	zhāo jiǔ wǎn wǔ	IE	nine to five
51	生气	生氣	shēngqì	N.	vitality, vim
52	摄像机	攝像機	shèxiàngjī	N.	video camera
53	蚊子	蚊子	wénzi	N.	mosquito
54	调动	調動	diàodòng	V.	to mobilize
55	决定权	決定權	juédìngquán	N.	the right of making decisions
56	倡导	倡導	chàngdǎo	V.	to initiate, to propose
57	全民	全民	quánmín	N.	all the people (within a country)

58	导演	導演	dǎoyǎn	N.	director (of a movie or TV program)
59	印证	印證	yìnzhèng	V.	to verify, to confirm
60	嘉宾	嘉賓	jiābīn	N.	[F] honorable guest
61	明星	明星	míngxīng	N.	star, celebrity
62	闪亮	閃亮	shǎnliàng	Adj.	sparkling
63	主体	主體	zhǔtǐ	N.	majority, the main body
64	忠实	忠實	zhōngshí	Adj.	loyal
65	粉丝	粉絲	fěnsī	N.	fans
66	路人	路人	lùrén	N.	passenger
67	拉	拉	lā	V.	to seek
68	制作	製作	zhìzuò	V.	to make, to manufacture
69	纪念品	紀念品	jìniànpǐn	N.	souvenir
70	主页	主頁	zhǔyè	N.	homepage
71	不远千里	不遠千里	bù yuǎn qiān lǐ	IE	take the trouble of traveling a long distance
72	呐喊	吶喊	nàhǎn	V.	to shout, to yell
73	助威	助威	zhùwēi	V.	to boost the morale of, to cheer for
74	学者	學者	xuézhě	N.	scholar
75	范畴	範疇	fànchóu	N.	domain, scope
76	凭借	憑藉	píngjiè	V.	to rely on
77	力量	力量	lìliàng	N.	power, ability
78	争取	爭取	zhēngqǔ	V.	to strive for, to fight for
79	集体	集體	jítǐ	N.	collective
80	无疑	無疑	wúyí	Adv.	undoubtedly

专有名词 Proper Noun

| 李宇春 | 李宇春 | Lǐ Yǔchūn | Name of a person |

理解中国 Understanding China

语法与结构 GRAMMAR, PATTERN, EXPRESSION

1. 为 (2)

原文：一个名为"超级女声"的节目一夜之间红遍中国大江南北。
翻译：*A program named "Super Girl" was becoming popular nationwide.*

In Lesson 12, we already discussed how 为 used as a verb before adjectives. Now we can see that 为 can also mean 是 and link nouns.

① 我最近写了一本题为《感受中国》的新书。
② 他们俩均为北京语言大学的学生。
③ 紫禁城过去为古代皇帝居住的地方，现在成了故宫博物院。

2. 一无所 + V.   (verb) nothing at all

原文：有人说，你可以对2005年的娱乐新闻一无所知，……
翻译：*Someone said you could know nothing about entertainment news of 2005, ...*

① 这对父母对孩子的情况竟然一无所知。
② 如果你对电脑一无所知，那你一定落伍了。

This structure comes from classical Chinese. Other phrases that adopt the same structure are 一无所有，一无所获，一无所求.

3. 毫无 + N.   without...

原文：她……，还毫无争议地成为流行文化的一代偶像。
翻译：*She ..., also undisputedly became an pop culture idol for a generation.*

This structure is used to emphasize having nothing (as the noun indicates) at all. The nouns must be two syllables.

① 我对明天的考试毫无信心。
② 你肯定是明天的冠军，已经毫无悬念了。
③ 你看看你，毫无热情，怎么能让顾客满意？

4. 为何   [written] why

原文：这样一个简单的娱乐节目为何能吸引众多的观众？
翻译：*Why could such a simple entertainment program attract that great amount of audience?*

为何 is the written form of 为什么.

① 你为何一句话都不说？
② 为何现在这么多的孩子对历史一无所知？
③ 你应该好好考虑考虑为何他要离开你。

5. 极大地 + V.　　greatly

原文：无门槛的报名方式极大地鼓励了选手的参与。
翻译：The "no threshold" registration greatly encouraged contestants.

① 父母的言行极大地影响了我。
② 汽车数量的增加极大地影响了自然环境。
③ 老师的要求极大地限制了学生的创作自由。

6. 不惜　　not hesitate, not stint

原文：它吸引了数以万计不惜长途跋涉前来报名参赛的各地选手。
翻译：It attracts tens of thousands players who do not mind travelling long distances to come to competed.

① 为了让孩子出国，很多父母甚至不惜一切代价。
② 只要能和你在一起，我不惜放弃现在拥有的一切。

7.（这正）是……的原因　　this is exactly the reason why...

原文：这正是该节目让万千选手着迷的主要原因。
翻译：This is exactly the reason why common people were so fascinated by it.

① 坚持每天锻炼身体是他保持健康的原因。
② 经济保持高速发展，这正是众多外国公司在中国投资的原因。
③ 古建筑被拆除，这正是成立古建筑保护中心的原因。

8. 正如……所说　　just like...said

原文：正如一位导演所说，超级女声印证了嘉宾、明星个体闪亮的时代已经过去，……
翻译：As one director commented, the success of Super Girl exemplifies that the time of TV programs (severely dependent on) invited guests and celebrities is about to end, ...

① 星巴克为什么能获得成功？正如它的总裁所说，关键是创新。
② 正如报纸上所说，过"洋节"已经成了中国人生活的一部分。
③ 为什么要去美国？正如我的一个朋友所说，是为了学习他们的经验。

理解中国 Understanding China

9. 远远 + V.　　far

原文：在一些学者眼里，"超女"的意义已经远远超出了娱乐和文化的范畴，……

翻译：*In some scholars' opinion, the meaning of Super Girl is far beyond the scope of entertainment and culture, ...*

① 律师的收入远远高于老师。
② 调查显示，手机的危害远远超过电脑。
③ 有些人对国外事件的关注远远多于国内事件。

10. 无疑　　undoubtedly

原文：跟过去强调凭借集体的力量争取成功的做法相比，超女无疑是一个巨大的转变。

翻译：*Compared with the tradition way of achieving success by emphasizing on relying on collective power, this is, undoubtedly, a big change.*

① 对一个英文不好的人来说，在美国生活无疑是一个巨大的挑战。
② 9·11以后，恐怖问题无疑是美国最担心的问题。

练习与活动 PRACTICE & ACTIVITIES

语音练习

1 下面的词语你能读对吗？

超级	创下	传媒	中性	争议	众多	忠实
奇迹	冠军	选拔	晋级	不惜	均等	生气
狂热	娱乐	毫无	预选	地域	嘉宾	助威

2 长句的读法

我们之前已经讲过了很多读长句的时候应该注意的事情，比如停顿、重音等。现在看看你是不是已经掌握了这些内容。

① 2004年，一个名为"超级女声"的节目一夜之间红遍中国大江南北。
② 你不能不知道李宇春——这个二十岁刚出头，看起来颇为中性的年度总冠军。
③ 这样一个简单的娱乐节目为何能吸引众多的观众，成为当年最热门的话题之一呢？

❹ "超女迷"还为偶像制作各种各样的纪念品、宣传单、个人主页,有的还不远千里到其他城市为自己的偶像呐喊助威。

词语练习

1 选词填空

> 投票　凭借　拿手　争取　报名　宗旨　忠实　争议　奇迹　印证

❶ 我们家很民主,有什么大事都是一家三口_____决定。
❷ 真没想到,他的病这么快就好了,简直是个_____。
❸ 调查的结果恰恰_____了我最初的设想,他就是凶手。
❹ 非常感谢电视机前各位_____的观众,希望你们继续支持我们的节目。
❺ "超级女声"是个有_____的节目,有人狂热收看,也有人不屑一顾。
❻ 明年我也要参加"超级女声"的比赛,要知道,唱歌是我最_____的了。
❼ 招聘广告刚刚登出去,就有上千人来_____,看来现在工作确实不好找。
❽ "超级女声"的选手都得_____实力去获得观众的选票。
❾ 为顾客服务是我们商店几十年不变的_____。
❿ 我已经收到了你的信,_____尽快帮你解决这个问题。

2 组词练习

~手:　　　　　　　　~法:　　　　　　　　~想:
~望:　　　　　　　　评~/~评:　　　　　　热~/~热:
参~:

语法与结构练习

1 用括号中的词完成句子或者对话

❶ 上大学前,_____。(对……一无所知)
❷ 我真不明白_____。(为何)
❸ 最近我看了_____。(N.+为+的……)
❹ 在我看过的小说中,_____。(无疑)
❺ 我看过他写的文章了,说实话,_____。(毫无)

理解中国 Understanding China

6 A: "超级女声"为什么这么火？

B: ＿＿＿＿＿＿＿＿＿＿＿＿＿＿＿＿＿＿＿＿＿＿＿＿＿＿。（正如……所说）

7 A: 他到底做了什么，让你这么感动？

B: ＿＿＿＿＿＿＿＿＿＿＿＿＿＿＿＿＿＿＿＿＿＿＿＿＿＿。（不惜）

8 A: "超级女声"为什么要普通观众来决定选手的去留？

B: ＿＿＿＿＿＿＿＿＿＿＿＿＿＿＿＿＿＿＿＿＿＿＿＿＿＿。（极大地）

9 A: 支持这个选手的观众多还是反对的多？

B: ＿＿＿＿＿＿＿＿＿＿＿＿＿＿＿＿＿＿＿＿＿＿＿＿＿＿。（远远）

10 A: "超级女声"里的选手全是普通人，没有一个明星。

B: ＿＿＿＿＿＿＿＿＿＿＿＿＿＿＿＿＿＿＿＿＿＿＿＿＿＿。（这正是……的原因）

2 选择正确的词语填空

1 昨天报纸上登了一篇题＿＿＿＿＿《超级女声》的报道。（是 / 为）

2 父母和孩子应该建立一种＿＿＿＿＿的关系。（均等 / 平等）

3 他们的意见总是不统一，＿＿＿＿＿得没完没了。（争论 / 争议）

4 高考的目的是为大学＿＿＿＿＿优秀的学生。（选举 / 选拔）

5 相比于唱歌，我更＿＿＿＿＿画画。（拿手 / 善于）

综合练习

1 短文阅读

阅读下面的文章，回答问题。

超级女声火了！快乐男声火了！随着越来越多类似的节目出现在电视里，一批新词语也进入了人们的视野，比如下面这些：

选秀：指选拔在某方面表现优秀的人。中国自古就有选秀，古代选秀一般是给皇帝选美女。现在的各种有目的的评选活动也被称为选秀，如超级女声、快乐男声、中国好声音等。

PK：PK是英文"Play Kill"的简称，来源于网络游戏中"杀人"的玩儿法，是"两人对决，杀个你死我活"的意思。随着"超级女声"的热播，该节目中一个叫PK的环节使这个词也家喻户晓。"PK"就是两名实力相当的选手进行比拼，最后只有一人胜出，另一人淘汰出局。

超女：本来是"超级女声"的简称。后来，凡是在某个方面出色的女生都可以被称为"××超女"。比如，学术超女，商界超女等。

大众评审： 由落选的选手或其他各行各业的民众组成的评委团，负责投票决定选手的去留。

玉米： 本来是一种农作物。后来李宇春的粉丝也被称作玉米，因为跟"宇迷"谐音。

① 请你到网上找一些用到上面词语的句子，看看它们是怎么用的。
② 为什么这些词语会因为一个节目变得流行？

2 短文写作

你觉得超级女声这样的节目能火多久？为什么？
（建议使用：极大地；无疑；这正是……的原因；正如……所说）

3 小作文

最近几年，各种各样的选秀节目在世界各地举行。你喜欢这类节目吗？为什么？你会参加这类节目吗？为什么？请你写一篇300字的文章，说明你的看法。

理解中国 Understanding China

我看选秀

4 交流与讨论

请你跟几个同学一起讨论下面的问题，把你们的主要想法写下来。

❶ 在你的国家有没有类似"超级女声"的节目？你喜欢吗？为什么？
❷ 跟朋友谈谈你喜欢的娱乐节目或者电视节目。

我的笔记

总词汇表

A

ài guó	爱国	愛國	to be patriotic		13
àiqíng	爱情	愛情	romantic love	N.	7
ānquángǎn	安全感	安全感	sense of safety	N.	11
áo yè	熬夜	熬夜	to stay up late or all night, to burn the midnight oil		12

B

báshè	跋涉	跋涉	to trek, to trudge	V.	15
bǎwò	把握	把握	to grasp firmly (deal with effectively, handle effectively)	V.	7
bǎi	摆	擺	to put, to place	V.	6
báilǐng	白领	白領	white collar	N.	9
báitóu xiélǎo	白头偕老	白頭偕老	(blissfully) grow old together	IE	12
bǎituō	摆脱	擺脫	to cost off	V.	10
bǎiyī–bǎishùn	百依百顺	百依百順	docile and obedient	IE	13
bān	搬	搬	to move (to another place)	V.	3
bān	般	般	just like, kind	Suf.	13
bǎn	版	版	page of a newspaper	M.W.	15
bǎnběn	版本	版本	edition	N.	14
bànlǚ	伴侣	伴侶	companion, mate, partner	N.	8
bàntiān	半天	半天	quite a while	N.	2
bànyǎn	扮演	扮演	to play the role of, to play the part of	V.	8
bǎobèi	宝贝	寶貝	treasured object, darling, baby	N.	13
bàodào	报道	報道	to report	V.	15
bǎoliú	保留	保留	to remain, to retain	V.	3
bàolù	暴露	暴露	to expose, to reveal	V.	8
bào míng	报名	報名	to register, to sign up		15
bǎoxiǎn	保险	保險	insurance	N.	2
bǎozhàng	保障	保障	to protect (property, rights, etc.); guarantee	V./N.	4
bēi	背	背	to carry on the back	V.	12
bèijǐng	背景	背景	background	N.	8
bēijù	悲剧	悲劇	tragedy; sad event	N.	8
bèizi	被子	被子	quilt	N.	11
běnzhì	本质	本質	essence, nature	N.	13
bìjìng	毕竟	畢竟	after all, all in all	Adv.	6

Pinyin	Simplified	Traditional	English	POS	Lesson
bìjīng	必经	必經	must go through	Adj.	10
bǐlì	比例	比例	ratio, proportion, percentage	N.	10
bìrán	必然	必然	inevitable, certain	Adj.	12
bǐrú	比如	比如	for instance	V.	5
bìyào	必要	必要	necessary, requisite	Adj.	7
biàn	遍	遍	all over (a place)	Adv.	10
biàngù	变故	變故	[F] unforeseen event, accident	N.	12
biànhuà	变化	變化	change	N.	1
biànlì	便利	便利	convenient	Adj.	11
biànqiān	变迁	變遷	transition, changes	N.	14
biānxiě	编写	編寫	to make up, to compose	V.	5
biǎodá	表达	表達	to express	V.	5
biāoqiān	标签	標籤	label, tag	N.	14
biǎoshì	表示	表示	to indicate, to express	V.	7
biǎoxiàn	表现	表現	to show, to manifest	V.	9
biézhì	别致	別致	unique, exquisite	Adj.	3
bìng	并	並	[F] and, besides	Conj.	6
bìngfēi	并非	並非	definitely not, actually not	Adv.	12
bókè	博客	博客	blog	N.	6
búduàn	不断	不斷	continuously	Adv.	9
bùguāng	不光	不光	not only	Conj.	5
bù qǐyǎn	不起眼	不起眼	not eye-catching; unconspicuous	IE	15
bùrú	不如	不如	not as good as	V.	2
bùxī	不惜	不惜	not hesitate, not stint	V.	15
bǔxí	补习	補習	to take lessons after school or work	V.	13
búxìng	不幸	不幸	unfortunate, despairing and painful	Adj.	12
bù yuǎn qiān lǐ	不远千里	不遠千裏	take the trouble of traveling a long distance	IE	15
bùzhǐ	不止	不止	not limited to, not merely	Adv.	10
búzhìyú	不至于	不至於	not to such an extent as to	V.	12
bùzú	不足	不足	shortcoming, shortage	N.	13

C

Pinyin	Simplified	Traditional	English	POS	Lesson
cǎifǎng	采访	采訪	to interview (by a journalist or reporter)	V.	7
cáifù	财富	財富	[F] wealth, riches	N.	14
cǎiqǔ	采取	采取	to take (a policy, method, etc.)	V.	2
cǎixìn	彩信	彩信	MMS (multimedia message)	N.	5

理解中国 Understanding China

cānjiā	参加	參加	to join in, to take part in	V.	9
cānyù	参与	參與	[F] to participate in	V.	5
cāo xīn	操心	操心	to be concerned with, to take trouble with		12
cháxún	查询	查詢	[F] to search, to look for (information)	V.	5
chāichú	拆除	拆除	to take down (buildings, etc.)	V.	3
chǎnshēng	产生	產生	to give rise to, to bring about	V.	8
chàngdǎo	倡导	宣導	to initiate, to propose	V.	15
chángdèng	长凳	長凳	bench	N.	8
chángdù	长度	長度	length	N.	9
chǎnghé	场合	場合	occasion, situation	N.	5
chángqī	长期	長期	long-term, long-lasting	N.	9
chǎngsuǒ	场所	場所	[F] location, place	N.	3
chàngtōng	畅通	暢通	(of a passage) unimpeded, smooth	Adj.	2
cháo	朝	朝	to face	V.	3
cháodài	朝代	朝代	dynasty	N.	3
chāoguò	超过	超過	to exceed	V.	8
chāojí	超级	超級	super	Adj.	15
cháoliú	潮流	潮流	trend or social change	N.	4
chénnì	沉溺	沉溺	to indulge in, to wallow in (usu. referring to bad habits)	V.	8
chéngdù	程度	程度	extent, degree	N.	11
chénggōng	成功	成功	to success; successful	V./Adj.	9
chéngjiù	成就	成就	achievement, accomplishment	N.	6
chéngniánrén	成年人	成年人	adult	N.	7
chéngnuò	承诺	承諾	to promise to do sth	V.	8
chéngrèn	承认	承認	to acknowledge, to admit	V.	13
chéngshòu	承受	承受	to bear, to endure	V.	10
chéngshú	成熟	成熟	mature	Adj.	7
chéngxiào	成效	成效	effectiveness	N.	2
chéngzài	承载	承載	[F] to stand, to bear	V.	13
chēngzuò	称作	稱作	to be called, to be addressed as…	V.	12
chǐdù	尺度	尺度	standard, measure, norm	N.	7
chīmí	痴迷	癡迷	to be infatuated (by), to be obsessive	V.	8
chízǎo	迟早	遲早	sooner or later	Adv.	10
chǒng'ài	宠爱	寵愛	to favor; to love ardently	V.	13

chǒng'ér	宠儿	寵兒	[F] child of fortune, favorite	N.	13
chōngmǎn	充满	充滿	to be brimming with, to be filled with	V.	7
chǒngwù	宠物	寵物	pet	N.	12
chūbù	初步	初步	first, initial, preliminary	Adj.	9
chūcì	初次	初次	for the first time		9
chūlèi–bácuì	出类拔萃	出類拔萃	excel from one's fellow beings	IE	13
chǔlǐ	处理	處理	to deal with, to handle	V.	7
chūmén-zàiwài	出门在外	出門在外	away from home	IE	10
chū rén yìliào	出人意料	出人意料	different from people's expectation	IE	7
chūsè	出色	出色	excellent, outstanding	Adj.	13
chūtóu	出头	出頭	little over (used after numbers like 10 or multiples of 10)		15
chūxiàn	出现	出現	to appear, to arise, to emerge	V.	11
chuán	传	傳	to transmit, to pass	V.	5
chuàn	串	串	to string together	V.	5
chuándān	传单	傳單	leaflet, handbill, flyer	N.	4
chuándì	传递	傳遞	[F] to deliver, to pass on	V.	5
chuánméi	传媒	傳媒	media	N.	15
chuàngxià	创下	創下	to set (a record)		15
chúncuì	纯粹	純粹	pure, sheer	Adj.	10
cǐwài	此外	此外	in addition	Conj.	4
cùnbù-nánxíng	寸步难行	寸步難行	be unable to do anything, cannot move a single step	IE	6
cúnzài	存在	存在	to exist	V.	12
cuòshī	措施	措施	measure, method	N.	2
cuòzhé	挫折	挫折	frustration, setback	N.	13

D

dá'àn	答案	答案	answer	N.	3
dàcān	大餐	大餐	feast	N.	9
dáchéng	达成	達成	to reach (an agreement)	V.	13
dàdǎn	大胆	大膽	audacious, bold	Adj.	8
dádào	达到	達到	to reach	V.	8
dǎ gōng	打工	打工	to work (temporarily)		4
dāi	待	待	to stay (for a comparatively short period)	V.	1
dàjiāng–nánběi	大江南北	大江南北	North and South of Yangtze river	IE	10
dàjiǎngsài	大奖赛	大獎賽	great prix competition	N.	15

理解中国 Understanding China

dàlì	大力	大力	[F] vigorously, to go all out	Adv.	2
dàliàng	大量	大量	by large number, in great quantity	Adj.	10
dàshà	大厦	大廈	mansion	N.	3
dàshǒu-dàjiǎo	大手大脚	大手大腳	wasteful, extravagant	IE	4
dàtīng	大厅	大廳	lobby, hall	N.	1
dàzhì	大致	大致	[F] roughly, more or less	Adv.	12
dàibiǎo	代表	代表	to represent, representation	V./N.	3
dàiyù	待遇	待遇	salary or wages and benefits	N.	6
dāndú	单独	單獨	alone	Adv.	9
dānwèi	单位	單位	unit, work place	N.	11
dānwu	耽误	耽誤	to fail to achieve a task because of delay or other reason	V.	4
dānyōu	担忧	擔憂	to worry (at high level)	V.	10
dānyuán	单元	單元	unit (of teaching materials)	N.	7
dàngcì	档次	檔次	grading, grade (of a product, hotel, etc.)	N.	14
dāngmiàn	当面	當面	to one's face, face to face	Adv.	5
dào	道	道	(measure word for dishes, food)	M.W.	9
dǎo	倒	倒	to change, to shift	V.	2
dàodé	道德	道德	morals, ethics	N.	13
dàodǐ	到底	到底	(indicate a definite reply is requested)	Adv.	3
dǎoyǎn	导演	導演	director (of a movie or TV program)	N.	15
dǎozhì	导致	導致	to cause, to lead to	V.	11
dé bù cháng shī	得不偿失	得不償失	the loss outweighs the gain	IE	4
dēng	登	登	to get onto; to climb	V.	15
děngjí	等级	等級	(social) rank	N.	3
děngyú	等于	等於	to be equal to	V.	6
dī	嘀	嘀	(the sound of text message reminder, similar to beep)	Ono.	5
diǎnpíng	点评	點評	to comment (on)	V.	15
diànshìjù	电视剧	電視劇	TV play	N.	13
diǎnxíng	典型	典型	typical	Adj.	11
diàochá	调查	調查	to investigate, to survey	V.	4
diàodòng	调动	調動	to mobilize	V.	15
dīgē	的哥	的哥	taxi driver	N.	1
dìsānzhě	第三者	第三者	illicit lover	N.	12
dìwèi	地位	地位	status	N.	12

dìyù	地域	地域	region, area	N.	15
dìzhèn	地震	地震	earthquake	N.	13
dié	叠	疊	to fold up	V.	11
dǐngliángzhù	顶梁柱	頂梁柱	pillar, backbone	N.	11
dǒngde	懂得	懂得	to understnad, to know	V.	13
dúlì	独立	獨立	independent	Adj.	10
dúshēng–zǐnǚ	独生子女	獨生子女	only child	N.	10
dǔ	堵	堵	jammed, stuck in traffic; to jam, to block	Adj./V.	2
duànkāi	断开	斷開	to separate, to break	V.	8
duànliàn	锻炼	鍛煉	to improve (ability), to exercise	V.	4
duǎnxìn	短信	短信	instance message, text message	N.	5
duìchèn	对称	對稱	symmetrical	Adj.	3
duìfu	对付	對付	to deal with, to cope with	V.	11
duìyú	对于	對於	for	Prep.	4
duōcǎi	多彩	多彩	colorful	Adj.	4
duōyuánhuà	多元化	多元化	to diverse; diversified	V./Adj.	12
duōzhǒng-duōyàng	多种多样	多種多樣	diverse, various	IE	4

F

fā	发	發	to send out	V.	5
fā chóu	发愁	發愁	to be worried about		6
fāshēng	发生	發生	to happen, to occur	V.	8
fāzhǎn	发展	發展	to develop, to expand	V.	1
fāhuī	发挥	發揮	to bring into play	V.	6
fǎn'ér	反而	反而	on the contrary	Adv.	9
fànchóu	范畴	範疇	domain, scope	N.	15
fánmáng	繁忙	繁忙	[F] busy	Adj.	11
fánnǎo	烦恼	煩惱	worry	Adj.	7
fàngqì	放弃	放棄	to give up	V.	6
fāngshì	方式	方式	way (of life), method	N.	1
fēi	非	非	non-, in-, un-	Pref.	5
fèi jìnr	费劲儿	費勁兒	to consume much effort		2
fēnfēn	纷纷	紛紛	one after another, in succession	Adv.	10
fēn jū	分居	分居	(of married couple) to live apart		11
fēnqí	分歧	分歧	[F] (of opinion, position) difference, divergence	N.	12

fěnsī	粉丝	粉絲	fans	N.	15
fēngjiàn	封建	封建	feudalism	N.	13
fēngmiàn	封面	封面	cover (of a magazine/book)	N.	15
féngnián-guòjié	逢年过节	逢年過節	on festival days	IE	10
féngrènjī	缝纫机	縫紉機	sewing-machine	N.	14
fēngsú	风俗	風俗	custom	N.	3
fèngxiàn	奉献	奉獻	to sacrifice	V.	13
fǒurèn	否认	否認	to deny	V.	8
fǒuzé	否则	否則	otherwise	Conj.	6
fù	副	副	vice, assistant	Adj.	7
fù	负	負	to enjoy (a good reputation)	V.	15
fùchū	付出	付出	to pay, to expend (energy, life, etc.)	V.	11
fùdān	负担	負擔	burden	N.	4
fúhé	符合	符合	to conform to, to be in line with	V.	9
fūqī	夫妻	夫妻	husband and wife, a couple	N.	8
fǔyǎng	抚养	撫養	(a child) to foster, to raise, to bring up	V.	12
fùyè	副业	副業	side occupation	N.	4
fùyǒu	富有	富有	[F] to be rich in, to be full of	V.	13
fù zé	负责	負責	to be responsible for, to be in charge of		12

G

gāi	该	該	[F] this, the above-mentioned	Pron.	9
gǎibiàn	改变	改變	to change, to transform, to shift	V.	1
gàiniàn	概念	概念	concept	N.	14
gāncuì	干脆	乾脆	simply, just	Adv.	2
gāngà	尴尬	尷尬	embarrassed	Adj.	5
gǎnjué	感觉	感覺	to feel, to perceive; sense	V./N.	1
gǎnkǎi	感慨	感慨	to sigh with emotion (perhaps regretfully, nostalgically)	V.	11
gǎnlǎn	橄榄	橄欖	olive	N.	14
gǎn shíjiān	赶时间	趕時間	in a rush	IE	2
gǎnshòu	感受	感受	to experience, to feel	V.	3
gǎnyú	敢于	敢於	[F] to dare to, to have the courage to	V.	11
gǎngwèi	岗位	崗位	sentinel post, (job) position	N.	6
gàobié	告别	告別	to say goodbye to	V.	12
gāodù	高度	高度	altitude	N.	8

gāoxīn	高薪	高薪	high salary	N.	11
gédài	隔代	隔代	inter-generation	N.	11
gémìng	革命	革命	revolution	N.	14
gēsòng	歌颂	歌頌	to extol	V.	7
géwài	格外	格外	especially	Adv.	8
gèxìng	个性	個性	individual character	N.	3
gèzì	各自	各自	respectively	Adv.	11
gēnjù	根据	根據	according to	Prep.	2
gēngtì	更替	更替	to replace, to change	V.	14
gōng	供	供	to provide... for	V.	5
gōngkè	功课	功課	school work, homework	N.	12
gōngqiú	供求	供求	supply and demand	N.	7
gōngrèn	公认	公認	to be universally/generally acknowledged	V.	14
gòngshí	共识	共識	common understanding	N.	13
gòngxiàn	贡献	貢獻	contribution	N.	10
gù (yòng)	雇（用）	顧（用）	to hire	V.	6
guà	挂	掛	to hang	V.	7
guǎyán	寡言	寡言	reticent, taciturn	Adj.	8
guān jī	关机	關機	to shut down (a computer)		8
guànjūn	冠军	冠軍	championship	N.	15
guānniàn	观念	觀念	notion, concept, idea	N.	3
guǎngfàn	广泛	廣泛	broad, wide-ranging	Adj.	13
gǔdiǎn wénxué	古典文学	古典文學	classical literature	IE	6
gūdú	孤独	孤獨	lonely, solitary, lonesome	Adj.	10
gūjì	估计	估計	to estimate	V.	6
gǔlǎo	古老	古老	[F] antique, old	Adj.	3
gǔlì	鼓励	鼓勵	to encourage	V.	7
gùlǜ	顾虑	顧慮	concern, worry	N.	8
gùmíng-sīyì	顾名思义	顧名思義	as the term implies	IE	8
gǔshì	股市	股市	stock market	N.	5
guīgēn-jiédǐ	归根结底	歸根結底	in the final analysis	IE	14
guǐjì	轨迹	軌跡	track, path	N.	14
guīmó	规模	規模	scale	N.	14
guò	过	過	excessively, over	Adv.	6

Understanding China

guòjiǎng	过奖	過獎	to overpraise	V.	1
guómín shēngchǎn zǒngzhí	国民生产总值	國民生產總值	gross domestic product (GDP)	IE	14
guò rìzi	过日子	過日子	to live, to pass the days	IE	14

H

hàipà	害怕	害怕	to be afraid of, to be sacred of	V.	12
hánxù	含蓄	含蓄	reserved	Adj.	5
hányì	含义	含義	meaning, connotation	N.	11
hángliè	行列	行列	rank, lines of people or things	N.	4
hángqíng	行情	行情	financial market conditions including interest rates, exchange rates and stock quotations	N.	5
hào	耗	耗	to consume, to cost	V.	2
hǎobùróngyì	好不容易	好不容易	not easily	IE	12
hàochī-lǎnzuò	好吃懒做	好吃懶做	love eating but hate working	IE	13
hǎochù	好处	好處	benefit, good, advantage	N.	4
hǎogǎn	好感	好感	favorable impression	N.	8
hǎohāor	好好儿	好好兒	thoroughly, completely	Adv.	1
hàokè	好客	好客	hospitable	Adj.	1
háo wú	毫无	毫無	having no... at all, without any...		15
hébì	何必	何必	[rhetorical] what is the point of (doing sth.)	Adv.	12
héchēng	合称	合稱	to be together called	V.	14
hélǐ	合理	合理	wise	Adj.	4
hémù	和睦	和睦	(of a relationship) harmonious	Adj.	12
héxié	和谐	和諧	harmonious	Adj.	10
héxīn	核心	核心	core	N.	13
hézhù	合住	合住	to live together (not romantic in nature)	V.	10
hènbude	恨不得	恨不得	one wishes one could	IE	13
hóng	红	紅	to become popular	V.	10
hòudài	后代	後代	later generations, descendants	N.	12
hòuqī	后期	後期	late period	N.	12
hòuxuǎnrén	候选人	候選人	candidate	N.	9
hū	乎	乎	[F] (similar to 吗 in classical Chinese)	Int.	1
hūshì	忽视	忽視	to ignore, to neglect	V.	11
hútòng	胡同	胡同	lane, alley	N.	3
huà	化	化	-ize, -ify	Suf.	3
huà	画	畫	paintings	N.	13

huázhòng-qǔchǒng	哗众取宠	嘩眾取寵	to win public praise, popularity, support by pandering to public tastes and desires, palying to the gallery	IE	7
huáijiù	怀旧	懷舊	to reminisce past times or old acquaintances	V.	14
huái yùn	怀孕	懷孕	to be pregnant		12
huán	环	環	ring, road encircling the city	N.	2
huàn	患	患	[F] to contract (an illness)	V.	13
huánjié	环节	環節	link, sector	N.	14
huángdì	皇帝	皇帝	emperor	N.	13
huángjīn shíqī	黄金时期	黃金時期	golden period, prime time	IE	4
huāngtáng	荒唐	荒唐	absurd, ridiculous	Adj.	9
hùliánwǎng	互联网	互聯網	internet	N.	8
huíbì	回避	迴避	to avoid, to dodge	V.	10
huígù	回顾	迴顧	to reflect, to retrospect, to look back	V.	13
hūnwàiqíng	婚外情	婚外情	extramarital affair	N.	11
hūnyīn	婚姻	婚姻	marriage	N.	7
huǒbào	火爆	火爆	popular, hot	Adj.	15
huò bǐ sān jiā	货比三家	貨比三家	to shop around to check prices	IE	4
huòxǔ	或许	或許	[F] perhaps, maybe	Adv.	9

J

jí	极	極	[F] extremely, to the greatest extent	Adv.	7
jì	计	計	to give thought to	V.	15
jīběn	基本	基本	basic	Adj.	5
jíjiāng	即将	即將	soon, be about to	Adv.	6
jīlěi	积累	積累	to gather, to accumulate	V.	4
jīliè	激烈	激烈	intense, acute, fierce	Adj.	12
jìlù	记录	記錄	to record; record	V./N.	5
jìlǜ	纪律	紀律	discipline, rule	N.	13
jìnéng	技能	技能	skill	N.	4
jìniànpǐn	纪念品	紀念品	souvenir	N.	15
jìrán	既然	既然	since, now that	Conj.	3
jíshǐ	即使	即使	even if	Conj.	5
jítǐ	集体	集體	collective	N.	15
jìtuō	寄托	寄託	to entrust to the cave of sb	V.	9
jízhōng	集中	集中	to concentrate	V.	12
jiǎ	假	假	fake, false	Adj.	2

jiābīn	嘉宾	嘉賓	[F] honorable guest	N.	15
jiācháng	加长	加長	to lengthen	V.	2
jiàgé	价格	價格	price	N.	5
jiājiào	家教	家教	tutor	N.	4
jiājìng	家境	家境	family's financial situation	N.	4
jiākuài	加快	加快	to accelerate, to speed up	V.	9
jiārù	加入	加入	to join, to add	V.	4
jiāzhī	加之	加之	moreover, furthermore	Conj.	13
jiàn	建	建	to build; to establish	V.	2
jiǎn'éryánzhī	简而言之	簡而言之	simply speaking	IE	6
jiāndé	兼得	兼得	to get or have two things at the same time	V.	11
jiànlì	建立	建立	to set up, to establish	V.	8
jiǎnlì	简历	簡歷	resume	N.	4
jiànpán	键盘	鍵盤	keyboard	N.	8
jiǎnqīng	减轻	減輕	to lighten, to reduce	V.	4
jiànrén-jiànzhì	见仁见智	見仁見智	different people, different views	IE	14
jiānshǒu	坚守	堅守	to stick to (your post), to hold down (the fort)	V.	11
jiànyì	建议	建議	suggestion; to suggest	N./V.	6
jiǎnzhí	简直	簡直	almost, practically (expresses exaggeration)	Adv.	2
jiānzhí	兼职	兼職	to take part-time job	V.	4
jiànzhù	建筑	建築	building, architecture	N.	3
jiāng	将	將	(written form of 把)	Prep.	9
jiāng	将	將	[F] be about to, be going to	Adv.	10
jiǎng	讲	講	to pay attention to, be particular about	V.	2
jiǎnglì	奖励	獎勵	to encoarage	V.	13
jiàocái	教材	教材	teaching material	N.	7
jiāodiǎn	焦点	焦點	focus	N.	13
jiǎodù	角度	角度	point of view, angle (perspective)	N.	7
jiāojì	交际	交際	to socilize, to communicate	V.	1
jiāoliú	交流	交流	to communicate, to exchange	V.	5
jiāoshēng–guànyǎng	娇生惯养	嬌生慣養	pampered and indulged since childhood	IE	13
jiāotán	交谈	交談	to chat, to converse	V.	9
jiāotóu-làn'é	焦头烂额	焦頭爛額	in bad shape, in a stressful situation	IE	12
jiāowǎng	交往	交往	to associate with	V.	9
jiàozi	轿子	轎子	sedan	N.	2

jiēchù	接触	接觸	to come into contact with	V.	4
jiēduàn	阶段	階段	stage, phase	N.	10
jiéjiǎn	节俭	節儉	[F] thrifty	Adj.	13
jiějué	解决	解決	to solve, to resolve	V.	2
jiélùn	结论	結論	final conclusion or judgment	N.	13
jiérán-xiāngfǎn	截然相反	截然相反	completely different, opposite	IE	7
jiérì	节日	節日	festival	N.	5
jiēshòu	接受	接受	to accept	V.	7
jiēshōu	接收	接收	to receive, to get	V.	5
jiētīng	接听	接聽	to answer (phone call)	V.	5
jiětuō	解脱	解脫	to free oneself (from/of sb./sth.)	V.	12
jiéyuē	节约	節約	to save	V.	4
jiézhì	截至	截至	[F] by (a specified time)	V.	8
jiézòu	节奏	節奏	(of everyday life) rhythm	N.	9
jīngjì	经济	經濟	economy	N.	1
jǐn	紧	緊	tight	Adj.	14
jǐnguǎn	尽管	儘管	although, though	Conj.	3
jìn jí	晋级	晉級	[F] to rise to a higher rank, to be prompted to the next level (e. g. in a competition)		15
jǐnjǐn	仅仅	僅僅	only, merely	Adv.	8
jǐn kěnéng	尽可能	儘可能	as (short/much/far) as possible		9
jìn lì	尽力	盡力	to do all one can, to try one's best		13
jìnnián	近年	近年	the past few years, in recent years	N.	11
jìnqū	禁区	禁區	restricted zone	N.	7
jìnshì	近视	近視	near-sightedness, myopia	N.	8
jìnxíng	进行	進行	[F] to conduct, to carry out	V.	7
jìnxìng	尽兴	盡興	to enjoy (oneself) to the fullest	V.	9
jìnyíbù	进一步	進一步	go a step further, further	Adv.	9
jǐnyī-yùshí	锦衣玉食	錦衣玉食	beautiful dresses and nice food (live an extravagant life)	IE	13
jǐnzhāng	紧张	緊張	tightly scheduled	Adj.	12
jīnzìtǎ	金字塔	金字塔	pyramid	N.	14
jīnglì	经历	經歷	to experience, to go through; experience	V./N.	9
jīnglì	精力	精力	energy, vigor	N.	12
jīng shāng	经商	經商	to engage in trade, to be in business		10
jìngzhēng	竞争	競爭	to compete	V.	12

理解中国　**Understanding China**

jiūjìng	究竟	究竟	exactly, actually	Adv.	5
jiù yè	就业	就業	to obtain employment, to get a job		6
jù	巨	巨	huge		14
jǔ	举	舉	to lift, to raise	V.	7
jūduō	居多	居多	to be in the majority	V.	12
jùjué	拒绝	拒絕	to refuse, to reject, to turn down	V.	5
jùlí	距离	距離	distance	N.	6
jūmín	居民	居民	resident	N.	14
jūrán	居然	居然	[F] unexpectedly	Adv.	9
jùshuō	据说	據說	it is said that...	V.	3
jǔzhǐ	举止	舉止	behavior, manner	N.	13
jūzhù	居住	居住	[F] to reside, to dwell	V.	3
jué dàduōshù	绝大多数	絕大多數	overwhelming majority, absolute majority	IE	8
juédìng	决定	決定	to decide; decision	V./N.	13
juédìngquán	决定权	決定權	the right of making decisions	N.	15
juéduì	绝对	絕對	absolutely; absolute	Adv./Adj.	4
juésài	决赛	決賽	final (contest)	N.	15
jūn	均	均	[F] both, all	Adv.	12
jūnděng	均等	均等	equal	Adj.	15
		K			
kāi huā	开花	開花	to bloom		14
kāi wánxiào	开玩笑	開玩笑	to joke, to make fun of	IE	12
kànfǎ	看法	看法	point of view, opinion	N.	6
kànlái	看来	看來	it looks as if	V.	1
kàn zhòng	看中	看中	to take strong interst in		11
kǎoyàn	考验	考驗	ordeal, trial, test	N.	11
kèguān	客观	客觀	objective	Adj.	13
kējì	科技	科技	science and technology	N.	5
kètáng	课堂	課堂	[F] classroom	N.	4
kěwàng	渴望	渴望	to be longing for, to be anxious for	V.	7
kěwèi	可谓	可謂	one may well say; it may be said	V.	14
kěxǐ	可喜	可喜	gratifying, heartening	Adj.	13
kěxī	可惜	可惜	it is too bad, what a pity...	Adj.	6
kèyú	课余	課餘	after school	N.	4

kěndìng	肯定	肯定	definitely, undoubtedly	Adv.	2
kōngcháo	空巢	空巢	empty nest	N.	10
kōngjiān	空间	空間	space, room	N.	6
kǒngpà	恐怕	恐怕	I am afraid (conjecture)	Adv.	9
kōngtán	空谈	空談	empty talk, lip service	N.	6
kòngxián	空闲	空閒	free time, leisure	N.	10
kòngzhì	控制	控制	to control, to dominate	V.	13
kù'ài	酷爱	酷愛	to ardent love, to be very fond of	V.	6
kǔnǎo	苦恼	苦惱	vexed, worried	Adj.	6
kuǎdiào	垮掉	垮掉	to collapse, to break down	V.	13
kuājiǎng	夸奖	誇獎	to praise, to commend, to compliment	V.	1
kuàicān	快餐	快餐	fast food	N.	9
kuānsōng	宽松	寬鬆	spacious and comfortable	Adj.	8
kuānyù	宽裕	寬裕	well-off	Adj.	4
kuàngqiě	况且	況且	moreover, besides	Conj.	11
kuángrè	狂热	狂熱	extremely fervent	Adj.	15
kuòzhǎn	扩展	擴展	to expand, to extend	V.	11

L

lā	拉	拉	to seek	V.	15
lāta	邋遢	邋遢	slovenly, sloppy	Adj.	11
làngcháo	浪潮	浪潮	wave, tendency	N.	14
làngfèi	浪费	浪費	to waste	V.	6
làngmàn	浪漫	浪漫	romantic	Adj.	12
lǎobǎixìng	老百姓	老百姓	ordinary people	N.	3
lāodao	唠叨	嘮叨	to nag	V.	11
láodòng	劳动	勞動	labor, work	N.	4
lǎopo	老婆	老婆	wife	N.	11
lè	乐	樂	[F] delightful	Adj.	1
lēi	勒	勒	to tighten	V.	14
lěng chǎng	冷场	冷場	to be in the middle of awkward silence		9
lìwài	例外	例外	exception	N.	13
lǐxiǎng	理想	理想	ideality; ideal	N./Adj.	6
lìyòng	利用	利用	to use, to utilize	V.	4
lǐyóu	理由	理由	reason, argument	N.	3

理解中国　Understanding China

liàn'ài	恋爱	戀愛	to be in love	V.	7
liànrén	恋人	戀人	lover	N.	8
lìlái	历来	歷來	[F] (has always been like this) from the past, through all the ages	Adv.	13
lìliàng	力量	力量	power, ability	N.	15
línlǐ	邻里	鄰里	[F] neighborhood	N.	3
lǐng	领	領	to take, to lead	V.	10
lìngyíbàn	另一半	另一半	other half	IE	9
lǐngyù	领域	領域	field, realm, domain	N.	12
liúshǒu	留守	留守	to stay behind (to take care of things)	V.	11
liúxíng	流行	流行	popular	Adj.	5
liúyán	留言	留言	message; to leave a message	N./V.	6
lǜ	率	率	rate, proportion, ratio	Suf.	11
lùrén	路人	路人	passenger	N.	15
lùtú	路途	路途	road, path	N.	11
lùxiàngjī	录像机	錄像機	VCR	N.	14
luàn	乱	亂	reckless, random	Adj.	4
luòhòu	落后	落後	to fall behind; underdeveloped	V./Adj.	14

M

máfan	麻烦	麻煩	to cause trouble, to bother	V.	1
mài	迈	邁	to step, to stride	V.	14
mǎntiānfēi	满天飞	滿天飛	everywhere and anywhere	IE	5
mǎnzú	满足	滿足	to meet the demand of	V.	4
mángmù	盲目	盲目	blind, lacking insight or understanding	Adj.	7
máodùn	矛盾	矛盾	conflicting	Adj.	11
měihǎo	美好	美好	desirable, glorious	Adj.	7
mèilì	魅力	魅力	charm, fascination	N.	5
měimǎn	美满	美滿	perfectly satisfactory	Adj.	10
méirén	媒人	媒人	matchmaker	N.	9
méi shuò zhī yán	媒妁之言	媒妁之言	matchmaker's introduction	IE	9
méiwán-méiliǎo	没完没了	沒完沒了	unending, be endless	IE	12
ménkǎn	门槛	門檻	threshold	N.	15
mèngxiǎng	梦想	夢想	dream, wish	N.	14
mìshū	秘书	秘書	secretary	N.	6
miànduìmiàn	面对面	面對面	face-to-face	IE	5

miǎn fèi	免费	免費	to be free of charge		15
miànlín	面临	面臨	to be faced with (an issue, a situation)	V.	6
miǎo(zhōng)	秒（钟）	秒（鐘）	second (time measure)	M.W.	9
mǐngǎn	敏感	敏感	sensitive, susceptible	Adj.	14
mínzú	民族	民族	nation; nationality	N.	14
míng	名	名	(indicate number of people)	M.W.	13
míngxīng	明星	明星	star, celebrity	N.	15
míngzhì	明智	明智	sensible, wise	Adj.	3
mólì	魔力	魔力	magic power	N.	5
móshì	模式	模式	model (for imitation)	N.	12
mǒu	某	某	[F] certain (person, thing, etc)	Pron.	6
móuqiú	谋求	謀求	to seek, to pursue	V.	11
mùbiāo	目标	目標	goal, aim (specific)	N.	9
mùdì	目的	目的	purpose (general)	N.	9
mùqián	目前	目前	for now, at present	N.	7
mǔzhǐ	拇指	拇指	thumb, big toe	N.	5

N

nǎ	哪	哪	how could (in rhetorical question)	Pron.	12
nǎlǐ	哪里	哪裏	(modest response to a compliment)	Pron.	1
náshǒu	拿手	拿手	be good at doing sth.	Adj.	15
nàhǎn	呐喊	呐喊	to shout, to yell	V.	15
nàixīn	耐心	耐心	patience	N.	6
nàiyòng	耐用	耐用	durable	Adj.	2
nánguài	难怪	難怪	no wonder	Adv.	5
nánmiǎn	难免	難免	unavoidable, bound to happen	Adj.	4
nánwàng	难忘	難忘	unforgettable	Adj.	5
nǎozi	脑子	腦子	brain	N.	1
nèihán	内涵	內涵	intension, connotation	N.	14
nèiróng	内容	內容	content	N.	14
nénglì	能力	能力	ability, capability	N.	4
niándù	年度	年度	year	N.	15
niánmài-tǐruò	年迈体弱	年邁體弱	[F] old and infirm	IE	10
niánzhǎng	年长	年長	[F] old	Adj.	14
niánzhōng	年终	年終	end of the year, year-end	N.	11
nìngkě	宁可	寧可	would rather	Conj.	6

理解中国 UNDERSTANDING CHINA

niǔzǎikù	牛仔裤	牛仔褲	jeans	N.	4
nóngyè	农业	農業	agriculture, farming	N.	13
nǚxìng	女性	女性	[F] female, woman	N.	12
nuǎnqì	暖气	暖氣	heating	N.	3

O

| ǒuxiàng | 偶像 | 偶像 | idol, object of idolatry or blind worship | N. | 15 |

P

pài	派	派	to send, to appoint	V.	11
páichǎng	排场	排場	grand style, ostentation	N.	2
pàiduì	派对	派對	party, gathering	N.	9
pànduàn	判断	判斷	to judge	V.	9
péibàn	陪伴	陪伴	[F] to accompany (sb), to keep (sb) company	V.	10
pī	批	批	group, batch	M.W.	13
pīpíng	批评	批評	to be critical of sb or sth, to criticize	V.	13
piānjiàn	偏见	偏見	prejudice, bias	N.	7
piàozhèng	票证	票證	ration coupon	N.	14
pǐncháng	品尝	品嘗	to taste	V.	9
pínhán	贫寒	貧寒	[F] poverty level	Adj.	4
pìnqǐng	聘请	聘請	[F] to offer (a position)	V.	11
pǐnzhì	品质	品質	character; quality	N.	14
píng	凭	憑	to rely on	Prep.	9
pínghéng	平衡	平衡	balanced; to balance	Adj./V.	7
píngjià	评价	評價	to appraise, to evaluate	V.	13
píngjiè	凭借	憑藉	to rely on	V.	15
pínglùn	评论	評論	to comment on, to criticize or talk about	V.	7
píngmiàn	平面	平面	flat	N.	15
píngmù	屏幕	屏幕	(TV or movie) screen	N.	8
píngwěi	评委	評委	judge	N.	15
pō	颇	頗	[F] very much, really	Adv.	15
pǔbiàn	普遍	普遍	common	Adj.	10
pǔjí	普及	普及	to popularize, to become common	V.	6

Q

| qī | 期 | 期 | stage, phase | N. | 14 |
| qí | 棋 | 棋 | Chinese chess | N. | 13 |

qǐ	起	起	to give (a name)	V.	1
qíjì	奇迹	奇跡	miracle	N.	15
qǐméng	启蒙	啟矇	to instruct the young, to initiate	V.	7
qìpài	气派	氣派	glorious, luxurious	Adj.	2
qīpiàn	欺骗	欺騙	to deceive, to trick	V.	8
qíshí	其实	其實	in fact, actually	Adv.	1
qīwàng	期望	期望	to expect	V.	6
qiàqià	恰恰	恰恰	exactly, precisely	Adv.	8
qiānchā-wànbié	千差万别	千差萬別	differ in thousands ways	IE	4
qiānlǐ zhīwài	千里之外	千里之外	beyond one thousand *li*	IE	11
qiántú	前途	前途	future, prospect (of one's career, etc.)	N.	6
qiānxū	谦虚	謙虛	modest, unassuming	Adj.	1
qiǎng	抢	搶	to rob, to grab	V.	2
qiǎngpò	强迫	強迫	to compel, to force	V.	13
qiāo	敲	敲	to tap (keys of a keyboard)	V.	8
qiě	且	且	[F] and, also, both	Conj.	12
qín	琴	琴	(general name for a type of traditional musical instruments, similar to zither)	N.	13
qínláo	勤劳	勤勞	diligent, industrious	Adj.	13
qīnpéng-hǎoyǒu	亲朋好友	親朋好友	friends and famliy	IE	5
qīnyǎn	亲眼	親眼	(to see) with one's own eye	Adv.	3
qīngchūn	青春	青春	youth	N.	7
qīngdān	清单	清單	detailed list	N.	9
qínggǎn	情感	情感	emotion, feeling	N.	7
qīngguǐ	轻轨	輕軌	light-rail	N.	2
qīngshàonián	青少年	青少年	teenager	N.	7
qīngsù	倾诉	傾訴	[F] to pour out one's heart, to reveal one's innermost feelings	V.	8
qiú	求	求	to seek, to pursue	V.	9
qiúxué	求学	求學	to pursue one's studies, to seek knowledge	V.	11
qūbié	区别	區別	[F] difference; to differentiate	N./V.	13
qǔ'érdàizhī	取而代之	取而代之	replace sb. or sth.	IE	3
qūshì	趋势	趨勢	trend	N.	11
quánhéng	权衡	權衡	to weight the pros and cons	V.	12
quánmín	全民	全民	all the people (within a country)	N.	15
quánqiúhuà	全球化	全球化	globalization	N.	14

理解中国 Understanding China

quántǐ	全体	全體	all, entire, whole	N.	14
quánxīn	全新	全新	brand new, completely new	Adj.	12
què	却	卻	yet, but	Adv.	3
quē	缺	缺	to be short of, to lack	V.	4
quēdiǎn	缺点	缺點	shortcoming	N.	8
quēfá	缺乏	缺乏	to be short of, to lack	V.	6
qúnfā	群发	群發	to group text messeging	V.	5
qúntǐ	群体	群體	group	N.	11

R

rán'ér	然而	然而	however	Conj.	3
rèmén	热门	熱門	popular	Adj.	6
rèqíng	热情	熱情	enthusiastic, warm-hearted	Adj.	1
rěn	忍	忍	to endure, to tolerate	V.	13
rénjūn	人均	人均	per capital	V.	14
rénlèi	人类	人類	humanity, humankind	N.	7
rènwu	任务	任務	task, assignment	N.	4
rěn xīn	忍心	忍心	to do sth. one is reluctant to, to have the heart to		12
rìxīn-yuèyì	日新月异	日新月異	change with each passing day, sth. new each day	IE	14
rìyì	日益	日益	increasingly, day by day	Adv.	8
rúhé	如何	如何	how	Pron.	7
rújīn	如今	如今	nowadays, at present	N.	6
rútóng	如同	如同	like, as	V.	9

S

sècǎi	色彩	色彩	color, hue	N.	14
shāshǒu	杀手	殺手	killer	N.	2
shàn	善	善	good, virtue	N.	10
shǎnliàng	闪亮	閃亮	sparkling	Adj.	15
shānrán–lèixià	潸然泪下	潸然淚下	to break into tears, to shed silent tears	IE	10
shànyú	善于	善於	to be adept in, to be good at	V.	5
shāngliang	商量	商量	to discuss, to talk over	V.	11
shāng nǎojīn	伤脑筋	傷腦筋	to cause sb enough headache	IE	2
shàngshēng	上升	上升	to rise, to go up	V.	11
shàngxiàshuǐ	上下水	上下水	sewerage system	IE	3
shǎoshù	少数	少數	minority	N.	6
shèhuì zhǔyì	社会主义	社會主義	socialism	IE	14

Pinyin	Simplified	Traditional	English	POS	Lesson
shèshī	设施	設施	facilities	N.	3
shēwàng	奢望	奢望	to hope (for sth. unrealistic, not likely to be realized)	V.	12
shèxiàngjī	摄像机	攝像機	video camera	N.	15
shēnfèn	身份	身份	identity	N.	8
shěnměi	审美	審美	aesthetics	N.	3
shénmì	神秘	神祕	mysterious	Adj.	7
shěng	省	省	to save	V.	2
shěngchī-jiǎnyòng	省吃俭用	省吃儉用	to live a frugal life	IE	14
shēngcún	生存	生存	to exist, to live	V.	6
shènghuǒ	圣火	聖火	Olympic Flame	N.	13
shēngjí	升级	升級	to go up (in grade/etc.), to upgrade	V.	14
shēnglǐ	生理	生理	physiology	N.	7
shèngmíng	盛名	盛名	a good reputation	N.	15
shēngqì	生气	生氣	vitality, vim	N.	15
shèngxián	圣贤	聖賢	sages and the people of virtue	N.	4
shēngyù	生育	生育	[F] to give birth to	V.	12
shì	式	式	type, style	Suf.	3
shíchā	时差	時差	jet lag, time difference	N.	1
shìchǎng jīngjì	市场经济	市場經濟	market economy	N.	14
shídài	时代	時代	times	N.	9
shǐdé	使得	使得	to make, to enable	V.	10
shìfàng	释放	釋放	to release	V.	8
shīfu	师傅	師傅	(a common way to address people such as driver, shop assistant)	N.	2
shìhé	适合	適合	to suit, to fit	V.	3
shíhuà	实话	實話	truth	N.	1
shíkè	时刻	時刻	moment	N.	5
shílì	实力	實力	actual strength	N.	14
shīluò	失落	失落	feeling of being alone or abandoned	Adj.	10
shìpín	视频	視頻	video	N.	5
shīqù	失去	失去	[F] to lose	V.	3
shìshíshang	事实上	事實上	in fact	IE	12
shīwàng	失望	失望	be disappointed (about sth./sb.)	Adj.	8
shìyè	事业	事業	career	N.	12
shǐyòng	使用	使用	to use, to employ, to apply	V.	7

理解中国 Understanding China

shízài	实在	實在	really, truly, indeed	Adv.	12
shǒu	守	守	[F] to keep watch, to protect	V.	10
shōurù	收入	收入	income, earnings	N.	5
shōushi	收拾	收拾	to put in order, to tidy	V.	11
shōuyīnjī	收音机	收音機	radio	N.	14
shòu zuì	受罪	受罪	to endure hardship or rough conditions		12
shū	书	書	calligraphy	N.	13
shǔbiāo	鼠标	鼠標	mouse (for computers)	N.	14
shùliàng	数量	數量	quantity, amount	N.	2
shùnlì	顺利	順利	smooth, successful	Adj.	1
shúxī	熟悉	熟悉	to be familiar with, to have an intimate knowledge of	V.	2
shùyīn	树荫	樹蔭	shade of a tree	N.	8
shùyǐwànjì	数以万计	數以萬計	tens of thousands	IE	15
shǔyú	属于	屬於	to be classified as, to be part of, to belong to	V.	13
shuāngfāng	双方	雙方	both sides, two parties	N.	5
shuāngshǒu	双手	雙手	pair of hands, both hands	N.	7
sìhéyuàn	四合院	四合院	courtyard house	N.	3
sījiāchē	私家车	私家車	private vehicle	N.	2
sùbùxiāngshí	素不相识	素不相識	to be complete strangers (to each other)	IE	8
súchēng	俗称	俗稱	to be commonly called, to be commonly referred to as	V.	14
sùpèi	速配	速配	to match fast	IE	9
sùshí	速食	速食	fast food	N.	9
suí chù kě jiàn	随处可见	隨處可見	can be seen everywhere	IE	3
suízhe	随着	隨著	along with	Prep.	5
suōduǎn	缩短	縮短	to curtail, to shorten	V.	9
suǒwèi	所谓	所謂	so-called	Adj.	8
suōxiě	缩写	縮寫	abbreviation	N.	12
suōyǐng	缩影	縮影	epitome, miniature	N.	14

T

tàn qīn	探亲	探親	to go home to visit family members		10
tánqíng-shuō'ài	谈情说爱	談情說愛	be connected with love and romance	IE	9
tán xīn	谈心	談心	to have a heart-to-heart talk		10
táng	糖	糖	candy	N.	13
tèbié	特别	特別	especially	Adv.	1

tècháng	特长	特長	strong point, speciality	N.	6
tèdiǎn	特点	特點	characteristic, distinguishing feature	N.	1
tíbá	提拔	提拔	to promote (as in a job promotion)	V.	6
tígāo	提高	提高	to improve, to raise	V.	6
tǐlì	体力	體力	physical strengh, power	N.	4
tǐliàng	体谅	體諒	to show understanding and sympathy by putting oneself in sb else's position	V.	10
tíqián	提前	提前	to ahead of schedule	V.	4
tǐxì	体系	體系	system	N.	10
tǐxiàn	体现	體現	to embody, to reflect	V.	3
tǐyàn	体验	體驗	to learn through practice or personal experience	V.	8
tiāncháng-dìjiǔ	天长地久	天長地久	(of love) as enduring as heaven and earth	IE	9
tiānfāng-yètán	天方夜谭	天方夜譚	totally impossible thing; *The Arabian Nights*	IE	8
tiānlúnzhīlè	天伦之乐	天倫之樂	family happiness	IE	10
tiān zhī jiāozǐ	天之骄子	天之驕子	an unusually lucky person	IE	4
tiào cáo	跳槽	跳槽	to job-hop		6
tiāoxuǎn	挑选	挑選	to pick, to choose	V.	9
tíngchēwèi	停车位	停車位	parking spot	N.	2
tónglíngrén	同龄人	同齡人	people at the same age	N.	7
tóngqíng	同情	同情	to sympathize	V.	13
tóu piào	投票	投票	to vote		15
tóurù	投入	投入	to invest in, to put into	V.	12
tóuzī	投资	投資	to invest, to put capital into...; investment	V./N.	14
tú	图	圖	to pursue, to seek, to desire	V.	2
tuánjù	团聚	團聚	to reunite, to have a reunion	V.	11
tuányuán	团圆	團圓	to reunite	V.	10
tuīdǎo	推倒	推倒	to topple, to push over	V.	3
tuì xiū	退休	退休	to retire		10

W

wàichū	外出	外出	to go on business (especially out of town), to go out	V.	10
wàidì	外地	外地	place other than where one resides	N.	10
wàimài	外卖	外賣	delivery	N.	4
wàiqǐ	外企	外企	foreign entreprise	N.	9
wàixíng	外形	外形	appearance	N.	15
wǎnkuài	碗筷	碗筷	bowls and chopsticks	N.	11

wānlù	弯路	彎路	roundabout way, detour	N.	7
wánměi	完美	完美	perfect, flawless	Adj.	8
wǎngliàn	网恋	網戀	online dating	V.	8
wǎngluò	网络	網絡	(computer, telecom, etc.) network	N.	8
wǎngmín	网民	網民	net citizen	N.	8
wǎng shang	网上	網上	online		3
wǎngwǎng	往往	往往	often, frequently	Adv.	6
wǎngyǒu	网友	網友	acquaintances from Internet	N.	6
wǎngzhàn	网站	網站	website	N.	5
wéi	为	為	by	Prep.	10
wéi	为	為	[F] be	V.	15
wèi	未	未	not yet	Adv.	7
wéi	围	圍	to surround	V.	12
wēibùzúdào	微不足道	微不足道	of no consequence, negligible, insignificant, not worth mentioning	IE	8
wéichí	维持	維持	to keep, to maintain	V.	14
wěidà	伟大	偉大	great, mighty	Adj.	10
wèidào	味道	味道	taste	N.	9
wēifáng	危房	危房	dilapidated building, building in a state of disrepair	N.	3
wēifēng	威风	威風	awe-inspiring	Adj.	13
wēijī	危机	危機	crisis	N.	7
wèijū	位居	位居	to be located at (position)	V.	14
wèilái	未来	未來	future	N.	10
wēixiǎn	危险	危險	danger; dangerous	N./Adj.	7
wén	闻	聞	[F] to hear	V.	4
wēnbǎo	温饱	溫飽	subsistence problem (clothing and food)	Adj.	14
wěndìng	稳定	穩定	stable, steady	Adj.	9
wēnnuǎn	温暖	溫暖	warm	Adj.	11
wénzhāng	文章	文章	article, literary works	N.	7
wénzi	蚊子	蚊子	mosquito	N.	15
wōniú	蜗牛	蝸牛	snail	N.	14
wú	无	無	[F] without	V.	10
wùdǎo	误导	誤導	to guide sb in the wrong direction, to mislead	V.	7
wúfēi	无非	無非	nothing but, no more than,	Adv.	14
wúguān	无关	無關	to have nothing to do with	V.	6

wúlùn	无论	無論	no matter	Conj.	5
wúnài	无奈	無奈	to have no choice but to...	V.	12
wúsī	无私	無私	selfless, unselfish	Adj.	10
wúsuǒbùnéng	无所不能	無所不能	there is nothing one cannot do.	IE	13
wúxiá	无暇	無暇	[F] to have no time, to be too busy	V.	12
wúyí	无疑	無疑	undoubtedly	Adv.	15

X

xǐhào	喜好	喜好	taste, favorite	N.	2
xīshēng	牺牲	犧牲	to sacrifice	V.	11
xiàjiàng	下降	下降	to decline	V.	9
xiàtiáo	下调	下調	to reduce, to decrease (price, rate, etc.)	V.	5
xiàzài	下载	下載	to download	V.	5
xián	嫌	嫌	to dislike, to mind	V.	11
xiǎnshì	显示	顯示	to show, to demonstrate	V.	9
xiànxiàng	现象	現象	phenomenon	N.	8
xiànzhì	限制	限制	to impose restrictions on, to limit	V.	2
xiànzhuàng	现状	現狀	current situation	N.	10
xiāng	厢	廂	part of a car (i.e., trunk, body, hood)	N.	2
xiāngchǔ	相处	相處	to get along (with one another)	V.	13
xiāngdāng	相当	相當	quite, fairly, considerably	Adv.	10
xiàngfū-jiāozǐ	相夫教子	相夫教子	staying at home to take care of the family	IE	11
xiàngmào	相貌	相貌	(of a person) look, appearance	N.	8
xiāng qīn	相亲	相親	to meet and evaluate a prospective life partner		9
xiāngtí-bìnglùn	相提并论	相提並論	to put [place] on a par with...	IE	15
xiǎngxiàng	想象	想象	to imagine	V.	8
xiàngyátǎ	象牙塔	象牙塔	ivory tower	IE	4
xiàngzi	巷子	巷子	small lane	N.	3
xiāofèi	消费	消費	to consume	V.	14
xiàohua	笑话	笑話	joke	N.	2
xiǎojiāhuo	小家伙	小傢伙	little baby	N.	12
xiàojìng	孝敬	孝敬	to be filial and respectful to one's elders	V.	6
xiǎokāng	小康	小康	a better off life	Adj.	14
xiàoróng	笑容	笑容	smile, smiling expression	N.	10
xiāoshī	消失	消失	to disappear, to vanish	V.	3
xiāoshòu	销售	銷售	[F] to sell	V.	11

xièjué	谢绝	謝絕	to refuse or decline politely	V.	13
xíguàn	习惯	習慣	to get used to	V.	1
xīndòng	心动	心動	to stir sb's heart or emotion	V.	5
xīngānr	心肝儿	心肝兒	(term of endearment mostly used with one's small children) darling	N.	13
xīnkǔ	辛苦	辛苦	difficult, hard, strenuous, laborious	Adj.	4
xīnlǐ	心理	心理	psychology	N.	7
xīnlǐxué	心理学	心理學	psychology (in an academic sense)	N.	9
xīnmù	心目	心目	[F] heart, mind	N.	7
xīnqí	新奇	新奇	novel	Adj.	9
xīnshēng	心声	心聲	heartfelt wishes, aspirations	N.	2
xīnshǒu	新手	新手	novice, apprentice	N.	2
xīntài	心态	心態	mindset	N.	10
xīnténg	心疼	心疼	(for sb.) to make one's heart ache, to feel sorry	V.	12
xīnxuè	心血	心血	thoughts and energies, painstaking care	N.	6
xīnyǐng	新颖	新穎	[F] novel, new	Adj.	3
xíng	型	型	type, size	Suf.	11
xíngchéng	形成	形成	to form; to take shape	V.	14
xíngdòng	行动	行動	act, behavior	N.	13
xìngfú	幸福	幸福	happy; happiness	Adj./N.	9
xíngshì	形式	形式	form, structure	N.	9
xìngyùn	幸运	幸運	fortunate, lucky	Adj.	12
xióngzhǎng	熊掌	熊掌	bear's paw (a delicacy)	N.	11
xiū	修	修	to build, to construct; to repair, to fix	V.	2
xūnǐ	虚拟	虛擬	virtual	Adj.	8
xúnzhǎo	寻找	尋找	[F] to seek, to look for	V.	10
xūqiú	需求	需求	requirement, demand	N.	6
xuǎnbá	选拔	選拔	to select, to choose (outstanding people)	V.	15
xuǎnshǒu	选手	選手	player, participant	N.	15
xuānxiè	宣泄	宣洩	to get sth. off one's chest	V.	8
xuǎnzé	选择	選擇	to choose	V.	4
xuélì	学历	學歷	record of formal schooling	N.	6
xuéyè	学业	學業	schoolwork, one's studies	N.	7
xuézhě	学者	學者	scholar	N.	15

Y

yālì	压力	壓力	pressure, overwhelming force	N.	6
yǎnchàng	演唱	演唱	to sing (in a performance)	V.	15
yǎngāo-shǒudī	眼高手低	眼高手低	have high standards but little ability	IE	6
yǎnqián	眼前	眼前	before one's eyes, at present	N.	6
yántīng-jìcóng	言听计从	言聽計從	always listen to sb's words and follow his counsels	IE	13
yǎngchéng	养成	養成	to form, to cultivate	V.	4
yángguāng	阳光	陽光	sunshine	N.	7
yāodài	腰带	腰帶	belt, waistband	N.	14
yáobùkějí	遥不可及	遙不可及	unreachable	IE	10
yáoyuǎn	遥远	遙遠	distant, faraway	Adj.	11
yèwù	业务	業務	profession, business	N.	11
yì	亦	亦	[F] also	Adv.	1
yì	亿	億	hundred million	Num.	8
yǐ	以	以	in order to	Conj.	14
yíbèizi	一辈子	一輩子	all one's life	N.	10
yídàn	一旦	一旦	in a single day, once	Conj.	10
yīdìng	一定	一定	certain	Adj.	11
yīduìyī	一对一	一對一	one on one	IE	5
yìfāng	一方	一方	one side	N.	5
yíhàn	遗憾	遺憾	unfortunate	Adj.	13
yìhū–bǎiyìng	一呼百应	一呼百應	a hundred responses to a (single) call	IE	13
yíhuò	疑惑	疑惑	to feel puzzled	V.	3
yīliáo	医疗	醫療	medical treatment	N.	10
yīncǐ	因此	因此	therefore	Conj.	7
yǐndǎo	引导	引導	to instruct and guide	V.	7
yǐnrù	引入	引入	to lead into, to introduce	V.	7
yìnxiàng	印象	印象	impression	N.	1
yǐnyòng	引用	引用	to quote, to cite	V.	13
yìnzhèng	印证	印證	to verify, to confirm	V.	15
yīngjùn	英俊	英俊	handsome and talented	Adj.	8
yìngpìn	应聘	應聘	to apply for (a job)	V.	13
yǐngxiǎng	影响	影響	to affect; influence	V./N.	4
yíqiè	一切	一切	all, every, everything	Pron.	1
yīrán	依然	依然	[F] still	Adv.	5

理解中国 Understanding China

yìshi	意识	意識	to realize (often followed by 到)	V.	2
yìshíjiān	一时间	一時間	in a short time, very soon	IE	7
yì tiān dào wǎn	一天到晚	一天到晚	all day long (everyday)	IE	2
yíwèi	一味	一味	blindly, make endless concessions	Adv.	7
yì wú suǒ zhī	一无所知	一無所知	know nothing about...	IE	15
yìxīn-èryòng	一心二用	一心二用	to do two things at once	IE	4
yìxìng	异性	異性	opposite sex	N.	9
yìxīn-yíyì	一心一意	一心一意	single-heartedly	IE	4
yí yè zhījiān	一夜之间	一夜之間	overnight	IE	5
yìyì	意义	意義	meaning, significance	N.	11
yǐzhì	以致	以致	so that, as a result that	Conj.	10
yízhì	一致	一致	identical, unanimous	Adj.	4
yōngyǒu	拥有	擁有	to own (a great deal of land, population, property, etc.)	V.	6
yǒngyuǎn	永远	永遠	forever	Adv.	12
yóu	油	油	gasoline, oil	N.	2
yóu	由	由	by	Prep.	14
yóucǐ	由此	由此	from this	Conj.	11
yǒuguān	有关	有關	to relate to, to be connected with	V.	4
yōuhòu	优厚	優厚	generous (salary), liberal (benefit)	Adj.	11
yōumò	幽默	幽默	humorous	Adj.	8
yǒuqù	有趣	有趣	interesting, amusing	Adj.	13
yōushì	优势	優勢	advantage, strength	N.	5
yóuyú	由于	由於	because of, due to	Conj.	5
yú	于	於	[F] at, in, on	Prep.	3
yùcè	预测	預測	to predict, to forecast	V.	10
yǔ cǐ tóngshí	与此同时	與此同時	at the same time	IE	14
yúlè	娱乐	娛樂	entertainment	N.	15
yùmèn	郁闷	鬱悶	gloomy, depressed	Adj.	10
yùwàng	欲望	欲望	desire, wish	N.	13
yǔwén	语文	語文	language and literature	N.	7
yùxuǎn	预选	預選	primary elections	V.	15
yuánběn	原本	原本	originally	Adv.	8
yuǎnfāng	远方	遠方	distant place	N.	1
yuángù	缘故	緣故	reason	N.	11

302

yuánlái	原来	原來	it turns out...	Adv.	1
yuē	约	約	to ask sb out (e.g. on a date)	V.	5
yuēhuì	约会	約會	date; to date	N./V.	9

Z

zàntóng	赞同	贊同	to agree, to approve, to endorse	V.	7
zàochéng	造成	造成	to cause (bad consequence)	V.	6
zàofú	造福	造福	to bring benefit to	V.	3
zǎoliàn	早恋	早戀	to date at young age	V.	7
zérèn	责任	責任	duty, responsibility	N.	8
zēngdà	增大	增大	to enlarge, to increase	V.	8
zēngqiáng	增强	增強	to strengthen, to heighten	V.	10
zēngzhǎng	增长	增長	to increase, to rise, to grow	V.	2
zhàn	占	占	to occupy	V.	11
zhāo jiǔ wǎn wǔ	朝九晚五	朝九晚五	nine to five	IE	15
zháomí	着迷	著迷	to be fascinated by	V.	5
zhāopìn	招聘	招聘	to advertise for new employees	V.	6
zhě	者	者	(indicate people)	Suf.	9
zhéshè	折射	折射	to reflect	V.	14
zhēnshí	真实	真實	actual, real	Adj.	8
zhēnzhèng	真正	真正	genuinely, truly	Adv.	3
zhēng hūn	征婚	徵婚	to look for a spouse, to solicit a spouse		9
zhèngmíng	证明	證明	to prove, to testify	V.	4
zhēngqǔ	争取	爭取	to strive for, to fight for	V.	15
zhěngtǐ	整体	整體	as a whole	N.	14
zhēngyì	争议	爭議	controversy	N.	14
zhīchí	支持	支持	to support, to endorse	V.	4
zhījiān	之间	之間	between, among	N.	3
zhíjiē	直接	直接	direct	Adj.	5
zhìjīn	至今	至今	so far, until now, up to now	Adv.	3
zhíjué	直觉	直覺	intuition	N.	8
zhìliàng	质量	質量	quality	N.	3
zhīma	芝麻	芝麻	sesame	N.	14
zhīwài	之外	之外	besides	N.	4
zhíyè	职业	職業	professional	Adj.	12
zhìyú	至于	至於	as for	Prep.	9

理解中国　Understanding China

Pinyin	Simplified	Traditional	English	POS	Lesson
zhìzuò	制作	製作	to make, to manufacture	V.	15
zhōngchǎn jiējí	中产阶级	中產階級	middle class	IE	14
zhòngduō	众多	眾多	(of people) numerous, in great numbers	Adj.	15
zhōngshēndàshì	终身大事	終身大事	once in a lifetime event (referring to marriage)	IE	9
zhòng shēng	重生	重生	to think having children is important		13
zhōngshí	忠实	忠實	loyal	Adj.	15
zhōngxìng	中性	中性	neutral	Adj.	15
zhòng yì	中意	中意	be to one's liking		9
zhōngyú	终于	終於	at last, in the end, finally	Adv.	1
zhòng zhōng zhī zhòng	重中之重	重中之重	the priority among priorities	IE	14
zhōukān	周刊	週刊	(magazine) weekly	N.	15
zhuàn	转	轉	to turn, to rotate	V.	12
zhuǎnbiàn	转变	轉變	to convert, to transform	V.	14
zhuānmén	专门	專門	specially	Adv.	5
zhuānxīn	专心	專心	with intense concentration	Adj.	4
zhuānxīn-zhìzhì	专心致志	專心致志	wholly absorbed in	IE	5
zhuǎnzhédiǎn	转折点	轉折點	turning point	N.	14
zhǔbiān	主编	主編	editor-in-chief	N.	7
zhùfú	祝福	祝福	to wish well	V.	5
zhǔguǎn	主管	主管	person in charge	N.	11
zhǔrèn	主任	主任	director, head	N.	7
zhǔtí	主题	主題	theme, topic	N.	7
zhǔtǐ	主体	主體	majority, the main body	N.	15
zhùwēi	助威	助威	to boost the morale of, to cheer for	V.	15
zhǔyè	主页	主頁	homepage	N.	15
zhùyuàn	祝愿	祝願	wish	N.	10
zhújiàn	逐渐	逐漸	gradually, by degrees	Adv.	12
zhuīqiú	追求	追求	to pursue	V.	10
zhǔnquè	准确	準確	accurate, exact	Adj.	13
zhuóxiǎng	着想	著想	to consider (the interests of sb or sth), to have consideration (for sb or sth)	V.	11
zì	自	自	[F] from	Prep.	1
zìcóng	自从	自從	[F] ever since	Prep.	4
zìkòng	自控	自控	to self-control	V.	4
zìlǐ	自理	自理	to provide for oneself, to take care of oneself	V.	10

zìlì ménhù	自立门户	自立門戶	establish one's own independence	IE	10
zìlǜ	自律	自律	to discipline oneself	V.	13
zìrán	自然	自然	naturally, certainly	Adv.	13
zìwǒ	自我	自我	self, ego	Pron.	13
zìyuàn	自愿	自願	to volunteer	V.	12
zǒng	总	總	final, chief, general	N.	15
zōnghé	综合	綜合	to synthesize	V.	14
zōnghézhèng	综合症	綜合癥	syndrome	N.	13
zǒngliàng	总量	總量	total, aggregate	N.	14
zǒngzhī	总之	總之	in short	Conj.	5
zú	族	族	(a group of people or thing with common) features	Suf.	5
zǔbèi	祖辈	祖輩	grandparents	N.	11
zǔzhī	组织	組織	to organize; orgnization	V./N.	9
zǔchéng	组成	組成	to be consist of, to be composed of	V.	14
zuìjiā	最佳	最佳	best	Adj.	9
zuǒyòu-wéinán	左右为难	左右為難	be in a quandary, be in a dilemma	IE	6

专有名词

		C		
春节	春節	Chūnjié	Spring Festival	5
		L		
李宇春	李宇春	Lǐ Yǔchūn	Name of a person	15
		M		
麦当劳	麥當勞	Màidāngláo	McDonald	9
明	明	Míng	Ming Dynasty	3
		N		
纽约	纽约	Niǔyuē	New York	2
		Q		
清	清	Qīng	Qing Dynasty	3
		S		
宋词	宋詞	Sòngcí	Song lyrics	6

理解中国 **Understanding China**

		T		
唐诗	唐詩	Tángshī	Tang poetry	6
		Y		
元	元	Yuán	Yuan Dynasty	3
		Z		
中秋	中秋	Zhōngqiū	Mid-Autuum Festival	5

语法索引

第一课

1. "就"表示强调（就 for affirmation or emphasis）
2. ……，就是……（..., it is just that ...）
3. 先……，再……（first..., then...）
4. 对了，……（by the way）
5. 或者（or）
6. 连 A 都 + V.（even）
7. 特别是（especially）
8. 不仅……，也……（not only... but also...）
9. 能 + V.（do...well）
10. 把 A 当成 B（treat A as B）

第二课

1. 不过（but, however）
2. 可（but）
3. 是 + Adj./V.（indeed, really）
4. 图（个）……（in order to get...）
5. 别提多……了（[colloquial]beyond description）
6. 简直（almost, simply, at all, virtually）
7. Adj. + 得慌（[colloquial]very）
8. A 不如 B（……）（A is not as good as B）
9. 越 A 越 B（the more..., the more...）
10. 既……又……（both...and...）
11. 干脆（just, simply）

第三课

1. ~化（-ify, -ize）
2. 不是 A，而是 B（not A, but B）
3. ~式（-type）
4. V. + 于（at, in）
5. 取而代之（to replace）
6. 据说，据（source）+ V.（it is said that...）

理解中国 Understanding China

7. 对……有帮助（be helpful for...）
8. 对……有感情（have an affection for...）
9. （尽管）……，然而，……（..., however, ...）
10. 却（yet, but）
11. 不但……，也/还……（not only..., but also...）
12. 既然……，（就）……（since / now that...）
13. 只要……，就……（provided that..., as long as）

第四课

1. "可"表示强调（可 used to emphasize）
2. 一 + TW + 比 + TW + Adj.（increasingly）
3. ……之外（in addition to..., besides）
4. 对于 A 来说，B……（as far as A is concerned, B...）
5. 并 + 不/没 + V.（并 used to emphasize negation）
6. 此外（besides, in addition）
7. 用 sb. 的话说（in sb's own words）
8. ……之余（[written] after, beyond）
9. 一方面……，另一方面……（on one hand..., on the other hand...）
10. 自从……以后（ever since）
11. （不）满足于……（[written] be (not) satisfied with...）

第五课

1. ~族（class or group）
2. 非（non-, un-, in-）
3. 不光 A，就连 B 都……（not only A, even B...）
4. 随着 A 的……，B……（along with）
5. 从 A 到 B，从 C 到 D（from A to B, from C to D）
6. 总之（in short）
7. 难怪（no wonder）
8. 究竟（on earth）
9. 是由于（due to, because of）
10. 跟 A（相）比，B……（compared to A, B...）
11. 无论……，都……（no matter...）
12. 善于 + V.（be good at, adept at）
13. 即使……，也……（even if..., still...）

第六课

1. A 是指……（A refers to...）
2. 某（some, certain）
3. 并（and, furthermore）
4. 简而言之（simply speaking）
5. 毕竟（after all）
6. 有 A，才有 B（only when A is guaranteed, B is possible）
7. 否则（otherwise, if not）
8. 可以说（it is safe to say）
9. 等于（be equal to, be the same as）
10. ~感（sense, feeling）
11. 过 + Adj.（monosyllabic）（excessively, unduly）
12. 往往（be prone to, tend to）
13. 宁可（would rather）

第七课

1. 从……起（starting from..., since...）
2. 以 A 为 B（take/consider A as B）
3. 对……进行 + V.（conduct, carry out）
4. 来（about, approximately）
5. 因此（therefore, so）
6. 在……下（under... (condition)）
7. 如何（[written]how）
8. A（就）相当于 B（A just equal to/ like B）
9. 对……表示……（show (opinion) on...）
10. 一味地（simply, blindly）
11. A……，而 B（却）……（while A..., B...）
12. V. + 不得（not allow to do, shouldn't）
13. 之所以……，（是因为）……（..., the reason is...）
14. 当然（of course）
15. 受（to receive, to suffer）

第八课

1. 通过（by means of, through）

理解中国　Understanding China

2. 顾名思义（as the term implies）

3. 相 + V.（each other, mutally）

4. A 跟 B 是分不开的（A is inseparable from B）

5. 截至 + a specified time（by）

6. 首先……，其次……（first of all..., secondly, ...）

7. 从而（thus, thereby）

8. 同时（at the same time, on the other hand）

9. 把 + Sb./Sth. + Adj./N. + 化

10. 是 + A + clause（it is A that...）

11. 当……的时候（when）

12. 所谓的（so-called）

13. 没有 QW 比 A 更 + Adj.（nothing is more...than A）

14. 不能否认……，但是……（it is undeniable that..., but...）

15. V. + 于（in, with）

第九课

1. 从 A 到 B，再到 C（from A to B then to C）

2. （就）如同……（一样）（just like...）

3. A（B）之类的 N.（N. such as A, B）

4. 以……为例，……（[F]take... for example）

5. ~ 所（所 used as a suffix）

6. 该 + N.（the above mentioned）

7. ~ 者（者 used as a suffix）

8. 将（1）（the preposition 将）

9. Adj. + 于（more/less + Adj. + than）

10. 符合 sb./sth. 的要求（caters to sb's/sth's requirements）

11. 凭什么（how can you...）

12. 进一步 + V.（further）

13. 反而（on the contrary, instead）

14. ~ 性（性 used as suffix）

15. ……（A），至于……（B）（as to, as for）

第十课

1. V. + 遍（all over, across）

2. 最……，最……，最……（trilogy）

3. ……，可见……（it is clear that..., you can see that...）

310

4. 使得（to make, to cause）

5. 一旦（once, if one day）

6. 不止（not limited to, more than）

7. 以致（as a result, consequently）

8. A 为 B 所 + V.（passive voice）

9. N. + 上（上 indicate a certain aspect）

10. 相当（quite, considerably, rather）

11. 将（2）（be going to, be about to）

12. 做……的（being..., as..., holding the position of...）

13. 无论如何（in any event, in any case）

第十一课

1. ~型（type, size）

2. 出现……的趋势（be a ... trend）

3. 看中（take a strong interest in）

4. 以……为条件（by/with... as terms (for sth.)）

5. 由于……的缘故（because of...）

6. 不是那么回事（unlike one's expectation）

7. 嫌（dislike, mind）

8. 都说……（everyone says/agrees that...）

9. 况且（moreover, besides）

10. 为……着想（consider (the interest of)..., give consideration to...）

11. 因为……的关系（because of issues relating to...）

12. 之（partide 之）

13. 对……的考验（a test of sth. for sb.）

14. 在一定程度上（to a certain extent）

15. 敢于 + V.（non-monosyllabic）（dare to, have the courage to）

16. 占（make up）

17. 由此（because of this）

第十二课

1. 均（both, all）

2. Num. + 大 + N.（Num + great/ main + N.）

3. （以）……居多（be in the majority, be mostly, most be）

4. 从某种意义上来说（on some level, in some way）

5. 在 sth. 上 /sb. 身上投入……（invest ... in sb./sth.）

311

理解中国 **Understanding China**

6. 在……上存在分歧（have different opinions on...）
7. A……，B 就更不用说了（A..., let alone B.）
8. 好不容易（才）……（not easily...）
9. ~心（sense of...）
10. 对……负责（be responsible for...）
11. 为……而 + V.（do sth for...）
12. 这（个）A 那（个）A（this A and that A）
13. 何必……（[rhetorica] what is the point of, why bother）
14. 对……（没）有把握（be (not) certain about...）
15. 不至于 + V.（not to such an extent as to...）
16. 为（1）

第十三课

1. 属于（belong to）
2. Adj./V. 的是，……（what ... is...）
3. N + 般的……（[poetic expression] just like, same as）
4. 历来（from past down to present）
5. 加之（[written]moreover, plus）
6. 相反（on the contrary）
7. 无一例外（都）……（without exception）
8. 富有 + N.（[written]be rich in, be full of）
9. 达成共识（reach an agreement）
10. 恨不得 + V.（how one wishes on could ..., be dying to）
11. 无所不 + V.（nothing not...）

第十四课

1. 带着……色彩（have ... flavor）
2. 以（[written]in order to）
3. A 成为 B 的宠儿（A becomes B's favorite）
4. 进入……行列（join / step into ... rank）
5. A 位居……（A's position is ...）
6. 与此同时（at the same time）
7. 无非（nothing but..., no more than...）
8. 由于……的影响（because of the influence of...）
9. "于"表示比较（于 indicate comparison）
10. ~期（stage, phase）

11. 巨~（huge）

第十五课

1. 为（2）
2. 一无所 + V.（(verb) nothing at all）
3. 毫无 + N.（without...）
4. 为何（[written] why）
5. 极大地 + V.（greatly）
6. 不惜（not hesitate, not stint）
7. （这正）是……的原因（this is exactly the reason why...）
8. 正如……所说（just like...said）
9. 远远 + V.（far）
10. 无疑（undoubtedly）